何杰华 ◎ 著

海南出版社
·海口·

图书在版编目（CIP）数据

国士丘濬 / 何杰华著. -- 海口：海南出版社, 2025.3（2025.4重印）. -- ISBN 978-7-5730-2214-1

Ⅰ. K827=48

中国国家版本馆CIP数据核字第2024DF8255号

国士丘濬

GUOSHI QIU JUN

作　　者：何杰华
策划编辑：熊　果
责任编辑：李佳妮　张清梅　朱　奕
封面设计：梁其文
封面题字：薛蕃蓁
插画设计：林诗达
出版发行：海南出版社
地　　址：海口市金盘开发区建设三横路2号
邮　　编：570216
电　　话：0898-66819831
印刷装订：深圳市国际彩印有限公司
版　　次：2025年3月第1版
印　　次：2025年4月第2次印刷
开　　本：787 mm × 1 092 mm　1/16
印　　张：22.5
字　　数：304千字
书　　号：ISBN 978-7-5730-2214-1
定　　价：99.00元

如发现印装质量问题，影响阅读，请联系海南出版社调换。

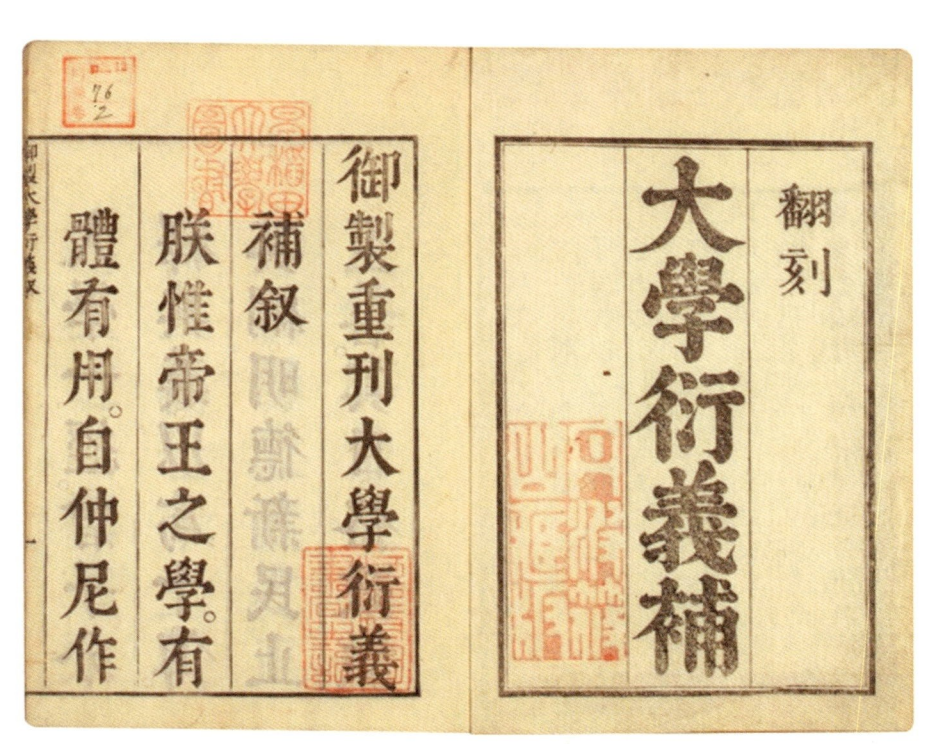

《大学衍义补》书影

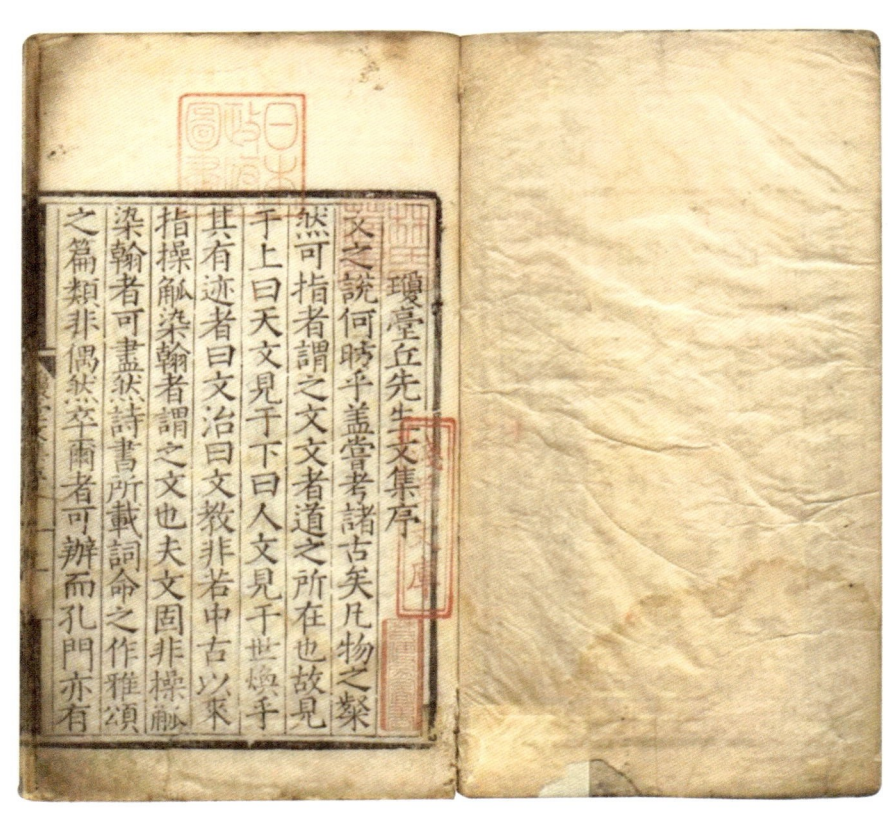

瓊臺丘先生文集序

文之說何昉乎蓋嘗考諸古矣凡物之粲
然可指者謂之文文者道之所在也故見
于上曰天文見于下曰地文見于世煥乎
其有迹者曰文治曰文教非若中古以來
指操觚染翰者謂之文也夫文固非操觚
染翰者可盡然詩書所載詞命之作雅頌
之篇類非偶然卒爾者可辨而孔門亦有

《瓊台丘先生文集》书影

序

刘伟

1997年，汪曾祺先生辞世，人们在缅怀这位内敛冲和的文人时，不约而同提到这样一句评价：汪先生为"中国最后一个士大夫"。2024年末，著名学者叶嘉莹先生溘然离世，人们也提到，她是"中国最后一位穿裙子的士大夫"。汪先生和叶先生，大概是"士大夫"最后的守门人。其实作为群像，"最后的士大夫"的评价，也曾冠在王国维、傅斯年、钱穆、陈寅恪、梁漱溟、费孝通、金庸、杨宪益、王元化等人的头上。当然这些高擎火炬的伟大创造者们，完全配得上这样的称号。然而，他们的云逝远走，也意味着一个群体的逐渐凋敝零落，一种精神的颓唐衰微，这便是历史上所称的"士"。

时间回到两千五百年前的春秋战国时期，虽然关于"士"起源于农夫、武士还是官吏，学界未有公论，但那时的确经历了一场关于"士"的文化爆炸，也成为"士"的一个奇点。随后从战国游士到两汉儒生、中古士族、王朝科举文人，乃至明清儒商，中国的"士"其实一直都处于变化中。我们很难定义"士"到底是什么，也许它更接近一种"家族相似"，但以往的每个时代，都有它的继承者，也都有它的反叛者。"士"的传统一直如江河奔涌，滔滔不竭，形塑了中国历史的冲积平原。

我们再把眼光聚焦在"士"诞生两千年后的大明王朝。15世纪是个急剧变化的时代。在西方，西班牙和葡萄牙两个老帝国刚崛起，随即开启了大航海时代的地理发现。英法百年战争仍在持续，欧洲版图在震荡中渐渐显现。欧亚大陆的中部，虽然元帝国已经覆亡，但草原势力在"世界岛"上依然强悍；1453年，君士坦丁堡的陷落标志着一个时代的终

国士丘濬

结。在遥远的东方，明王朝已经开局，气象更新却又惨淡经营：帝国的大洋上郑和宝船已经扬帆，却也经历兵败土木堡，差点被赶下了牌桌。更艰难的是天不遂人愿，进入了"明清小冰期"，气温下降，饥荒频仍，哪怕海南地处南裔炎方，在随后的正德元年（1506年）、正德七年（1512年）也都曾六出纷飞、琼花坠地。这便是丘濬故事开篇"丘公埋骨冢"的背景。本书故事主人公丘濬便是在这样的时代降生。他出生的时候，紫禁城落成不久，皇都也从南京北迁，种种迹象都在说明，这是一个变化转折的时代。

时代在丘濬身上也烙下深印，他自幼失怙，却又是少年天才，颇有诗名。他性喜读书，却又地处绝岛穷荒，只能百里借书。他年幼成名，秋闱胜榜，却又屡次下第，大器晚成。入仕后，他辗转景泰、天顺、成化、弘治诸朝，勤于政事，忠于职守，勇于担当，才在大明王朝的危机时代中崭露头角。但毕竟倾颓的大厦无法一人支撑，浸没的巨轮也无法一力托擎，丘濬的求索与拯救，似乎并没有让王朝转危为安，至其七十五岁卒于任上，颇有壮志未酬之憾。当然作为个体的丘濬是成功的，他博览群书的治学态度、刚正不阿的为官品格、经世治国的卓拔思想、斐然成章的文学才情，被时人和后世称道，被誉为"当代通儒""理学名臣""文臣之宗"，但通儒、理臣、文宗都只是丘濬人生与思想的不同侧面，对丘濬最为准确的概括恐怕还是一代"国士"。

何谓"国士"？古今并无定论。《墨子·公孟》中说："国士战且扶人，犹不可及也。今子非国士也，岂能成学又成射哉？"《荀子·子道》言："虽有国士之力，不能自举其身，非无力也，势不可也。"这里所谓"国士"，清代学者王先谦解为"一国勇力之士"。此解，国士以孔武之姿示人，充满了原始的野力。《左传·成公十六年》中说："皆曰：'国士在，且厚，不可当也。'"此"国士"则允文允武，指一国优异的能人。《战国策·赵策一》中则说："知伯以国士遇臣，臣故国士报之。"这里的"国士"不只是邦国之彦，更是一种礼遇与赞颂。至于后世常提及的"国士无双",则源于《史记·淮阴侯列传》。其中,萧何评价韩信:"诸将易得耳。至如信者,国士无双。"于是,"国士"的门槛大为提高,"国士"已不仅才能卓绝,更是世所罕有。那何为"国士"?黄庭坚在《书幽芳亭》中又给出了另一种注解:"士之才德盖一国则曰国士。""国士"得是才德兼备的淑质英才。"才德盖一国"中,"国"显然只是"才德"的空间范围,其实"国士"中的"国"与"士",更是一种复杂的辩证关系:"士"是"国"的支柱,"国"是"士"的舞台,两者相互依存。"国士"是一个王朝和时代的柱石。

"国士"首先是"士"。对于"士",虽然我们也难铁口直断,但中国历史上的"士"或"士大夫"集体实在太过辉煌,令我们总有不同体悟,哪怕结论只是侧影或局部。"士"在轴心时代兴起,背后是全球性的思想变革:原始的世界阐释框架被打破,代之以新的解释方式和社会结构。"士"也从以往的社会等级转变为某种职业身份。所以,"士"当然是部落男子,也是爵禄贵族,也是武功集团,也是科层官僚;"士"更像是一种身份的集合体,犹如四面佛像,不同方位有不同面目。这从中国"士大夫"的英文翻译中可见一斑。其或译为 scholar-official(学者-官员),或被译为 scholar-bureaucrat(学者-官僚),或被译为 literati and official-dom(文人-官员),不一而足,但我们很难找到单一的对译词,能移译它所有的意思。

其实"国士"或"士",不论以怎样的身份组合,最为核心的两种身份是任事者与知识人。

首先,所谓"国士"之"士",是某类国家行政的管理者,当然其既可以是以往的贵族首领,也可以是军功集团,当然更可以是大量的行政官员。他们的共同点是,都是任事行权的人。《说文解字》中说"士,事也",《白虎通义·爵》中说"士者,事也,任事之称也"。"士"在古代或与渔猎耕作有关,但到后来"士"之"事"多特指政事,也就是一种"公文案卷"工作。《论衡·程材》中说:"文吏所学者,事也。"所以,

国士丘濬

"国士"是任事者、实干家。

虽然"士"在古代也分"青云之士"与"岩穴之士",前者是仕宦贵胄,后者是隐者山人,但"岩穴之士"显然脱离了"国"这个社会政治结构。我们很难说逸民幽人是国之栋梁,就算中国文人受到老庄思想影响,或多或少都有些进退失据的时刻,都有些隐逸出世的念头。哪怕是丘濬这样的实学家,也会在暮年时发出"老到头来不自知,畏途犹自苦奔驰。不如归卧长林下,扫地焚香待死时""地角天涯最远乡,我家住在海中央。他年乞得身归去,追忆经游梦一场"这般消极的慨叹。但山野从来只是士人灵魂的秘所、精神的后花园,多数时间他们并不敢懈怠,即使暮年,也"犹不息心"。

所以我们看丘濬的一生,是行动的一生,哪怕老来屡乞致仕,但只要皇帝勉留,他依然会尽职尽责,哪怕最终卒于任上。至于"他年乞得身归去,追忆经游梦一场",也只是他内心一隅的慰藉、午夜梦回时的怅惘罢了。丘濬说自己"少有志用世,于凡天下户口、边塞、兵马、盐铁之事,无不究诸心意"。于是,他学理、修史、论政、言商、明礼、用兵、藏书、办学,著作等身,无所不能,犹如八臂哪吒。任事者丘濬不愧是"一代通儒"、帝国的多面手。

其次,"国士"也是卓越的知识人。"国士"或"士"本就包含多重身份,吴晗等学者就认为官僚、士大夫、绅士、知识分子其实是异名同实的东西,"士大夫和知识分子,两者间必然有密切的关联。官僚就是士大夫在官位时的称号,绅士是士大夫的社会身份"。

虽然"知识分子"(intellectual)普遍被认为是近世西方的创造,其不同于以往的"知识阶层"(intellectual stratum),其从"认识世界"中超脱出来,以强烈的使命感去改变世界。但"知识分子"的基本品格却与遥远东方的"士"传统遥相呼应。"士"在中国诞生之初,就具有强烈的行动基因和世俗面向。"士志于道""士不可以不弘毅,任重而道远""先天下之忧而忧,后天下之乐而乐",这些也是"国士"的标准。

所以"国士"也是时代的清醒者与思考者。15世纪的社会转型带来了市场经济的蓬勃发展，孕育传统的"士"的土壤其实也在松动瓦解。失意或得意的文人，在这时都多了一项人生选择——成为商人。虽然商业化在某种程度上的确造成了晚明的"礼崩乐坏"，但财富的价值从来都是中性的，百姓也好，文人也好，谋求在社会经济生活中的成功，并无可指摘之处。于是，当时的士人从口不言利，到言必"治生"，他们热情地拥抱商业文明。传统"四民"之二——"士民"与"商民"的界限被打破，出现了合流，士人不再以逐利为耻，商人也有心通过儒家伦理来修正自身形象，于是便出现了儒商。"经营"与"求道"并不相抵牾，何况不少儒生本就出身商贾之家，自带了务实的基因。此中关节一旦被打通，大家也就无甚顾忌，由士而商，由商入士，或士商兼顾，乃至学者说"古者四民异业而同道""古者四民分，后世四民不分"。这从根本上弱化了"士"与"商"之间业已极小的差异。

对于当时的思想变迁，丘濬是谨慎的。丘濬并不是什么顽固的"老冬烘"，而是时代独立的思考者。他不仅不反对商业文明，而且高度重视市场的价值，只是别人在为己理财时，丘濬已明确提出"理财为民"："理财者，乃为民而理，理民之财尔。岂后世敛民之食用者，以贮于官而为君用度者哉？古者藏富于民，民财既理，则人君之用度无不足者。是故善于富国者，必先理民之财，而为国理财者次之。"[1]"天生五材，民并用之，君特为民理之耳，非君所得而私有也。"[2]在丘濬看来，藏富于民是根本，藏富于国是手段，至于君主私财，至多只算人之常情，切不可与民争利。丘濬的民本财富观充分体现在他的皇皇巨著《大学衍义补》中。此书一百六十卷、一百四十余万字，分正朝廷、正百官、固邦本、制国用、明礼乐、秩祭祀、崇教化、备规制、慎刑宪、严武备、驭夷狄、成功化等十二目，主张立政养民、经世致用，是"国士"丘濬思想的集大成者。

---

[1]《大学衍义补》，明成化刻本，卷二十，第1—2页。
[2] 同上书，卷二十，第10页。

国士丘濬

后世评价丘濬"不可及者"有三:"自少至老,手不释卷,其好学一也;诗文满天下,绝不为中官作,其介慎二也;历官四十载,俸禄所入,惟得指挥张淮一园而已,京师城东私第,始终不易,其廉静三也。"[1]好学是知识人的本分,《白虎通义》中说:"通古今,辩然否,谓之士。""国士"当然需要卓绝的见识和眼光,更需要勤勉的学习动力。"介慎"是知识人的独立人格。时人都知丘濬文章雄浑,求文乞墨者大有人在,但动机不纯者,"虽以厚币请之,不与"。正如他自勉的诗句:"世途险似万重山,面面巉岩步步难。我欲直行行不得,曲行逆理讵能安。"[2]"国士"面前没有易事,"国士"面前也没有曲径。"廉静"是知识人的境界,知识学问本就值万钱,世间安有贵之者。所以"国士"不贪利、不爱财,吃穿用度一应简朴。"莫道儒家风味薄,隔邻犹有未炊时。"强烈的同理心,让"国士"并不以奢豪为志,丘濬四十余载不易其屋,待归葬时,"除钦赐白金绮币外,囊无赢资,行装惟图书数万卷而已"[3]。

知识人丘濬还有一项能力,这也是"国士"特别的注脚,那便是他杰出的文学成就。他在《戏答友人论诗》中说:"吐语操词不用奇,风行水上茧抽丝。眼前景物口头语,便是诗家绝妙词。"[4]这算是他"天趣自然"的文学主张。丘濬少有诗名,成年后更是"诗文满天下"。诗文之外,丘濬还擅写戏剧,《五伦全备记》也是不朽的戏剧经典。

所谓"国士",是以清醒、独立、审慎"横站"于时代的知识人,也是以实干、勇力、有恒贡献于国家的任事者。很显然,对于"国士"二字,丘濬担得起。

---

[1]《双槐岁钞》,清道光十一年至同治二年南海伍氏粤雅堂文字欢娱室刻《岭南遗书》本,卷十,第24—25页。
[2]《丘濬集》,海南出版社,2006,第3855页。
[3] 正德《琼台志》,明正德十六年刻本,卷三十六,第10页。
[4]《丘濬集》,海南出版社,2006,第3849页。

第一章 少有凌云志

一、丘公埋骨冢　002

二、江山出才人　008

三、哀哀慈母线　014

四、嗟嗟伯乐情　019

五、飞禽先得气　025

附录一　太宜人李氏墓志铭　031

附录二　祭外祖母陈氏墓文　033

第二章 迢迢科举路

一、巨石后登云　036

二、游子在万里　044

三、远客居金陵　054

四、贪泉神有意　063

五、啮指爱无垠　068

附录一　祭亡妻赠孺人金氏墓文　074

附录二　祭亡嫂沙氏墓文　074

· 001 ·

第三章 谁人执我笔

一、春榜到春晚　076

二、无复少年狂　086

三、我有槐阴屋　092

四、搔首歌短长　096

五、诗书敦宿好　102

第四章 返乡路漫漫

一、学问朱子堂　108

二、胸有兵百万　113

三、秉笔辨忠奸　119

四、霜殒芦花泪　128

五、书藏长风烟　136

附录一　丘濬与施茶亭　145

第五章 国子监风云

一、问策春闱院　148

二、纠风国子监　157

三、蹉跎岁月徂　166

四、一成为敦丘　174

五、著史匡正义　179

第六章 他的理想国

一、治国济苍生　188

二、黎民自可为　194

三、将老入阁臣　200

四、厘革时政对　207

五、残年木难春　217

第七章 总有归去时

一、老臣遽长逝　224

二、归葬五龙池　230

三、梦魂下田村　237

四、清名身后事　242

五、寰宇拜先生　253

附录一　题《大学类义》　279

丘濬年谱新编　281

参考文献　335

后　记　341

第一章

少有凌云志

国士丘濬

一、丘公埋骨冢

明朝时期，琼州府城城西三里处，有一条这一带最大的河，当地人称它为"第一水"①。宣德九年（1434年）某日，在"第一水"靠近下田村处，一老二少爷孙三人立在新堆成的一座坟旁。这是他们三人堆的第九十座坟，准确地说，这是他们近些年堆成的第九十座义冢。冢中亡人，他们并不全都认识，其中有的是邻居或是亲戚，有的只是他们的同乡，而更多的则是无名之人。爷爷每拾掇好一座，都会对着新坟简单地作个揖，然后看一眼身旁的两个孙儿。两个孙儿，大的叫丘源②，这年十七岁，小的叫丘濬③，这年十四岁，此时他们的父亲丘传④已去世七年。这位爷爷，则已六十六岁了。

爷爷名唤丘普⑤，是当时琼州府临高县的医学训科。在明代，医学训科只是个名义上的官职，主要负责当地的医学管理及医学教育之类的工

---

① "第一水，在县西三里，湾环绕下田村入海，于城西涧流为首派。"《正德琼台志》，海南出版社，2021，第98页。
② "公讳源（1418—1476年），字伯清，德玄公五世裔孙，文庄公之胞兄。"《中华丘氏大宗谱·海南省海口分谱》，2009，第176页。
③ "明永乐十九年（1421年）辛丑十一月初十日公（丘濬）生。"《明代琼崖名贤年谱五种》，海南出版社，2020，第65页。
④ "父丘传，字子芳，号官保，生于明洪武二十八年乙亥（1395年）四月初三，卒于宣德二年丁未（1427年）九月廿一，一生无功名，享年三十三岁。"《中华丘氏大宗谱·海南省海口分谱》，2009，第168页。
⑤ "公讳普（1369—1436年），字得寅，号思贻，德玄公三世裔孙。"《中华丘氏大宗谱·海南省海口分谱》，2009，第176页。

第一章　少有凌云志

作，政府不给俸禄，只能靠给人看病开药获得收入。实质上，这相当于政府跟有名望的中医合作，政府获得了一位免费的医务人员，医务人员则因此有了官方"背书"，可以凭此治病救人并解决个人生计问题。丘普很有名望，这不单是因为他是当地有名的中医，更因为他"性仁爱"[①]。在临高任上，遇上因家贫而没有能力支付医药费的患者，丘普往往分文不取；遇上灾荒之年，他总是倾囊以济，不辞辛劳地四处奔走治病救人；居于琼山县时，他又是位照顾"孤魂"的大善人。

这"第一水"旁的义冢处，留下了这位老人几十年的足印。此处离丘家所居之下田村仅数里，"第一水"环村而行至海，义冢便设在"第一水"近村处。此处原是乱葬岗。元末明初，死于战乱或刑罚的无名亡者多被抛弃至此，白骨无人收拣，纵横如积薪。纵是白日，乡人非必要也不愿经过此处，宁可选择绕道而行；遇上风雨大作的晚上，此处常见磷火闪烁，风过时似有凄厉鬼哭。

爷孙三人收拾停当，已至黄昏，丘普带着两个孙子走向不远处的下田村。路上，他讲起与乱葬岗有关的那些往事。

元末，中原战乱未歇，躲在南海之中的海南岛也未能偏安。土寇、流贼趁机并起作乱。至正癸巳年（1353年），文昌土酋陈子瑚作乱，率部众从文昌骚掠至万州（今万宁市），又转头直逼元朝乾宁安抚司（元朝设在海南的最高行政和军事机构）治所琼山县。贼寇们一路攻城拔寨，烧杀抢掠，遇人便屠，仅数月整个海南岛便几乎落入其手。此时，令岛民更加无助的是，时任都元帅沙某、安抚使张某竟然趁乱弃城渡海而逃，与贼寇陈子瑚同乡同族的副都元帅陈乾富也火速遁形，只留下满城百姓任贼寇鱼肉。琼山县城被陈子瑚一伙围困整整半年，城内鸟、雀、蛇、

[①] "丘普，琼山西厢人，临高医学训科。性仁爱，专以济人利物为事。"《正德琼台志》，海南出版社，2021，第684页。

虫都被吃到绝迹，城中居民又被迫抓捕老鼠、煮皮革以充饥，一县之民竟因此乱死去大半。城乱之际，死者无人收殓，城西、城北便全变成乱葬岗，死者相互枕藉，绿蝇闭空，恶臭盈鼻。副都元帅陈乾富再次出现时，已是洪武元年（1368年）。这一年，他率一众琼州前朝职官奉表纳降，海南岛自此正式进入大明王朝。

《表》：前通议大夫、同知海北海南道宣慰使司副都元帅臣陈乾富等，闻皇朝兵下扬粤，乃纳款奉表曰：伏以鼎新凤纪，皆为率土之臣；乾造龙飞，咸仰在天之主。富有大业，恩浃边陲。钦惟皇帝陛下圣神文武［一作"天威雷厉"］，春育海涵。明良际会，同一德以赞襄；功德兼隆，极万方而奄有。初膺天命，起握乾符，所至皆归，无思不服。臣乾富等忝司土职，远沐新恩，常怀臣子之心，当竭忠诚以贺。遐迩归仁，谨效华封之祝；飞潜咸若，权腾嵩岳之呼。臣乾富等诚惶诚惧，稽首顿首，谨奉表以闻。

附所纳降款奏：天兵南下，率土来王。臣乾富叨授元帅之职任，固守海南，控制乾宁安抚司，万安、吉阳、南宁三军，南建一州，属县十有三也。僻居海岛，环里三千，外接诸番，中盘百峒，民黎杂处，驿路崎岖。臣所守城池，仅止四州，秋粮几三万石，土地、人民稀少。盖因陈子瑚作乱日久，荼毒者多。臣今摅效保安，以待大军之至。外有乐会小踢峒王观泰占据地方，伫听剿灭。所据军州县治版图，遭罹灰烬，无可献纳。今奉款状，专化州路照磨黄建泽、奏差唐孔锡先行诣阙以闻，伏乞敕命。洪武二年七月□日谨状。一，进献金香炉三个，枷蓝木香三炷，蜜煎槟榔十［一作"一十"］银罐。①

---

① 《正德琼台志》，海南出版社，2021，第64页。

第一章　少有凌云志

陈乾富倒是轻松，又是投降，又是献城，又是交钱，给自己换来个平乐府通判的职位，终究是城中百姓扛下了所有。

朱元璋平定天下后，明王朝接管海南，海南虽不再被视为流放贬谪罪臣之地，但毕竟远离中原又处于大陆之南的僻远处，于是一度又成为朱元璋处置"背叛者"和"异族人"的牢营。那些在元朝时"背华即夷"的中原人被诛杀后，他们的子孙则被流放至海南。同时被迁来海南的，还有西北一带如蒙古、甘肃等地曾在元朝当官的西蕃等"异族人"。在明朝，这些"异族人"被蔑称为"达子"，虽然他们已经投降归附了大明，但朱元璋仍不放心，也把他们都迁至海南。琼州府城内便有了一座"达子营"[①]，专门用于安置这些北方的"达子"。朱元璋的不放心不无道理，他口中的这些"达子"确实不安分，"达子营"建成没多久，他们便蠢蠢欲动准备造反了。于是，都督陈方亮[②]在洪武十三年（1380年）登场了。

在琼州剪灭"达子"的陈方亮，其实已经不能称之为都督了，因为在琼州时他已经被降为正五品的同知了。虽只有正五品，陈方亮的手段却如雷霆。万历《琼州府志》记："方亮悉坑焉。"陈方亮将这些意欲谋反的"达子"全数都坑杀了，而坑杀之地便是这城西的乱葬岗。那几日的琼州府城内外，一片寂静。

丘源和丘濬听得有些怕了。虽然二人自懂事起便常陪着爷爷来这城西乱葬岗，这些年的清明也都陪着爷爷来这儿祭扫，但总听到乡人们说起那些鬼怪之事，加之爷爷说起的这些往事，二人便觉得瘆得慌，不自主地加快了脚步。怕，是由不得人的。还好，三人很快便回到了下田村，

[①] "达子营，在子城内，洪武初，以居西北部迁戍，后有上变告谋乱者，遣都督陈方亮图之，方亮悉坑焉。"万历《琼州府志》，明万历刻本，卷七，第880页。

[②] "陈方亮，凤阳人，掌羽林金吾，官至大都督府佥事。洪武十三年降本卫同知，十六年调云南。"《正德琼台志》，海南出版社，2021，第406页。

打招呼的村里人多了起来，两个孙子的胆子才大了些。丘普走在两个孙子身后，不远不近地跟着。

自陈方亮把这"第一水"近下田村之地变成乱葬岗后，此处便一度成为琼山的"禁地"，乡人们不准自己的小孩经过此地，此地的田地也大多撂了荒。成为临高医学训科后的丘普便是在此处收拣"孤魂"的。这有可能是他作为一名医生的使命使然，经历过太多力所不逮，人往往会变得脆弱，亡羊补牢之心自然也会愈发强烈。毕竟在临高任上，他每日也都过得不安宁。三年前，也就是宣德六年（1431年），临高飓风突起，夹着雷雨，彻夜不息，淹死百姓不计其数。灾后的临高，满目疮痍，作为临高县唯一的一位医学训科，彼时的丘普更多的是无奈。宣德九年（1434年），连同他所任职的临高和他家所在的琼山在内的全琼州陷入了饥荒："宣德九年，琼海大饥，死者白骨遍野。"[1]作为一名医生，面对这样的灾荒，其实能做的也不多。于是，他还和从前一样，到这乱葬岗，把能收拾的尸骨尽可能地收拾完整，然后尽可能地让他们入土为安，再请来和尚、道士，照着乡里的规矩帮着超度。他也不知道这样做到底有没有用。渐渐地，听到乡人们称此处为"丘公埋骨冢"时，他也只是笑一笑，然后摇摇头。他知道，他亲手埋葬的，更多的是无奈。

希望到底在哪儿？他其实是茫然的。

三人行至家门，丘家兄弟的奶奶柯氏和母亲李氏已经准备好了晚饭。

丘普想利用这个机会和两个孙子好好聊聊。

今年已十七岁的丘源已经跟着爷爷学了几年的中医，做好了接爷爷的班的准备了。他平日里陪着爷爷在临高县行医，帮着爷爷接诊施药。丘源是家中长子，父亲又于七年前去世，这个家的担子终究是要落在他

---

[1]《正德琼台志》，海南出版社，2021，第758页。

第一章　少有凌云志

肩上的。

小孙子丘濬才十四岁，不过在琼山已是小有名气，好"舞文弄墨"，人称"小神童"，不算乖巧，但极懂事。

家中众人围坐在桌前，丘普讲起丘源和丘濬这两个名字的由来。

给丘源取名为"源"，丘普是希望身为长孙的他能担起未来一家之长的重任，担起其父未竟的使命，以长子长孙的身份守护好丘家这支血脉，做一堂堂之君子；丘濬的"濬"字则取自《诗经·商颂》里的"濬哲维商，长发其祥"，丘普希望他的小孙子不要陷入浅薄，能智慧深远成大器。

讲到这里，丘普有些语塞。他想起自己当年任职期满去京师接受考核，满心希望得到一个好的评定，也算是给自己多年的辛劳有个交代，也许还能因为表现突出得些奖励以补给家用。不承想次年他回到家时，却"入门见棺"，从此与独生子丘传阴阳两隔。儿子的去世，带给丘普的不仅是悲痛，还有担忧。旁人来吊唁丘传时，连安慰都找不到合适的词。老年丧子，大家实在是不知该如何劝慰。

丘普也只能自己劝自己。他对旁人说："吾先世，世以积善相承，然未有发者。今不幸而中微，然古人往往因微而大著，所以大发者，其在二孺乎？"[①]他相信"积善之家必有余庆"这句老话，他相信他的两个孙子能各如其名，长成他期望的样子。

一家人吃罢晚饭，丘普便把丘源和丘濬叫到正寝。正寝门楣挂有当年丘普口占之辞："嗟无一子堪供老，喜有双孙可继宗。"丘源与丘濬一左一右坐着，等着爷爷开口。端坐于正寝中堂之上的丘普，郑重地把这个家的未来交代给两个孙子。他提醒丘源，要牢记身份，继承家业，主持家事，努力成为一名良医，不求富贵，不求显达，但要能救济穷苦，

---

① 《正德琼台志》，海南出版社，2021，第461页。

国士丘濬

以"济家乡"为己任——"尔主宗祀,承吾世业,隐而为良医,以济家乡可也"[①];收拣"孤魂"的事要继续做下去,让生者有希望,让死者得其所。他对丘濬则有更高的要求,他希望丘濬不仅要能守业,更要能拓业,不能仅满足于一户一乡,要把目光看向苍生,成为能"济天下"之良相——"尔立门户,拓吾祖业,达而为良相,以济天下可也"[②]。两个孙子已不再懵懂,自然是明白独子早逝、家园罹难带给爷爷的悲痛的。他们也逐渐明白,治病救人、收拣"孤魂",虽只是治标,但总要有人去做;要治本,确实是更大的责任,自然也就需要更深远的智慧。

丘濬理解爷爷对他的"苛刻"。毕竟,他不是个普通的孩子。

二、江山出才人

宣德九年,也就是爷孙三人堆起第九十座义冢的1434年,十四岁的丘濬在他的家乡琼州府琼山县已经是个很有名气的少年了。他两岁便跟着爷爷丘普学礼认字,再加上家里藏书达数百卷之多,爷爷期望又高,母亲管教又甚严,丘濬童年时留给大家的印象也就是个乖乖在家读书的好宝宝,如此而已。但这个"如此而已"因为一首诗的出世很快便不再是"如此而已"了。六岁那年,当同乡的玩伴尚在村口玩"过家家"时,他已经有了自己的代表作《五指参天》。

---

① 《正德琼台志》,海南出版社,2021,第461页。
② 同上。

第一章　少有凌云志

五指参天[①]

丘濬

五峰如指翠相连，撑起炎州半壁天。
夜盥银河摘星斗，朝探碧落弄云烟。
雨余玉笋空中现，月出明珠掌上悬。
岂是巨灵伸一臂，遥从海外数中原。

在这首《五指参天》中，丘濬把家乡的五指山比作巨灵的一只手臂。巨灵用它撑起南半天，从此这方天空便尽在掌握——用银河的水盥洗，顺手摘颗星星，在青天之上和云雾之间嬉戏。巨灵又岂会甘于此？又岂能只安于此？他有着更远大的抱负，他要的是指点江山，经济天下。

显然，这样一个才六岁的小孩，着实是会让乡人们吓一跳的。但也有人认为，偶作一首好诗，不过碰巧罢了，也许仅是昙花一现。直到丘濬再稍大些，他奉先生之命陆续写出"儿童到处知迁叟，草木犹堪敬醉翁"[②]及"应与凤凰为近侍，敢同鹦鹉斗聪明"[③]等诗句时，乡人们便开始称丘濬为神童了。写鹦鹉，丘濬少时屡多佳作，如《题鹦鹉》："为禽只合作禽言，水饮林栖任自便。只为性灵多巧慧，一生长是被拘牵。"这首《题鹦鹉》巧借鹦鹉学舌取宠反被人圈养于笼中，看似安逸，实际上却失去了自由的这一现实，道出了少时丘濬对自然之性的尊崇，一反寻常诗家总借写鹦鹉以宣泄己愤、表达对自由的渴望的常规做法。丘濬不以鹦鹉自比，却以旁观者的角度反究鹦鹉被"拘牵"的根本原因，道出

[①]《丘濬集》，海南出版社，2006，第3864页。
[②] 同上书，第5160页。
[③] 同上书，第5161页。

国士丘濬

"露才扬己"的危害。小小年纪,所作之诗却有理学家的辩证之风。

乡人们好称像丘濬这样的小孩为神童,然后逐步地将他神化,说是他祖上积了德,或是祖坟冒了烟。丘濬自己倒不这么认为,他甚至觉得自己天资平平。他说:"不幸禀此凡下之资,而生乎遐僻之邦,家世虽业儒,然幼失所怙,家贫力弱,不能负笈担簦以北学于中国。"[①]再加上他生在这偏僻的海南岛,早年丧父且家境不好,生在这样的条件和环境中,哪来什么"神童"。他把那些在学问上取得的成绩归于幸运。他的幸运,指的是遇到了书。

丘家自丘传早逝后,家中的藏书便所存无几了。乡人们借去的,大多也难再追回。尚存的又因海南岛潮湿多虫"往往编残字缺"。丘濬和兄长也去城内的书市里找过书,想着能买入或是借到一些值得读的好书,但书市多是些"俚俗驳杂之说",二人总难如愿。于是,丘濬只得找亲戚朋友借,借后再抄录,以便能时常温习,但借书也不总是顺利的。

《明史》里便有这样的一条记载:"(丘濬)家贫无书,尝走数百里借书,必得乃已。"[②]这条今人读起来略"硬"的记载,在乡人们的口中就变得生动多了。乡人们把它编成一则故事,故事名为《十岁百里借〈汉书〉》。故事说,十岁的丘濬想读《汉书》,于是向老师要了封介绍信,想要去找老师的一位姜姓朋友借这本书。但这位姜姓朋友的住所在百里之外,步行至少得三天三夜,丘母当然不放心,但毕竟书香门第,自然还是会支持这样的好学之举的,于是便给丘濬烙好了饼,认真地送他远行。虽然有了老师的介绍信,但书借得并不顺利。到达姜家时,姜

[①]《丘濬集》,海南出版社,2006,第4356页。
[②]《明史》,中华书局,2000,第3199页。

第一章　少有凌云志

家主人给小丘濬出了一个上联让他对,说如果他对得上便借,如果对不上就等以后他有真本事了再来。丘濬自是不会怯懦,这百里地他断不能让自己白跑。于是,他便请姜先生出上联。姜先生端坐于院内照壁前的石凳上,出了上联:"墙壁当前,龙不飞,凤不舞,桃不开花,梨不结果,可笑小子。"很明显,这是在借照壁上的壁画调侃小丘濬。只见丘濬从容不迫,对出下联:"棋盘之中,车无轮,马无鞍,炮无烟火,兵无良草,敢杀将军。"这下,别说借了,姜先生听完连忙捧出《汉书》,并对丘濬发出邀请,希望他能常来他家取书、读书。①

在丘濬的记忆里,他因借书经历的困难还不止这些,有时候为了借到一本书,低声下气是在所难免的,甚至会因反复求于他人而被厌烦、被笑"痴或迂"。当然,也不全如此,也有幸运的时候。

丘濬少时有两位好朋友——赵璟和薛远。

这位薛远,也不是等闲之辈。他的祖父是大明王朝开国功勋之一的薛祥。薛祥曾一度官至工部尚书,后因亲属犯罪受牵连而被杖毙。他的四个儿子便被放逐到海南岛充了军,薛远便也由此出生在了琼州府琼山县。薛远二十九岁中了进士后,一路仕途顺达,官至户部、兵部尚书,成为海南明代第一位尚书。赵璟则声名不彰,正德《琼台志》中仅有一条简略的记录:"赵璟,字伯辉,卫武胄子。安贫乐道,环堵潇然,吟哦不辍。"②

此三人年纪相仿,少时常一起读书谈笑,友情甚笃。在认识丘、薛二人之前,赵璟心中始终有一件无法释怀的事,那便是他岳父家所藏之书在其岳父离世后便被闲置了,没有发挥应有的作用,这让他心生愧意。

---

① 这则民间故事不仅在海南民间广为流传,且被辑入张素芹编著、李玲九改编的《中国历代神童:元明清卷》。

② 《正德琼台志》,海南出版社,2021,第689页。

赵璟的这位岳父，是明朝时海南有名的藏书家，名叫王惠。王惠是安徽合肥人，算起来还是薛远的老乡。王惠跟随到海南任职的兄长落籍琼山后，成了当地很有名望的一名隐士。明朝大才子解缙称赞他"洁白清修，毅然自立"①，还为他所建的"霜筠轩"写了记。王惠便在这"霜筠轩"之中，邀友唱游吟赏，著书立说传道，一时间，琼山文风蔚然。

作为王惠的女婿，赵璟没有辱没门风，在结识丘、薛二人后，他无私地分享了岳父所藏之书，丘濬也得以享受了一段愉悦又充实的有书可读的时光。幸运的丘濬暗暗发誓："某也幸他日苟有一日之得，必多购书籍以庋藏于学宫，俾吾乡后生小子，苟有志于问学者，于此取资焉。无若予求书之难，庶几后有兴起者乎。"②让家乡的后生们不再为无书可读而烦恼的愿望，就这样在丘濬心里扎了根。

他的幸运，又何止是遇到了书。

长至十四岁的丘濬，大概还料不到未来的自己会成为"先明一代文臣之宗"。但对于他长大后能"济天下"这一点，爷爷丘普是笃定的。在两三年前，丘普读到了丘濬所作的那首《题梅诗》。

题梅诗③

丘濬

自是花中一世豪，林逋何逊谩謷謷。

占魁调鼎皆余事，更有冰霜节操高。

---

① 《正德琼台志》，海南出版社，2021，第673—674页。
② 《丘濬集》，海南出版社，2006，第4357页。
③ 同上书，第5162页。

第一章　少有凌云志

丘濬的文宗气象已在此诗中初现端倪。少时的他，便借对"梅妻鹤子"的林逋和因爱梅花而爱扬州的何逊笔下的梅花诗的"挑剔"，表明了自己的人生志向。他认为林逋的"疏影横斜水清浅，暗香浮动月黄昏"也好，何逊的"枝横却月观，花绕凌风台"也罢，其写法都是丘葵（南宋隐逸诗人）在《梅花赋》中所批评的"未识梅之丰采而徒外观其形迹"这类流俗做派。所以刘克庄（南宋诗人）才说"笑林逋、何逊漫为诗，无人读"，叶适亦说"林逋与何逊，赋咏徒区区"。丘濬同样认为，林、何二人所作的梅花之诗不过是画皮未画骨之作。

在前两句完成对林、何之梅花诗提出批评并亮出了态度后，丘濬在此诗的后两句表明了自己的志向。梅花在寒风中一枝独秀，傲然于世，这在丘濬看来，都只不过是"余事"。他认为，咏梅也好，做人也罢，高洁的节操才是更高级的追求，因为"梅花与我，本是一世豪"。

此诗一出，乡人们纷纷拍手称赞，"神童"之说更是言之凿凿。

此时的丘濬很感谢爷爷对他的"苛刻"，也很感谢好朋友赵璟。其实，他更应该感谢的是他自己，并不是每个人都能在如此高压之下打心底里爱上读书的。丘濬的嗜书是旁人无法比的，只要是书，只要不是那些"俚俗驳杂之说"，只要能借到，他都肯下功夫，也都喜欢读。但有时候没得挑，三教百家之言，他也无不涉猎。所以，他不承认自己是神童。因为，他不想他为之付出的努力被抹杀掉，尤其是他母亲为此作出的牺牲。

国士丘濬

三、哀哀慈母线

那日，丘濬的母亲①在爷孙三人各自回房后，便也回到了自己的房间，掩上门做起针线活来。

宣德九年，丘母三十五岁，已守寡七年。当年父亲李奕周（也作李易周）让她从邻县澄迈王村嫁入丘家，很多人是不理解的。相较于丘家，他们李家的经济条件实在是好太多了。她想起那时王村的家里每天都会涌入一拨接一拨的说媒人。来人时，她和三个姐姐会偷偷地瞄上几眼，然后讨论哪个媒人说得最精彩，哪个媒人所说的男青年更适合做姐妹四人中谁的丈夫。后来她的三个姐姐陆续出嫁，都嫁到了家境富足的门当户对的人家。轮到她时，父亲变得有些反常，他拒绝了旁人说媒。他已有了自己相中的女婿，他要把她嫁给琼山丘家。帮她安排婚事的父亲，看起来像极一个善于布局的谋士。

琼山丘家虽不富足，日子过得紧巴巴的，但也算得上是仕宦之家。丘家原本落籍福建晋江，几十年前丘普的父亲丘均禄②被派差到琼州。那时还是元朝，丘均禄也只是个都元帅府的奏差，即一个九品的跑腿小吏而已。后来元朝没了，他也就没差可当了，但也没再回去，而是留在了海南岛。再到丘普，他虽凭着自己的本事做了明朝的医学训科，但也是个不入流的小"官"。即使这样，丘母的父亲李奕周还是认为丘家是那些富户所比不了的，加上丘普每次往返临高都会在王村歇脚，二人逢上总

---

① 丘濬母亲的相关内容，详见本章附录一《太宜人李氏墓志铭》。
② "均禄，字朝章，号硕庵，生于元至正甲申年（1344年）七月初四日，配妣李氏赠正一品夫人，考卒洪武癸亥年十月廿六日。子一：普。"《中华丘氏大宗谱·海南省海口分谱》，2009，第281页。

第一章　少有凌云志

要谈起人间疾苦、世道沧桑，李奕周便觉得这样的人家错不了。

父亲要她嫁的便是这丘普的独子丘传。听父亲说，丘传长得"疎俊豪迈"。她对此没有发表什么意见，她本来就话很少，日常只爱做些纺纱的活，偶尔也会翻翻父亲读的书，日子过得很寡淡。日后看来，丘源和丘濬的长相倒都很像他们的父亲："长身伟貌，高准丰颐，望之若河朔间人。"二人长得不像海南人，却像北方人。性格方面，丘源更像她，不大爱说话，不怎么爱动。倒是丘濬有些皮，话很多，有时候甚至会让人觉得有点吵。

做针线活的丘母，停下手里的活儿，望了一眼丈夫丘传的遗像，想想自己这些年也算是没有辜负他临终的嘱托。

公公丘普去京城"满考"的那年，丈夫丘传就突然病倒了。她日夜照应，守着丈夫连续八个月目不交睫。人一旦病倒，有些时候情绪就会变得很难自控，何况丘传病重时才刚过而立之年，仅三十三岁。他变得很暴躁，稍有不如意便大声斥骂，骂过后又暗暗自责。作为妻子，看到丈夫病倒且日渐严重难免担惊受怕，何况她也才二十八岁，于是她总是顺着丈夫，生怕某个不小心又让他不高兴导致病情加重。她此刻最不能忘怀的是丈夫临终时的眼睛，七年过去了，她每每想起，仍情难自已。

丘传走得很不甘心。彼时，父亲丘普还远在京师，母亲柯氏垂垂老矣，两个儿子一个十岁、一个七岁；丘家是从外地迁来海南不久的"新族"，福建的亲戚疏远了，整个丘家自丘均禄落籍琼山至今，两代皆单传，在海南又尚未开枝散叶。作为迁琼第三代的独苗，丘传既不放心老的，也不放心小的。他拉着妻子的手说："能拜托你帮我养二老以终天年，教两儿辅其成年吗？"听到这些，她只是哭，多余的话也说不出口，只能告诉丈夫，这是她分内的事，让他不用担心。丘传去世时迟迟不肯闭目，一直盯着她。她边哭着承诺绝不食言，边轻轻抚过丈夫的眼睛，她不忍丈夫再多受折磨。

自此，她便成了大家口中的寡妇。于是，村子里总有些热心好事的姑嫂们找着机会便到家里，拐着弯地说"上有老，下有小"有多不容易，又说她尚年轻，"难不成真准备守几十年的寡？"。她不喜欢这些絮絮叨叨，碰上这样说的，就会极为严肃且明确地予以拒绝，她发誓会信守承诺，会对得起丈夫临终时的嘱托。她对热心的姑嫂们说，如果再说这些，丘家便不再欢迎她们了。

娘家虽富裕，但毕竟她已是丘家人。丘家比不得娘家，公公的工作虽大义，但毕竟官家不给俸禄，在临高、琼山两地跑给人瞧病挣的钱也刚够一家人过活。虽祖上留有一些田产，但丘家人又都心地好，轻财好施，日子过得就更是艰难了。

前几年，公公更是做出了一个惊人之举。

一日，公公跟她商量，想把所有的家当拿去购置义田。公公很认真地给她解释这样做的原因：丘家人丁不够兴旺，丘传又早逝，丘家三代都没出个有功名的读书人，他想通过购置义田积些福德，且通过义田的租子也能为子孙预备些读书的钱。她当然会同意，当初父亲让她嫁过来，本来也不是奔着到丘家享福来的。于是，他们很快达成一致，义田就选在她娘家附近，靠近澄迈学宫，位于墟场市。从此，这义田便成了她回娘家时必去的地方。公公和丘源每次去临高，或是从临高回琼山，也都会去义田转转。毕竟，这里种下的不仅是可收割的谷子，更是丘家世世代代的希望。

她喜欢丘家人，她每每都会主动地把娘家给的嫁妆拿给公公去接济邻里。更重要的是，她和婆婆处得很好。婆婆出身书香门第，其兄长是江西新建县学的教谕柯孔传[1]。她们交流起来没有任何障碍，不会上演那

---

[1] "祖考讳普，以明医举为临高县医学训科，妣柯氏，新建县学教谕博茂柯公孔传之妹。"《丘濬集》，海南出版社，2006，第4507页。

第一章　少有凌云志

些旁人家的婆媳之间惯有的"闹剧"。婆婆总是能帮她巧妙地处理外面的那些闲言碎语，加上又能识文断字，丘源、丘濬二人的学业，她也出力不少。

她喜欢公婆在外面说她的好，说有了她可以忘记丧子之痛，说这个家有了她，便没有遗憾了。她很开心能得到公婆这样的称赞。除了累点，在丘家，她很满意。

最让她满意的还是她的两个儿子。丈夫去世后，她把他们管得很严。每天鸡刚打鸣，她就会把兄弟俩喊起来读书；兄弟俩每次放学回来，她都会督促他们温习功课，都会问他们在外面都跟什么样的人有什么样的往来。如果发现他们对学业不够认真或是跟不三不四的人来往，她就会极为生气，着急了还会喊他们的爷爷来处置。

但"处置"丘濬，得躲着点他外婆。

丘濬是外婆的掌中宝。在众多的外孙、孙子中，丘濬最得他外婆疼爱。一到外婆家，丘濬就会挨着外婆坐一会儿，外婆便会边抚摸着她的宝贝外孙，边说他又瘦了。又或是明明刚吃过，外婆也要反复问他是不是饿了。丘濬小时候很挑食，外婆却总能变着法子煮些新菜式，千方百计地哄着他吃，当然少不了过一会又要问他是不是饿了。外婆最爱带他去王村村口玩，那里是村里人最多的地方，也是她炫耀她的掌中宝最合适的地方。她总说："我这个外孙不一样，算命的说他日后必定扬名四海。"丘濬在外婆眼里，就没有不好的地方。她总对自己的女儿说，丘家再穷也不能苦了她这个掌中宝。于是，丘濬每次去外婆家，外婆就会给他塞些银两，总会叮嘱他少买些书，多买些吃的，交代他去学宫读书的钱不用操心，早就给到他母亲了。

想到这里，丘母觉得很幸福。

她站起身来，从房间的窗户望向两个孩子的卧室。她很感激，也很欣慰，她的孩子们都很争气。丘源已经长成大人的模样了，他日日跟着爷爷，医术已有了长足的进步。他极安静，总默默地帮着爷爷，学着处理家里诸如赋役、礼节之类的大事小事。如今处置这些，他已经很得心应手了。丘濬走的则完全是另外一条路。丘母尽全力支持他读书，为他买书、请老师，花费多少她都乐意。她最开心的是，她竟然能读懂儿子作的那些被乡人们称赞不已的诗。这些比前些年儿子日常研习的"五经"之类的好懂且有意思多了。之前过年，她回娘家时，还把丘濬写的那首律诗读给了她的三个姐姐听：

绝岛穷荒面面墙，偶从窗隙得余光。
浮云尽敛天还碧，斗柄初昏夜未央。
燕语莺啼春在在，鸢飞鱼跃景洋洋。
收来一担都担着，肯厌人间岁月长。[1]

她说她不懂那些读书人从儿子的诗里读出的远大的志向和抱负，她喜欢的是诗里"燕语莺啼"和"鸢飞鱼跃"的景象，那是她日常所见的，亲切得很。

当她再把这首诗翻出来读上几遍后，夜便深了，明天公公和丘源还得赶去临高，丘濬也要早早地去学校，她赶紧拉回思绪，把他们明日需要的东西都收拾好。

---

[1]《丘濬集》，海南出版社，2006年，第5162页。

四、嗟嗟伯乐情

正统元年（1436年），丘源十九岁，丘濬十六岁。这一年，天降噩耗于丘家——丘濬的爷爷丘普去世了。一生致力于治病救人，广施财物以济乡邻，又数十年如一日收拣"孤魂"的琼山大善人，终是在六十八岁时魂归西天了。他被安葬在他曾收拣"孤魂"的"第一水"附近的金盘之原，挨着"丘公埋骨冢"，守望着不远处的下田村的丘家子孙。

丘普弥留之际，把最让他记挂的两个孙子叫到床前，分别为他们赐字——丘源字"伯清"，丘濬字"仲深"。以字补名，丘普寄望他们兄弟二人，能如鸟之两翼、车之两轮，能牢记他的教诲，相依以成，"源"清"濬"深。

送别祖父，丘源以"临时医生"的身份继续履行爷爷丘普在临高未竟的使命。他还需要再等上几年，需经人推荐通过考察才能正式接过丘普早已准备好的接力棒。丘濬的学习，进展得很顺利，他十三岁时便早早地完成了"五经"的学习。[①]爷爷去世的次年，即正统二年（1437年），十七岁的丘濬便正式开始习"举子业"。[②]所谓"举子业"，即为应对乡试以考取举人而学习的课业。至于"举子业"的具体内容，我们不妨通过洪武十七年（1384年）制定的"科举成式"，采用结果倒推法来加以了解。据《明太祖实录》，乡试的考试时间为子、卯、午、酉年的八月。农

---

① "宣德八年癸丑（1433年）十三岁。刻苦攻读经史，是年卒业'五经'。"《丘濬集》，海南出版社，2006，第5075页。
② "年十七始习举子业，落笔为文，数千言立就，夐出伦辈。"道光《琼州府志》，清道光修、光绪补刊本，卷三十三，第2931页。

国士丘濬

历八月刚好是在秋天，所以乡试也被称为"秋闱""秋榜"。乡试共三场，考试时间及内容原则上是：第一场为八月初九日，"四书"（《大学》《中庸》《论语》《孟子》）书义三道题，每道题二百字以上；"五经"（《诗》《书》《礼》《易》《春秋》）经义四道题，每道题三百字以上。第二场为八月十二日，试论一道，三百字以上；判语五道，诏、诰、表内科一道。第三场为八月十五日，试经史时务策五道，能力不及不能全答者可减两道，均为三百字以上。以上这些，便是十七岁的丘濬在参加乡试前所要学习的内容。

纵使丘濬熟练地掌握了以上应试的内容，也并不意味着他能马上参加乡试。他此时尚在社学就读，还是童生身份。他需要通过府学的入学考试先获得生员的身份，然后每年参加县、府和提督学政主持的岁考（相当于现在的期末考试），岁考成绩优异才能参加提学官主持的科考（即乡试预备考试），通过科考才能获得参加乡试的资格。不过，这对于丘濬来说，似乎不是什么难事。少时所付出的努力，那些读过的书，让他在学校里显得异常突出。他出口成章，数千字的文章落笔即成，远远超出同辈。

很快，正统四年（1439年），十九岁的丘濬正式由社学入府学，获得了生员的身份，并由此遇到了他的两位伯乐。他们不但赏识丘濬并出手帮助他，更是对他做学问与做人产生了极大的影响。

非常凑巧的是，这两位伯乐竟神奇地曾同时出现在同一场诗会上。他们便是时任琼州知府的程莹和广东按察司副使的王增祐（丘濬记作王琼祐）。

正统七年（1442年）夏天的某日，时任广东都指挥使的王清邀琼州府琼山县当时之文武官员及地方乡绅，同游琼山境内之灵山。游者有御史唐舟、侍郎陈琏、大参龚篪、御史邝杰、金宪穆铎、少参王恺、连帅王清、丰城陈振、千户屠泰、宪副童贞、大参左瑺、维阳邵伟、宪副王

第一章　少有凌云志

增祐、连帅张玉、乡士王宏、太守程莹、乡士王懋、前庶吉士王槐、森使郭智、东鲁李芳、镇抚陶俊，共二十一人。游至兴起，金宪穆铎提请由王清题诗以记本次灵山之游。于是，王清作一五绝，曰："烧香游神祠，松风生微寒。高歌携金樽，颓然青云间。"王清诗罢，众人分领诗中一字，依次为韵分赋。时任琼州知府的程莹领到其中的"樽"字，赋诗曰："迢迢一径入山门，此日同游载酒樽。纵览谩凭双眼力，浮名应愧一乾坤。久居僻郡叨天禄，愿刻苍崖颂圣恩。吹彻玉箫清兴发，诗成不觉又黄昏。"时任广东按察司副使的王增祐领到其中的"歌"字，赋诗曰："灵祠形胜俯山阿，载酒来游发浩歌。林下坐听啼鸟缓，风前吟对落花多。碑横古径生苔藓，树老空庭长薜萝。归向江头还唤渡，一篙明月泛清波。"参加"灵山诗会"的二十一人如是自由领字，为韵分赋，后唐舟"以次汇编，不以穷达为先后"，合成《游灵山庙诗集》，流传一时，被传为佳话。[1]

这二十一人中的程莹，便是丘濬少时的第一位伯乐。

程莹，惯为名人或有为官员立传的正德《琼台志》并没有为他立传，但这位"名宦"的光芒丝毫不会因此而变得暗淡。他出自罗田程氏，与理学宗师程颐、程颢同源。因此渊源，程莹自幼便痴迷于"二程"理学，且精易学、善草书。他曾在礼部待了二十七年，还曾作为使者出使过日本。宣德十年（1435年）五月，琼州等十一府知府空缺，程莹被举荐为琼州知府，刚登大位不足五个月的明英宗朱祁镇为程莹等十一位补缺知府人选钦赐诏书，苦口婆心地希望他们能恪守知府之职，不辱圣恩。程莹自接受任命起至卒于琼州知府任上，无时无刻不谨记皇帝的旨意。

程莹抵达琼州后，以兴学为首要任务。他捐资助教，积极组织考试

---

[1]《正德琼台志》，海南出版社，2021，第91—94页。

国士丘濬

选拔人才。其到任后,琼州凡登科贡者,无一不出自程莹之手。丘濬便是其中之一。丘濬十九岁那年参加了府学的入学考试,程莹很欣赏他,把他拔选为第一名。①其实,程莹早就知道丘濬。在他刚到琼州时,便有人将连同《五指参天》在内的《琼台八景》诗呈给了他。他随即命人把《五指参天》这首诗刊刻存档,传读于府内。此后,程莹便密切关注着大家口中的这个"神童"。他常读丘濬写的诗文,也了解他的家境。在拔选丘濬为第一名后,程莹还时常给予丘濬在经济上的资助。他也常到府学看望丘濬,把对他的期望告诉他。这些都在丘濬心里留下了很深的烙印。儿时,祖父"苛刻"的希冀,母亲严格的督学,乡人们带点"吹嘘"的赞赏,再加上知府大人的期望,丘濬在掌声和压力中努力拔节,所有人包括他自己都对他的未来充满了美好的想象。然而,对丘濬的人生产生更为重大影响的,则是程莹在琼州知府任上的所为,包括"灵山诗会"上程莹的那首诗。

明朝时的琼州,汉族与黎族之间的冲突一直是地方治理中的顽疾。究其原因,则是管理不得法。程莹到琼州知府任后,便对以土官管理黎族的旧制度进行改革,将黎族地区纳入州府统一管理,对黎族地区的基层管理者实行统一考评、统一任免。这有效避免了土官仰仗朝廷特殊政

---

① 光绪《罗田县志》,清光绪二年刻本,第1988—1992页。丘濬在《琼州府太守程莹墓志铭》中言:"予弱冠时,初识文理,汗颜入试,公以远大期予,拔第一,得补博士弟子员。且悉予贫,所以资给而玉成者靡弗至。"据《中国科举史(修订本)》(东方出版中心2021年版),明代学子获取秀才功名需经童试,而童试分县试、府试、院试三个阶段。县试由知县主持,府试由知府主持,院试由提学官(一般由按察副使或按察佥事兼任)主持。按明代惯例,府试第一名必定会被提学官在院试中录取,是以丘濬感激程莹"拔第一,得补博士弟子员"。王国宪《丘文庄公年谱》及李焯然《丘濬评传》均言"按察副使童贞拔取公文冠一郡",指的是童贞在院试时拔取丘濬为冠。

第一章　少有凌云志

策坐大自肥等现象的发生。万历《儋州府志》记载，程莹此举实施后"民、黎大称快矣"[①]。这虽有溢美之嫌，但此举确实是土官制度改革上的一次有效尝试。

此外，程莹还关注到了海南岛的盐业。彼时琼州府共有六个盐场分辖于六个盐课司（即琼山县大小英感恩场盐课司，崖州临川场盐课司，临高县三村马裊场盐课司，儋州博顿、兰馨场盐课司，文昌县陈村乐会场盐课司，以及万州新安场盐课司），各盐课司设盐场大使一员，统辖灶户正丁共5024人，年办盐6253引[②]又13斤。海南的税盐每年都要从各个盐场运至海北盐课提举司所在的廉州府（辖境相当今广西合浦、灵山、浦北、钦州、北海等市县地）。此举劳民伤财，且因盐的特殊属性，长途跨海运输的损耗极其严重，实在是毫无必要。于是，正统七年（1442年），程莹奏请将税盐折米，直接由盐场缴纳到琼州府仓，供朝廷随时调用。[③]

不论是土官制度的改良，还是税盐改米的革新，程莹都展现出极为强烈的民本意识。他时刻都记得皇帝的那道诏书里说的："我把这方郡交给你了，这千里之外的百姓，就都靠你了。"程莹深知治民贵在养，养民策之首要则为不扰。不扰不是不为，是为之有道、为之得法。程莹的这些作为，对丘濬的影响很大，日后他的目光也将关注到民族治理、盐业海运，也会和他的这位伯乐一样，身上始终闪烁着民本主义的光辉。

说回程莹在"灵山诗会"上的所作之诗，与同行的大多数人不一样的是，程莹对目之所及的灵山的风景没有丝毫留恋，他心中想的是"久居僻郡叨天禄，愿刻苍崖颂圣恩"。他害怕自己成了躲在这僻远的琼州享

[①]《万历儋州府志》，海南出版社，2004，第199页。
[②] 明代盐的重量的计量有大引、小引之分，一大引为四百斤，一小引为二百斤。
[③]《正德琼台志》，海南出版社，2021，第573页。

国士丘濬

受着朝廷俸禄的硕鼠，他时刻提醒自己不能忘记皇上的恩德，不能忘记英宗诏书上的那句"以保养为务，必使其衣食有资，礼义有教，而察其休戚，均其徭役，兴利除弊"。其实，程莹大可不必惆怅。在他不幸卒于琼州任上后，琼州百姓感念他的好，为他立遗像，将他的事迹刻碑以记，将他请入了名宦祠。他与"二程"同源，一生所为，体用一体，实现了修齐治平的理想，是值得琼州百姓惦念的。也许，更让他感到欣慰的，便是他发现的那匹千里马未来也将在理学的路上不断跋涉，并一跃成为理学名臣。

参加"灵山诗会"的另一位丘濬的伯乐，则让丘濬成了琼州府学里的"公费生"。

进入府学，便是生员。府学每年有岁考，按照考试成绩又将这些生员相应分为廪生、增生和附生。其中，廪生是由政府提供津贴和生活日用的在校生员，增生是廪生的候补，附生则是增生之预备。所以，这三种生员之间的递进次序便是由附生到增生再到廪生的从低到高的过程。其中的廪生，便是公费生。

丘濬进入府学后的第三年，即正统七年（1442年），正是"灵山诗会"那一年，这一年琼州府学的岁考颇值得说一说。参加这一年岁考的府、县学生员有数十人，他们都是当时琼州学子中的佼佼者。这次考试将把生员划分为不同的等级，其中最优者便能成为众生员最想获得的身份——廪生。按察司副使王增祐，便是这次的主考官之一。

王增祐，贵溪人，永乐十三年（1415年）中进士。他初由山西道监察御史升陕西按察司佥事，后调任广东按察司副使，官终至广西按察司副使。他毕生均在监察系统工作，眼里容不下一粒沙，善断狱，性刚烈。[1]

---

[1] 康熙《江西通志》，清康熙二十二年刻本，卷三十二，第24—25页。

正是这位王副使将丘濬与另外两人同时提拔为廪生。①这不仅是一种实质性的奖励，对于获得者而言，更是一份莫大的肯定。结果也证明，这位王副使颇有眼光，他选出的这三位廪生，个个都很出色。丘濬和同样成为廪生的另一位琼山人林杰（字廷宾），将与前文提到过的薛远，以及后文将要提到的邢宥一起成为明代的"海南四贤"。三位廪生中的另一位叫郑德崇，他的命运则有些令人唏嘘。在府学时，他与丘濬的关系最为密切，二人总是形影不离。丘濬很羡慕郑德崇。郑德崇的胡须非常漂亮，同学们都称他"美髯公"。他的楷书在当时也相当有名气，每年琼州府要向朝廷呈交的各种贺表，都由他一支笔全包了，下面州县递交上来的表文，也都会先请他看看，帮着修整修整。只可惜，他英年早逝，三十五岁便去世了。自此，再寻郑德崇，便只能靠他的好友丘濬为他写的那篇《郑德崇墓表》了。

五、飞禽先得气

正统七年（1442年），丘濬正式成为琼州府学的公费生。这一年八月的某天，府学学宫发生了一件"怪事"。

海南的八月，天气仍很燥热，月平均日照时长近九个小时。于是，

---

① "予偕试于按察副使王公琼祐（应为王增祐），时郡邑二学试者，毋虑数十人，惟三人中式，得预廪食之数。三人者，予与德崇及今林宪副廷宾也。"《丘濬集》，海南出版社，2006，第4514—4515页。

国士丘濬

午休就成了海南人的"必修课"。出生在海南的南宗五祖之一的白玉蟾便有一首写得很有格调的《午睡》诗:"簟织湘筠似浪,帐垂空翠如烟。一片睡云惊散,绿槐高处风蝉。"但对于尚在府学求学的丘濬等一众年轻人而言,大好时光用来午睡,实在是有些浪费。于是,某日上午课罢,丘濬便和往常一样,与同学符钟秀(名芳)、陈允谐(名文徽)①一起在学宫里漫步。忽有一小童子急急忙忙地奔向他们,边比画边说,学宫的污池里突然聚集了一大群没见过的鸟,这鸟比鹅小,跟海鸭差不多大,脚趾间也有跟鸭一样的蹼,全身白白的,一点都不怕人,此前从没见过。于是三人赶忙随着童子前往污池。丘濬认得这种鸟,他说:"这不就是《周易》中所说的'鸿渐于陆,其羽可用为仪'的鸿吗?《尚书》'彭蠡既潴,阳鸟攸居'中的阳鸟指的也是它啊。"丘濬还告诉同学们:"这种鸟生于北方,在北方渐冷时便随阳南征,群落于温暖的南方水边湿地。"早在十三岁时便已卒业"五经"的丘濬虽没有见过大雁,但足够丰富的知识储备让他对这种鸟有了"先验"。

只是海南如此之远,它们是怎么飞到这儿的呢?这广袤之南方,河流纵横,哪条河也比学宫里的污池好,何况学宫隔壁就有一大湖,它们怎么偏偏选择了这里?丘濬见好友们听得起劲,便更加兴致盎然。符钟秀、陈允谐有些急不可耐,追问其中的原因。丘濬由此说出了一段意味深长的话。他说,大雁与旁的鸟不同,这种随阳之鸟最先知道季节更替,最能预知地气,因而往往能通过预知季节和地气的变化而先迁徙。接着,丘濬又给两位好友讲了一则跟王安石有关的故事,而这段故事也被记录

---

① "符芳,东厢二图人,居那社。尹浈水、迁江二县,升福建盐运判。丘深庵莫逆交。""陈文徽,东厢人,经历汝嗣侄孙。不仕,筑桐墩隐居授徒。"《正德琼台志》,海南出版社,2021,第708页。

第一章　少有凌云志

在了《皇朝编年备要》中的"王安石参知政事"条目内。

初，治平中，邵雍与客散步天津桥上，闻杜鹃声，惨然不乐。客问其故，雍曰："杜鹃，洛阳旧无之，今始至，有所主。"客曰："何也？"雍曰："不二年，上用南士为相，多引南人，专务变更，天下自此多事矣！"客曰："闻杜鹃，何以知此？"雍曰："天下将治，地气自北而南；将乱，自南而北。今南方地气至矣，禽鸟飞类，得气之先者也。《春秋》书'六鹢退飞''鸲鹆来巢'，气使之也。"至是雍言果验云。[1]

这则故事发生在宋英宗时期。邵雍（北宋著名理学家）与朋友散步时，听到从不曾在洛阳听到的杜鹃的啼叫声。他表情突然变得很严肃，他认为这种本生于南方的鸟却意外地出现在了北方，这是地气自南而北导致的鸟自南而往北飞，这预示着天下将大乱。邵雍对此很是担忧，他认为不出两年，将有南方人为相，且朝堂之上将多为南方臣子，他们将大力推进变法更新，天下将从此多事。这则故事之所以会被记在"王安石参知政事"条目下，是为了说明邵雍所说的得到了验证。后来朝廷确实任用了南方人王安石，天下也因"王安石变法"而"大乱"。

丘濬认为，如果说地气自南而北预示着南方人将以文乱天下，那么大雁从北向南飞，则说明地气是自北而南发展，按照邵雍说的"天下将治，地气自北而南"，那么接下来或许会出现南方人"以文治天下"。丘濬刚一说完，两位好友便说："也许这'以文治天下'的南方人就是你啊！"虽然丘濬谦虚地婉拒了好友们的称赞，但其实他"以文治天下"的梦想想必也不是一时之兴起。这颗种子，自爷爷丘普那晚跟他说"尔立

---

[1]《皇朝编年备要》，清钞本，卷十八，第1401页。

国士丘濬

门户，拓吾祖业，达而为良相，以济天下可也"时便已种下了，在借《汉书》时便开始发芽，自社学到府学，如今已能清晰地听到拔节声了。

二十多年后，与丘濬一起在学宫观雁的符钟秀任泷水（今广东罗定）县尹，仍难忘当日丘濬的地气论。他给彼时已入翰林的丘濬寄去一首诗："雁飞不到海南天，来集芹池岂偶然？当日临流同看处，羡君偏自炳几先。"①他借此感叹道："还是你老兄厉害啊，真羡慕你有未卜先知的能耐，当日大家的笑谈看来真的要成真了啊。"

至于观雁当日丘濬跟符钟秀他们说起的王安石，日后丘濬将在《世史正纲》里为他写下批语：万世名教之罪人。但在批评王安石之前，尚在府学里的丘濬得先批批许文正。

许文正，名衡，"文正"是元成宗铁穆耳在他死后赐给他的谥号。他是元代的理学家，被誉为元代理学第一人；他也是元朝的政治家、教育家，官至集贤大学士兼国子监祭酒；他甚至还可算得上是科学家，他与太史令郭守敬等合作制成了《授时历》。问题是，他不是元代划定的"上等人"（蒙古人），也不是"二等人"（色目人），而是出生于河南的"三等人"（汉人）。

正统七年（1442年），丘濬作成《许文正公论》，对许文正进行了严厉的批评。②

丘濬认为，许衡这样的"华人"心甘情愿地臣服于"夷族"，是极其丑陋的。虽然有人说许衡是一代大儒，对当时的理学、教育等发展作出过贡献，但这只是一时之功，而他造下的却是万世之罪。何况，元朝自造文字乱中国之文法，导致教法尽灭；重要官员的正职只用胡人、有重要国事要商议时便把汉臣逐出等做法，在许衡躬身臣服后，并未见有任

---

① 《丘濬集》，海南出版社，2006，第5206页。
② 《琼台会稿》，明万历四十一年丘尔穀刻本，卷七，第409—419页。

第一章　少有凌云志

何改观。许衡以儒家正统自居，以理学大儒自称，潜身于元廷，为什么不为此做些努力，着力于解决根本性的制度问题呢？"其大者不能革之，则其功效之小者何补哉！"关键问题不解决，修修补补有何益？

丘濬认为，许衡这样的"华人"心甘情愿地臣服于"夷族"，产生的危害是极大的。正是因为有像他这样有才华的人助纣为虐，为"夷族"出谋划策，才使得国人遭受更加深重的灾难。普通人要找碗饭吃，要找些事做，仕于元朝无可厚非，但许衡这样做便可耻。因为无德无才不至于成灾，有才无德则最是危险，加上许衡的门人又"尊称之过其实"，后人"又因之不加考"，竟使这种人最终成为榜样，丘濬认为不能不予以批评。

丘濬的"严华夷之辨"的理念源自儒家。这种立场在今日被很多人诟病为"狭隘的民族主义"，但其实这是跳脱历史谈历史的典型症候。其实，儒家所称之"华"与"夷"，在一定程度上并不是完全意义上的民族或者种族概念，更多是文化、文明概念。所以丘濬才质疑："许衡你可以在元朝当官，但为什么不将汉之文化、华之文明推而行之？为什么不改变他们歧视'南人'的恶俗？如果你仕于元又不能'改其俗'而'行己之道'，那你完全可以选择不仕于元啊！"

关于华夷之辨，日后丘濬还将在其著作《世史正纲》和《大学衍义补》中进行深度的剖析，而此时写成《许文正公论》的丘濬尚仅二十二岁，还只是个府学的廪生。所以我们便能理解当琼州的大儒、丘濬的师长们读到这篇文章时的心情了："耆儒硕师，初见甚骇之，已而又大深服，以为先儒未有言及此者。"[①]儒师们惊骇，是因为许衡的身份不一般，他可是被明太祖朱元璋尊为正统儒学的继承者，并准许从祀于孔庙的人。

---

① 万历《琼州府志》，明万历刻本，卷九，第1895页。

国士丘濬

丘濬这样的批评，在当时便是冒天下之大不韪。但大家又深深佩服丘濬，除了佩服他的勇敢，其实大家心底里对许衡臣服于元廷也是不认同的。这样的事在朝代更替之际并不罕见，老先生们憋了很久，终于有了能帮着他们出口恶气的好后生了。

接下来，丘濬便要面临人生的第一次大考了。成为廪生后的正统九年（1444年），二十四岁的丘濬参加了广东乡试，并一举夺魁。

第一章　少有凌云志

附录一　太宜人李氏墓志铭

海南省博物馆藏

资善大夫兵部尚书兼翰林院学士知制诰经筵官淳安商辂撰文

承德郎尚宝司丞广平程洛书丹

征仕郎中书舍人吴郡李应祯篆盖

太宜人李氏，故赠翰林编修丘公传之配，侍讲学士濬之母，成化己丑三月七日卒于正寝。濬闻讣，号恸几无以生，已而援例归守制，匍匐具事状造予请铭。按状，太宜人讳荫，姓李氏，琼之澄迈县王村李氏女。父易周，母陈氏，生四女。家饶于资，求聘者众，其三皆归富室，而于太宜人独严于择婿，得编修公，踈俊豪迈，又仕宦家子，遂以妻之。太宜人自幼端重，寡言笑，专用力于纺绩织纴，于纂组事一不以经意，曰："此女工之蠹耳。"他姐妹争蓄私财，太宜人一无所取。母陈尝称之以戒诸女。既归，执妇道惟谨，逮事舅姑，孝养备至。编修父思贻先生，家法严整，父子间轻财好施，延接宾客不计有无。太宜人承顺弗违，虽所有衾具用之弗吝。先生尝语人曰："自吾家得此妇，事无不如意者。"先生以训科秩满留京师，编修公遘疾，太宜人朝夕左右，目不交睫。公疾日增剧，性烦躁，稍不如意辄怒詈。太宜人顺适其意，惴惴焉，惟恐拂之。一日忽呼太宜人，喻之曰："吾疾殆弗起，吾父远适，母垂老，二子幼稚，家无期功之属可倚，汝能养吾亲以终天年，抚吾子以俟成立乎？"太宜人唯唯，曰："此分内事，无庸言。"公曰："汝能是，吾死不恨矣。"言讫而逝，将敛，两目犹瞠视。太宜人抚之曰："君瞑目，吾不食言。"目遂瞑，太宜人抚棺哀号，绝而复苏。丧葬之需，极力营置，举无遗憾。时太宜人年才二十八，长子源九岁，次子濬七岁。是月，家植竹生笋，一本双干，人以为贞节所感。明年，先生归自京师，始克葬，既祥禫，太宜人仍素服蔬食，誓以终身。人有以其年少，讽使再适者，即痛斥绝之。早夜率诸婢治麻缕，督家童力耕桑，以给衣食，未始暂逸。舅姑安其养，忘其者而无子也。每相谓曰："吾子死而有孙，妇能守志，可无憾矣。"其后，舅姑相继殁，丧葬悉以礼。二子就外傅，鸡初鸣即呼之起，莫归必课其学业，问其所交游何人，有不如意，则痛加切责。源绍祖业医用，荐为临高县医学训科。濬补郡庠生，习举子业。太宜人出衣资，市书具、束脩，凡百所费，皆预为备无后时，以故濬得致力于学，登乡闱，首荐擢进士甲科，入翰林为庶吉士，授编修。太宜人喜曰："吾儿自幼好读书，今果遂其志，吾他日可以见其父于地下矣。"天顺丁丑，郡守以太宜人贞节闻，诏旌表门闾。明年，以子贵，封太孺人。濬自编修进侍讲至今官，太宜人屡致书戒谆以忠谨、图报国恩，为言曰："毋以我为虑。有兄在侧。扬名显亲斯孝矣。"自奉俭约，每得濬所寄衣服簪珥之类，辄收藏弗用。其平生仁慈之德、贞洁之操，乡人咸所敬仰。家有嫠妇化之，相与守志，终老者三人。

太宜人生洪武庚辰三月初二日，寿七十。孙男四人：敦、陶、融、昆。孙女六人，尚幼。先是海北寇聚道梗，濬欲归省未能，因太宜人寿旦，预命工绘庆寿图，求同官诗文，寓归为祝。至则郡邑大夫士暨乡闾亲旧毕来称贺。越二日，忽得疾，遂弗起。濬归，将卜以七年二月初六日，奉柩葬于那洪乡七星山之原。

呜呼！贞妇贤母如太宜人者，世不多得，可悼也已。濬方以文学见用，所造未量，太宜人身后之荣，始未艾也。予与濬有斯文之谊，用序次其事而铭之。铭曰：妇德以贞，母道以贤。惟太宜人，二者兼全。心无愧夫，即无愧天。天锡之庆，振后光前。富贵寿终，抑何憾焉。琢石镌铭，垂千百年。

附录二　祭外祖母陈氏墓文[①]

丘濬

我外祖母，女中丈夫。怀仁施义，怜贫恤孤。嗟我兄弟，幼稚丧父。我母守节，教育抚哺。赖我祖母，扶助居多。一心爱念，两手抚摩。于诸孙中，恩意独厚。虑我或饥，悯我何瘦。我性乖劣，食饮偏僻。百计调胹。取我之适。恒对众言，此子非常。术士谈命，论必显扬。我游学宫，岁时资给。我游京师，蚤夜思忆。闻我成名，喜色津津。寄衣未达，讣音远闻。百年欠六，死无遗憾。所可憾者，不得我见。病不尝药，敛不临棺。恩德如天，欲报之难。万里未归，不见我母。祖母既亡，又丧两舅。五内分裂，众恨来丛。天乎天乎，欲问无从。重到王村，少曾嬉处。室庐维新，山田如故。□目幼稚，不见至亲。溯初别时，今二十春。哀哉痛哉，我心如醋，慈容何在。举头见墓，宿草青芊。哀虫号鸣，视不可见。呼不闻膺。殽酒满前，徒供莫食。哀哉痛哉，此恨罔极。尚享！

[①]《琼台类稿》，明闵珪刊本，卷五十三，第32页。

第二章

超超科举路

国士丘濬

一、巨石后登云

正统九年（1444年）的广东乡试，琼山人胜券在握。在此之前，他们已经取得过丰硕的成果。自洪武十七年（1384年）的首次明代乡试至丘濬中举前的正统六年（1441年）的57年里，琼州府共有177人中举，其中琼山县中举者为57人。这与宋元两朝琼州府中举人数的总和11人相比，简直就是换了"人间"。于是，大家对正统九年（1444年）的这次乡试，信心满满，何况其中还有神童"丘濬"。

照例，这一年的八月，乡试在广东贡院举行。毫无意外地，秋榜揭，丘濬位列全广东第一，成为解元。丘濬应试所作的五篇策论轰动一时："正统甲子领乡荐第一。入五策进呈，海内传诵。"主考官之一的王来更是对丘濬大为赞赏，为他赋诗，勉励他返乡后继续努力，以备来年赴京会试。

赠丘仲深[①]

王来

五十名中第一人，才华惟子独超伦。
经明礼乐行文健，策对图书究理真。
春榜英才期角胜，夜窗灯火莫辞频。
从来显达由稽古，事业辉煌在此辰。

这王来也不是一般人，他从一个小小的新建教谕，一步步官至正二

[①]《丘濬集》，海南出版社，2006，第3894页。另，原诗无题，此题为作者所拟。

品的南京工部尚书，是明朝有口皆碑的贤臣。丘濬乡试时，王来以广东左参政的身份出任考官。丘濬彻底征服了王考官，成为他心目中的"超伦"之才。王来对丘濬稳健的文风以及探究事物真理的功力最为赞赏。他希望丘濬秋榜得胜后能继续刻苦钻研，这样来年的春榜一定会有他的喜讯。成化十二年（1476年），王来之子王钥由监察御史调任江西按察司佥事，丘濬便借此次为其送行的机会，和了王来的那首赠诗。就此，师生二人完成了一场跨越三十二年的唱和。

送王侍御赴江西佥宪[①]

丘濬

曾向薇垣拜伟人，一时名胜更无伦。

云龙矫矫机神异，野鹤昂昂赏鉴真。

北海清樽倾泻尽，西州旧路感恩频。

喜看东阁郎君贵，接武蜚腾正及辰。

自此，丘濬不再是秀才丘濬，而是举人丘濬、解元丘濬了。

解元，在琼州府，是个稀罕物。在丘濬之前，能得解元的仅7人，分别是宋代的符确、郑真辅、冯天赐、卓亦孔、陈庚，元代的唐次道，以及与丘濬同在明代的曾兰。这么看，似乎还感觉不到有什么稀罕。但我们要知道，这首位解元符确中进士的时间是宋大观二年（1108年），丘濬中解元的时间是正统九年（1444年），横跨了近三个半世纪。所以，丘濬这次高中解元，不仅是琼山丘家的喜事，也是整个琼州府的大喜事。[②]

[①]《丘濬集》，海南出版社，2006，第3894页。

[②] 本节前文所涉数据，均源自正德《琼台志》（明正德十六年刻本），实际中举人数或与本志记载稍有个位数之差。

国士丘濬

消息一传到琼州府,知府程莹便赶忙命令府衙的人都忙起来。最重要的,便是要去采块石头回来,在府城为丘濬立一座解元坊。程莹希望通过此举能让丘濬成为琼州后学们的榜样,借此大力宣扬教化之功。当然,这也是宣示他的政绩。

这时,神奇的事情发生了。

一名和工匠同去城西石山一带采石的吏员回来报告说有奇怪的事情发生,催程莹去现场看看。程莹坐上轿子,抵达石山马鞍岭下,见众人围着一块巨石议论纷纷。见知府大人驾到,众人都让到一边。程莹走到巨石前,看得真切,只见一块竖立着的近三米高的巨石上竟有"登云"二字,"登云"旁又有一行小字"天下太平"。[①]程莹看向工匠,工匠摇摇头,只说来时便见这巨石立在石林中,异常显眼。奇怪的是,这一带均是山林,崇山峻岭中只山脚下零星住有几户人家,何来这有字之石?石块如此巨大,也不太可能是从别处运来的。众人不得其解,只等知府大人下令。

程莹缓缓走回官轿,转身对随行小吏说:运回府内,就用它来做解元坊。

解元坊尚未做成,在广州府参加完鹿鸣宴返回琼州的丘濬,刚抵港便听说了这则"登云石"的传闻。他当即便作诗一首,首两句为"云根前示登云兆,月窟新成步月梯",末两句为"行人不用频频羡,门外行看又筑堤"。一路春风,他随后便到府衙拜谢程莹、王增祐等一众恩师。

琼州府衙已装扮一新,大红的灯笼、大红的绸花,让这座颇有些年头的衙门炽热得让人睁不开眼。府衙的官员们都等在衙门内,府学和县学的教谕、训导、教授们也都被请了过来。这一次所要贺的,不单只丘濬中了解元这一喜,这一科中的举人数也是正统以来最多的,共有八

---

① 《丘濬集》,海南出版社,2006,第5187页。

第二章　迢迢科举路

人①，琼州府这次着实是扬眉吐气了一把。众人相见，举人逐次拜谢父母官及恩师，知府程莹为举人们送上贺仪，前来观礼的乡人把府衙内外围了个水泄不通。

走完主要流程后，丘濬便向程莹告假，他要回去跟母亲道喜。

兄长丘源陪着母亲早早就在下田村口等着了。丘母这年已经四十五岁，但精气神特别好，今日看起来更是显得年轻了许多。丘濬迎上母亲和兄长，三人便一同前去祖父和父亲的坟前告祭。这是琼山丘家第一位举人，丘普、丘传地下有知，定是倍感欣慰的。接下来，丘濬要好好备考会试，毕竟现在的他还离丘普所要求的"济天下"的目标尚远。

庆贺、告祭诸事了后，丘濬便马上投入备考。三年后，他将赴京参加会试，这是他实现自己"以文治天下"的目标最为关键的一步。而当下，他还有一件事要做，丘母跟丘濬就此事也唠叨了许多回，毕竟他已二十四岁了。男大当婚，丘濬自然是明白这个道理的。何况他接下来极有可能要远赴他乡，兄长丘源也快要成为临高县正式的医学训科，家中只有母亲和嫂嫂沙氏两人是绝对张罗不开的。对此，他只说全凭母亲安排，他相信母亲的判断，也知道母亲的分寸。他不知道的是，他未来将由此而不得不经历一场生离死别。

除去学业，丘濬有自己着急要做的事。那年和他一起在学宫观雁的陈允谐这次没有中举，不过听说他有个绝妙的想法想要分享，于是丘濬待家里一切都收拾停当后，便去东厢陈家寻他。

陈允谐，是个特别有趣的人。他家算是书香门第，他自己读书也很厉害。除此之外，他还算得上是个"异士"，很有些艺术天赋。他不仅善于弹琴，还善于制琴。他很善于画竹，却不太愿意将画作示人，更不喜

---

① 据正德《琼台志》（明正德十六年刻本），此八人为丘濬、李靖、张勋、蒋渊、欧阳鳞、周昇、陈纪、曾英。

欢落款，于是他的画作便更抢手了①。丘濬听说这次落榜对他打击挺大的，他似乎不太想继续走科举这条路了，于是便很着急想见见他。

恰好，符钟秀也在陈允谐家，他也落榜了。

三人也未过多寒暄，一会面，丘、符二人便直入主题，想要听听陈允谐关于未来的想法。陈允谐说，相较于功名，他更想要一把好琴。然而上好的梧桐木才能制成顶好的琴，可是这上好的梧桐木又不易得，须是生于石缝之中，且最好是生于面阳背阴之地，琼州虽然也有种梧桐，却多在平旷之野、积阴之地。"材不良故器不完，器不完故声不扬。"②陈允谐拿出自己的一把琴，弹了一小节曲子，示意丘、符二人听听有多平平无奇。

丘濬便问陈允谐的打算。陈允谐接着说，他想要自己选块合适的地种梧桐，待梧桐长成，再自己制琴。没有天然的石缝，他便自己用土堆成墩，再在墩上立些石块，在石块与石块之间的人造石缝中种上梧桐。陈允谐不想谈科举，虽然他的叔祖父、父亲一个是琼州府的经历，一个是乡贡。但谈琴，陈允谐满眼是光。他对丘、符二人说，几十年后等梧桐成材了，不论是谁，只要是好古音的，都可以向他取材制琴。他让丘、符二人负责好好读书，他负责好好种树。

丘濬对陈允谐想要放弃科考的打算，打心底里觉得可惜，但又很佩服、羡慕他。听完陈允谐所说的，丘濬倒也认同他的选择，毕竟读书和种树的内在逻辑其实是一致的。正如陈允谐说的那样："书以穷理道，琴

---

① "王桐乡一日见所写于唐氏德光家，叹曰：'吾于允谐托交二十年，犹不能竟其所长，则人之于人，一见之间，岂能尽平生之蕴。今于此竹而可知为国者于天下之才矣。'"《正德琼台志》，海南出版社，2021，第736—737页。
② 《琼台会稿》，明万历四十一年丘尔榖刻本，卷二，第133页。

第二章　迢迢科举路

以禁邪思。"①读书是为穷理，是为寻求通达的路径乃成晓天理之人，而想要读书有所成，则需要去除邪思妄念，如此才能做到如痴般专注。琴，则不失为去邪思的一剂良药。十年树木，百年树人，需要的都是持之以恒的定力，在这一点上，二者是相通的。

话毕，陈允谐便带着丘、符二人去他相中的那块将用于种树的空地。他说将来等梧桐树长大一些，他便要建个书舍，或是建个书院，官学的名额还是太紧张了，有个书院便能让更多人有机会可以读书了。聊到这，陈允谐笑着对丘濬说："到时你的书、我的树集于一处，也算是琼州一景了。到时可别忘了给我写篇记。"丘濬很高兴地应允了，让家乡有座书院，有个可供读书的地方，又何尝不是他的愿望呢？

他吃了太多的无书可读的苦，淋过雨的孩子自然更懂得给别人撑伞。正是因为吃过家贫无书可读的苦，享受过赵璟借阅藏书的恩惠，再加上今日陈允谐的启发，才激发了丘濬要成为藏书家的意愿。未来，他将成为"粤中藏书第一人"。②他将在海南建一座"藏书石室"，北边的皇家藏书馆"皇史宬"也因他而起。他还将在他的家乡建起一座"奇甸书院"，与陈允谐的"桐墩书院"一起让古之南荒真正成为南溟奇甸。

他很期待好友的梧桐树长成的那天。

三人话别，便各自回家。备考的日子里，丘濬也没有太多时间可在外逗留。他日常便是鸡鸣起床，三更方歇。幸好，他很快迎来了他的爱人。

正统十一年（1446年），二十六岁的丘濬"与崖州金百户桂公之女结

---

① 《正德琼台志》，海南出版社，2021，第380页。
② 徐信符在《广东藏书纪事诗》中称："言粤中藏书者，当首推文庄。"文庄即丘濬的谥号。

皇史宬金匮

第二章　迢迢科举路

婚"。①所谓百户，乃明代卫所统兵112人的正六品军职。卫所的设立还得追溯到明洪武时期。《明史》卷九十记载："天下既定，度要害地，系一郡者设所，连郡者设卫。大率五千六百人为卫，千一百二十人为千户所，百十有二人为百户所。所设总旗二，小旗十，大小联比以成军。"②丘濬的岳父便是这里所说的"百十有二人为百户所"的百户所的负责人。

为了方便管理，明政府在洪武二年（1369年）设立海南分司。次年，在海南分司下设东西二所。洪武五年（1372年），又改海南分司为海南卫，卫下仍设所。在此之后，海南卫所的设置有过多次数量及管辖区域的变更。丘濬的岳父金桂所属的崖州守御千户所设立于洪武十七年（1384年）。作为百户，相较于普通百姓，是可以享受朝廷赋予的一些特权的，其一便是拥有自主耕种且免征税的屯田。《道光琼州府志》记载："永乐二年，令各所掣田精壮守城，别选老弱三百名屯种。十一月，令各处卫所屯田，若官员军余家人自愿耕种者，不拘顷亩，任其开垦，子粒自收，官府不许比较。"③其二便是拥有可世袭的军户身份。这也就是说，金桂的儿子即丘濬的小舅子金鼎，不出意外的话，将来最差也是个百户。

金桂之女自嫁入丘家后，便和丘源的夫人沙氏一起，成为丘母的得力帮手。她们三名女子，也成了琼山丘家真正的顶梁柱。白日里，她们在田间地头忙活，晚上便一起纺纱织布。在丘源和丘濬不在琼山时，去义冢扫祭的事便也由她们来完成。乡人们常见到她们三人披着霞光荷锄而归。在她们三人的经营下，同时也得益于她们各自娘家的支持，丘家的田产日渐增多，日子相较于以前也好了许多。④

---

① 《丘濬集》，海南出版社，2006，第5081页。
② 《明史》，中华书局，2000，第1465页。
③ 《道光琼州府志》，海南出版社，2006，第606页。
④ 详见本章附录二《祭亡嫂沙氏墓文》。

国士丘濬

更重要的是，金夫人之于丘濬，还有着非比寻常的意义。日后，金夫人将成为丘濬恒久的想念。而当下，丘濬婚后的第二年，即正统十二年（1447年），他需要收拾好行囊，从家乡出发，去赶明年的那一场春闱。

二、游子在万里

要了解丘濬将要参加的正统十三年（1448年）的这场会试，可以先将会试与乡试两相比较。洪武十七年（1384年）定制，乡试，又称"乡闱"，每三年一次，因考试时间设在农历八月，所以乡试又被称为"秋闱""秋榜"；考生在各自所属省的贡院参加考试，考中则为举人。会试，在乡试的次年举行，故也是三年一次，因考试时间是农历二月，所以会试又被称为"春闱""春榜"；考生统一集中于京师贡院参加考试，由礼部主持，所以又称"礼闱"，考中则为贡士，获得参加殿试的资格，成为准进士。由于殿试只作选优和排名，不淘汰，所以实际上考生只要通过了会试即成为进士。

丘濬在《愿丰轩记》中说："二十又四领乡解，又三年试礼部。"[1]这里的"领乡解"说的是乡试夺魁，"试礼部"指的便是正统十三年（1448年）的这场会试。

会试的考试及拔选规则，终明一代，差别不大。但在对于考生而言至关重要的录取人数上，具有一定的临时性，决定权归属于皇帝。《大明会典》卷七十七称："会试中式无定额。大约国初，以百名为率，间有增

---

[1]《丘濬集》，海南出版社，2006，第4355页。

第二章　迢迢科举路

损。多者，如洪武十八年、永乐三年俱四百七十二名，永乐十三年三百五十名。少者，如洪武二十四年三十一名，三十年五十二名。成化而后，以三百名为率。多者，如正德九年，嘉靖二年、三十二年、四十四年，隆庆二年、五年，俱四百名。少者，如成化五年、八年，俱二百五十名。咨将三百名之外，或增二十名，或五十名，俱临时钦定。"

正统十三年（1448年），参加会试的考生为一千三百人，录取人数为一百五十人。[①]丘濬会成为这最终的一百五十人之一吗？

春日里的农历二月便要开考了，琼州府的丘濬得提前半年出发，正统十二年（1447年）的除夕他只能在赶考路上过了。收拾好行囊，丘濬与家人一一作别。从前最难舍的唯有母亲，如今又多了一份不舍。新婚不到两年，丘濬与妻子金氏便要暂时停了"友如琴瑟""举案齐眉"的生活，开始忍受天南海北的别离之苦。这次送别，妻子送了很久，也送了很远。他们虽是奉父母之命成婚，却意外地一见如故。丘濬是个"热闹人"，喜欢说话，也总难免嘴上得罪人。金氏总是苦口婆心地劝，生怕她的丈夫因此被人误解或是受委屈。只是，恩爱的余温尚在，这一别却来得如此之快。

终于还是到港口了。金氏握着丘濬的手，泪水早已失控。她嘱咐丘濬，既然选择了远行，便要使远行有意义，去争取应得的功名，千万不要太过惦记、太过伤悲，这些会让这次分别失去它原本该有的意义。[②]

离别不可避免。儿女情长外还有征途漫漫，软衾罗被外还有国与天下。

[①] 此处会试，"于时预试者凡千三百人，得文字优粹者百五十人"。《天一阁藏明代科举录选刊·会试录（点校本）》，宁波出版社，2016，第156页。

[②]《丘濬集》，海南出版社，2006，第3705页。

国士丘濬

丘濬作别家人，作别爱人，作别琼州，趁着天气尚暖，北上赴考。同行的，还有他的老乡文昌人邢宥、琼山人冯元吉。丘、邢二人颇聊得来，志趣相投，又各有气质。两家离得不远，丘濬家在琼山下田，邢宥家住文昌水吼，两地相距不足百里；二人又年纪相仿，邢宥生于明永乐十四年（1416年）十一月初九，丘濬生于明永乐十九年（1421年）十一月初十，邢宥比丘濬大五岁，两人生日只差一天；丘濬是琼山的"神童"，邢宥是文昌的"神童"，丘濬六岁作诗《五指参天》，邢宥十岁作诗《十岁勉学》。丘濬很喜欢邢宥的这首《十岁勉学》，因为这首诗里有他所崇尚的理学真谛。

十岁勉学[①]

邢宥

希贤希圣又希天，治国齐家此一身。

德业文章传世久，我今宜勉自童年。

丘濬和邢宥一样，很早便明确了自己的目标，设计好了达成目标要走的路径。关于目标设定，《通书》里说："圣希天，贤希圣，士希贤。伊尹、颜渊，大贤也。伊尹耻其君不为尧、舜，一夫不得其所，若挞于市；颜渊不迁怒，不贰过，三月不违仁。志伊尹之所志，学颜子之所学，过则圣，及则贤，不及则亦不失于令名。"圣人以通天道、晓天理为目标，贤达之人以成为圣人为目标，士人则以成为贤者为目标，这里所要讲的便是不同阶段、不同层次的人设定不同的目标。正如朱熹在为这段话做的注解里说的那样："三者随其用力之浅深，以为所至之近远。不失

[①]《湄丘集等六种》，海南出版社，2006，第33页。

令名，以其有为善之实也。"朱熹认为，这不是要求每个人都成为圣人、都能知天理，纵使最终未能成为贤人、圣人、知天理之人，但只要用力了，下功夫了，为实现目标努力学习了，也是"不失令名"的。

丘濬和邢宥一样，都希望通过自身的不断努力，最终成为贤达之人，再成为圣人，最终成为知天理之人，从而实现修身齐家治国平天下的抱负——"治国齐家此一身"。二人气质所不同的是，相较于邢宥《十岁勉学》中的"德业文章传世久"，丘濬《五指参天》中的"遥从海外数中原"则更显锋芒。

一行三人聊得很投机，几千里的路程竟毫无倦意。

三人路过梅关时，丘濬发现这梅关不仅没有梅花，还漫山遍布荆棘与野花。这梅关真是不见一丝烂漫，只有行路艰难。他说："当年未到梅关上，但说梅关总是梅。今日过关堪一笑，满山荆棘野花开。"[1]这道听途说还真不可靠，需是亲身体会才来得真切。

一行人再往北，舟行鄱阳湖，远眺采石矶，丘濬想起那位在此捞月而逝的诗仙，不禁诗兴大发，连作三首凭吊。

过采石吊李谪仙[2]

丘濬

蛾眉亭下吊诗魂，千古才名世共闻。
江上波涛生德色，矶头草木带余醺。
光争日月常如在，思入风云迥不群。
岸芷汀兰无限意，临风三复楚骚文。

---

[1]《丘濬集》，海南出版社，2006，第5163页。
[2] 同上书，第3888页。

国士丘濬

丘濬认为这长江的流波因诗仙之名方有这如玉的青色，采石矶上的一草一木竟也因诗仙好酒带了几分微醺。景是无情物，却因人而有了光彩。写到这，他忽又觉太过工整，很不过瘾，便再作一首。

岁丁卯过采石吊李白[①]

丘濬

采石江头，黄土一抔。东有蛾眉亭，西有谪仙楼。谪仙仙去不复返，惟有江水日夜流。人生一世几何久，不如眼前一杯酒。饥来文字不堪餐，死后虚名竟何有？请君看此李谪仙，掀揭宇宙声轰然。长安市上眠不足，长来采石江头眠。百世光阴一大梦，衾天枕地无人共。宁知浩浩长江流，不是醀丘春酒瓮。此翁自是太白精，星月自合相随行。当时落水非失脚，直驾长鲸归紫清。至人虽死神不灭，终古长庚伴明月。

这首起笔便反上首之意而行之。丘濬说，纵是谪仙，也终将驾鲸而去，而这长江之水却不会因此有片刻停留。下笔如有神又如何，声名彻寰宇又怎样，人生不过一场春梦。但丘濬终还是认为人是万物之灵，身死而魂不灭：李白不还是伴着《静夜思》里的那轮明月，与你我长相厮守了吗？

写到这，丘濬仍意犹未尽。舟再北行，他突想起大学士解缙曾有吊李白诗，他吟过一遍，便又以诗咏之。

[①]《丘濬集》，海南出版社，2006，第3740页。

第二章　迢迢科举路

丁卯舟中望鞋山因忆解学士吊李白诗戏作[①]

丘濬

舟次吴城山，遥望彭蠡湖。匡庐五老时隐现，大孤小孤如有无。眼中鞋山青兀兀，世间安得许大足。始信防风氏，真有专车骨。不知天公肯借不，我欲蹑之湖海游。等闲踏碎黄鹤楼，等闲踢翻鹦鹉洲。惊醒采石李，触起耒阳杜。更游赤壁邀老苏，倡和凤凰台上惊人句。凤凰台，江之东，龙盘虎踞高隆隆。脱鞋濯足大江水，鸣玉矩步朝九重。

解缙之诗与丘濬之诗相比较，二人之诗虽都平直雄壮，豪气干云，但丘濬所作似乎更妙趣十足。丘濬问："刚看到的那只巨鞋是谁的啊？谁会有这么大的脚？能不能借我穿穿？"接着，他又说："让我穿着它去江河湖海畅游。我要用它踏碎黄鹤楼、踢翻鹦鹉洲，把李白、杜甫、苏轼都一同邀上，一起唱和。"丘濬自是不会忘了此行的目的，他希望自此北上，便可"鸣玉矩步朝九重"。

很遗憾，他落榜了。同行三人中只有邢宥考中，居第一百三十名。

落榜的丘濬，可以有以下选择：一是再作准备参加之后的会试，直至中第；二是接受吏部分配，出仕做官，但可选的一般仅为府、县学教官等职；三是"入监肄业"，就是进入大明的最高学府国子监边进修边备考边等缺，逢上有官缺便有机会获得比府、县学教官待遇好一些、级别高一些的官职。当然，也可以选择就此放弃，著书立说或是在非官方学校充任教书先生，这说白了也就是自谋出路。

丘濬被分配的便是校官，即进入某学校任教。校官虽不入流，但因

[①]《丘濬集》，海南出版社，2006，第3739页。

国士丘濬

有举人身份，也可继续备考会试，仍有再中进士的机会。但丘濬拒绝了。他选择了第三条路，进入国子监，专心进修、专心备考。琼州离京师路途遥远，丘濬的这个选择意味着他不能返乡，他折腾不起，他必须留京马上入学。

做两难选择时，人无暇顾及旁的，也来不及有什么情绪。但一旦选择做完，思绪便会翻江倒海。失落的丘濬，想念他的母亲，想念她二十年如一日在鸡鸣时的催促；想念他的妻子，总想起和她在港口作别时的情景。他觉得他对不住母亲，也辜负了妻子的期盼。幸好，他在国子监里过得不错，又幸运地遇到了一位恩师，算是冲淡了些许失落与想念。

这位恩师，便是萧镃。

萧镃乃江西吉安府泰和县人，宣德二年（1427年）中进士。他在中进士后有一段特别"牛"的经历，在当时的国子监被频繁提及。事情是这样的：宣德八年（1433年），明宣宗命内阁杨溥在宣德二年、五年、八年三科的进士中择优选出二十八人为庶吉士入翰林。在本次选拔中，萧镃表现突出，成为这二十八位庶吉士之首。明英宗即位后，萧镃又进一步由"实习生"庶吉士升为"正式工"翰林院编修。正统十年（1445年），他又升为翰林院侍读。侍读的主要职责是刊辑经籍，以及陪侍皇帝读书，为太子讲读经史，再一步便可为侍讲，为皇帝和太子正式讲学了。正统十二年（1447年），萧镃转而升为国子监祭酒，成为大明王朝最高学府的一把手，即太学校长。

正统十三年（1448年），落榜的丘濬进入国子监，与这位"牛人"萧校长相遇，并就此开启了一段持续十余年的师生关系。这段关系，也将在一定程度上影响丘濬的仕途。

此二人有一共同点，便是学问博杂，文笔质实。丘濬少时读书全凭四处求借，于是他只得逢书便读，这就倒逼着他"自六经诸史九流笺疏

第二章　迢迢科举路

之书，古今词人之诗文，下至医卜老释之说，靡不探究"①。至于文字，丘濬向来主张求真求实，反对绮丽浮夸。这一点，于其所作诗中便能窥见。而萧镃，所生长之地本就不凡。"皇朝文献，盛于江西"，萧镃又生于江西文人辈出之吉安。单说明朝，建文二年（1400年），吉安人便包揽了状元（胡广）、榜眼（王艮）、探花（李贯）；永乐二年（1404年），吉安人又霸占了春榜前七，分别是状元曾棨、榜眼周述、探花周孟简；二甲第一名杨相、第二名宋子环、第三名王训、第四名王直。且不说明朝第一才子解缙是吉安人，只丘濬身边，翰林院侍读吴节及未来将成为丘濬座师（会试主考官）的李绍皆为吉安人。再说萧镃之文字，他作文从不无病呻吟，皆有为而作，质实之中又有自然之文采。如此，丘濬和他的恩师萧镃自然就比旁的人亲切了许多。

萧镃对丘濬的帮助，自丘濬进入国子监时便已开始。次年，即正统十四年（1449年），这一年的萧镃非常活跃，这当然是因为这一年明朝廷发生了"大地震"——土木之变②。

正统十四年春，即丘濬会试落榜的次年，瓦剌太师也先以明朝削减马价导致瓦剌收入锐减为由，扣押明朝使者，兵分四路南下攻掠大明，辽东、甘州、宣府、大同等地岌岌可危。军报至京，英宗"遂议亲征"。皇帝亲征，对于朝堂及一国之安的影响是可想而知的，满朝文武自然是不同意的，但当时朝堂之上最得宠之人是太监王振。王振主张英宗应当亲征，并拒绝与任何朝臣商议此事，于是朝堂文武所上谏章均被驳回。很快，亲征前的一切都准备妥当后，英宗便命其弟朱祁钰居守京师，命太师张辅等文武大臣扈从，于七月十六日出发亲征。出征时旌旗昭昭，英宗以为可如其曾祖父朱棣一般建立赫赫战功，却不想结果竟是未战即

---

① 《正德琼台志》，海南出版社，2021，第550页。
② 参见《明史纪事本末》，中华书局，1977，第964—977页。

国士丘濬

逃。七月十六日出征，八月初一抵大同，当王振主张继续往西北前进时，大同镇守太监郭敬密报前方形势严峻，再加上连日来风雨交加，全军士气低落，王振只得在八月初三下令回师，出征、回师前后竟只有半月。回师路上又生波折，王振想："这大同都到了，何不带着皇帝去我老家蔚州走走，让老家人也知道知道我的威风？"但行至半途他又想："这大队人马浩浩汤汤，要是踩坏了老家的庄稼，岂不是要招致一些不好的舆论？"于是反反复复，一行又转向东往宣府方向班师回朝。

《明英宗实录》记载了八月三日王振的荒唐事迹："庚戌，车驾东还。是夕，次双寨儿。为营方定，有黑云如伞，盖覆营上，四外晴明。须臾，雷电风雨交作，营中惊乱，彻夜不止。初议从紫荆关入。王振，蔚州人也，始欲邀驾幸其第，既而又恐损其乡土禾稼，复转从宣府行。"之后发生的事情，差点结束了整个明王朝。八月十三日，明英宗一行人抵达土木堡时，发现后有追兵逼近。兵部尚书等人紧急上奏，建议立即撤入防御条件较好的怀来县。然而，这一提议却被王振拒绝，原因竟是装载着他个人辎重的车辆尚未到达，他坚持要在土木堡驻军等待。于是，八月十五日，明英宗在土木堡被擒，王振被击杀（明英宗后来说他是自杀），史称"土木之变"。若不是后来站出来个于谦，以"坚壁清野"之法发起了著名的北京保卫战，明王朝危矣。

自土木之变起，萧镃的内心就不曾平静。他召集国子监的学生，整夜讨论明王朝的这次耻辱，而每每谈及明英宗的种种行为，他总是叹息不止，愁容满面。每到此时，他便会在众生中点名丘濬，要听听他的看法。丘濬历来遇事不退缩，他认为土木之变之所以导致京师险失、举国受辱，其关键原因在于国家承平日久，边防松懈，武力疲惫。这种情况下，一旦事起仓促，自然全国上下茫然不知所措。不能做到"于安思危，于治忧乱"，这样的耻辱自然是少不了的。

丘濬还谈起了正统十二年（1447年）正月时巡抚兼金都御史罗亨信

第二章　迢迢科举路

的那次上奏。当时，罗亨信向兵部尚书邝埜提议："瓦剌也先专候衅端，图入寇，宜预于直北要害，增置城卫土城备之。不然，恐贻大患。"罗亨信基于瓦剌已然挑起边防祸端、进犯中国之心昭然的事实，提出应增加守备兵力，提高防御能力，以备不虞。只可惜邝埜害怕太监王振，竟将此建议搁置而不敢提。丘濬认为，如果当时能采用此建议，则不会有土木堡之祸，而良将之建议被搁置的关键原因之一便是宦官乱政。

萧镃很认同丘濬的看法，认为其所见均能切中要害。于是，每逢遇上朝中大臣，他便极力称赞丘濬。丘濬善论事之名因而大振。

正统十四年（1449年）冬，丘濬写下一首《捣衣曲》，众人只以为此诗写的是思乡心切，其实，另有意味藏于其间。

捣衣曲[①]

丘濬

凉飙透窗纱，萧萧弄秋色。妾在江南尚不堪，况君远在阴山北。风吹妾身寒，妾念君衣单。起来捣衣明月下，不辞膂力摧心肝。一声孤闷添，两声双泪堕。三声四声情转多，无数离愁滚碧波。须臾捣到千万声，中有万恨千愁并。不知游子在万里，今夜魂神宁不宁。

此诗道，秋风凉，江南的妾惦念远在阴山北的君，想念无处可放，担忧无处可寄，深夜无法入睡，于是半夜起来捣衣服。只是捣衣槌越槌，思愁越甚，万里之隔，神魂不宁。丘濬诗里的远在阴山北的君，正是被俘的明英宗朱祁镇。虽然此时的丘濬仅是国子监生，无官又无职，但忠君忧国之情在他的这首诗中已表露无遗。

这一年，实在多事。幸好，还有一则喜讯：兄长丘源终于成为正式

[①]《琼台会稿》，明万历四十一年丘尔穀刻本，卷十七，第691页。

的医官，郑重地接过爷爷丘普留下的接力棒，赴任临高。这是爷爷的遗愿，丘源自己也志在于此。丘濬听闻这则消息，心情自然是好了许多。他很想家，想回到他的琼州当面祝贺兄长，也想借此机会让自己的心情好起来，况且京师多事，国子监也难以安宁，实在无法静心备考。于是，他便请了假，并于次年即景泰元年（1450年）启程回家。

三、远客居金陵

景泰元年初，丘濬从京师出发返乡，可刚行至金陵，他便无法继续南行了。

土木之变的影响范围远不限于京师，皇帝被囚，京城被围，这一系列的变故犹如一场破坏性极强的地震。这场地震由震中京师波及全国各地，余震不断，导致起义频发。

正统十四年九月，明廷陆续收到数封从广东报来的奏疏，均指向一件事——广东黄萧养起义。《明英宗实录》记载："广东奏贼首黄萧养等驾船三百余艘来寇广州府城，伪称顺民天王名号。本处官军调征在外，无军御敌。"形势危急，广东方不得不向朝廷请求支援。

黄萧养，这个出生于广州府南海县（今广东顺德）的农民，原本只是被明王朝以"盗贼"之名羁押于南海大牢的一名犯人。他联合一众狱友贿赂看守的狱吏，将刀斧等武器偷运入大牢，后于正统十三年（1448年）九月在狱外同伴的接应下和狱友们一起成功越狱。随后他们攻入兵械局夺得兵器，顺势起义。很快，黄萧养的起义，得到了当地民众的积极响应，彼时"赴之者如归市"。在个把月的时间里，起义群众已发展至一万多人。第二年六月，即正统十四年六月，黄萧养起义军分水陆两路进攻广州城：水路，在珠江上列舟数百艘进攻广州的南门；陆路，从城

第二章　迢迢科举路

西方向进攻广州西门,"制云梯、吕公车冲城"。广州城被围数月不得解,而呈燎原之势的起义军竟已发展至十余万人之多。于是,黄萧养便乘势建立政权,以五羊驿为行宫,自封东阳王。驻守广州府的明军羸灭无力,便只能上奏疏以求援。

黄萧养的这次起义,一直闹到景泰元年二月其被射杀才算告一段落。但广东地区的农民起义并未彻底平息,零星的小规模骚乱时有发生。事实上,景泰二年(1451年)二月,原在黄萧养手下任过指挥千百户的莫饶斌等又率领农民再次起义,广州城内外道路不通,硝烟四起。

丘濬要自金陵回琼州,广州是绕不过去的。但当时广州城的这等形势,纵丘濬返乡之心再迫切,也只能暂时寄居金陵,看看广州后续的情况再作打算。

滞留金陵的这段日子,落榜生丘濬过得很是无趣。客居本就身是客,而更令丘濬愁眉难舒的是,归乡路断、恰逢重阳。重阳节本是与兄弟登高"遍插茱萸"的日子,但丘濬住在金陵城内的新河客邸,无酒无花。这日子甚是难挨,还好他诗兴不减。他说,重阳节无人送酒的陶渊明还可以坐在菊花丛中采菊,没钱买酒的杜甫倒也不缺赊酒的店家,只可怜他这个天涯沦落客,无花无酒,虚度年华。

庚午岁客中重九[①]

丘濬

渊明无酒对黄花,子美无钱尚可赊。

不似天涯牢落客,无花无酒度年华。

还好,那年一起赴京会试又一同于正统十三年落榜的同乡好友冯元

[①]《丘濬集》,海南出版社,2006,第3832页。

国士丘濬

吉也被困金陵。二人枯坐，冯元吉希望丘濬能依照宋人周知微所作的回文诗《题龟山》之韵脚，创作新诗以娱。丘濬对周诗也很认可，他认为周诗"用意曲折，命辞浏亮"。诚然，周知微的《题龟山》正读似月明到破晓的时序，倒读则又似从日出到日暮的时序，且正、倒读均能平仄合辙、韵律和谐，倒也不失为一首好诗。不过，丘濬对此诗有另外的看法。他认为周诗中用太多与"水"相关的字，如潮、浪、浦、泉、水、波等，不免显得过于重复。再者，诗中说"绿树连天"，又说"云接海"，属于一意两出，显得多余拖沓，正所谓"一意两出，义之骈枝也"。再有"渔舟钓月"则说明垂钓之时已入夜，后竟又写回"红霞映日"的黄昏时分！于是，丘濬便遂冯元吉意，和周诗韵作回文诗《夜宿江馆》。

题龟山[①]

周知微

潮随暗浪雪山倾，远浦渔舟钓月明。

桥对寺门松径小，槛当泉眼水波清。

迢迢绿树连天碧，蔼蔼红霞映日晴。

遥望四郊云接海，碧波千点数鸥轻。

夜宿江馆[②]

丘濬

潮生海岸两崖倾，落月江枫映火明。

桥透白波流水远，屋连红树带霜清。

[①]《琼台会稿》，明万历四十一年丘尔榖刻本，卷十二，第776页。
[②] 同上书，第776—777页。

第二章　迢迢科举路

迢迢漏尽寒更晓，片片云收夜雨晴。

遥望楚天江渺渺，荻蒲尽处落鸿轻。

《夜宿江馆》一诗，将时间定格于月落漏尽之时，避开过多字、句义上的重复，勾勒出一幅独自在江边驿馆内远眺月落潮生、红树披霜、夜雨暂歇、孤鸿轻落的静谧夜景图。此诗妙在正读则视线由近渐远，反读则由远及近。更妙的是尾句看似写景，实则写丘濬这个寓居客乡的游子的孤寂与冷清。

在异乡为客，时间最是无情。逢上重阳节，驿馆外又热闹非凡，店家把艾草插得到处都是，关上门都挡不住硬要挤进来的香气。闲来无事，丘濬便去听戏。丘濬所不知道的是，这一听，却酝酿出一本名扬海内外的"旷世之作"——《五伦全备记》。

丘濬在这部"旷世之作"的序里，如是写道：

岁在庚午，余倦游，归寓金陵新河之旅邸。偶观优戏，见座中有欷歔流涕者。叹曰：此乐之土苴尔，顾能感人如此夫。则夫乐道大成之际，其感人又何如邪？先儒谓：古人之诗如今之歌曲。古诗多出于闾巷贱隶小夫妇人女子之口，今世之诗，非士大夫不能为也。而所谓南北曲调者，夫人能之，其言语易知，其感人易入，无以异乎古人之诗。惜乎，所作皆淫哇之声也。若以以理之言，协以时世之曲调，使人讽咏而有所得焉，盖亦纳约自牖也。庶有补于世矣乎？客中病起，信笔书此。仿庄子寓言之意，循子虚乌有之例。一本彝伦之理，而文以浅近之言，协以今世所谓南北曲调者……其于风化，未必无少补云。是岁之菊节后一日，再世迂愚叟书于新河之寓言轩。[①]

---

① 《海内外中国戏剧史家自选集·吴秀卿卷》，大象出版社，2018，第197、201页。

国士丘濬

丘濬说，在金陵看戏时，他所观之戏均作"淫哇之声"，甚是讨厌。他又说，古人之诗本就采自街头巷尾、田间地头，出自市井百姓之口，这是诗最初的样子，也是诗该有的样子；而如今，竟成了士大夫的专属，居然变得曲高和寡。他认为，当时流行的南北曲调很好，所说的、所唱的都好懂，自然也就更容易打动人。但遗憾的是，其中都是淫放之词，多作淫荡不正之态，不仅于世无益，还有伤风化。

于是，丘濬便着手撰写戏本《五伦全备记》。写完序，他便为戏本定下凡例：

一、……酒席间恐有所妨碍，须知回避减节。

二、此记非他戏文可比，凡有搬演者，务要循礼法，不得分外有所增减，作为淫邪不道之语及作淫荡不正之态。

三、所作曲子不主于声音而主于义理。歌唱之际，必须曲中有字，使人易晓。虽于腔调不尽合，亦不妨。

四、记中诸曲调多有出入，不合家数，盖借声调以形容义理，观者不必区区拘泥可也。①

通过阅读此凡例，可知丘濬要写的是一本既易懂又能起到教化作用且不以淫语、淫态取悦观众的戏。这一点，单看戏本名便可知。《五伦全备记》中的"五伦"，即君臣、父子、夫妇、兄弟、朋友；"全备"，表面是指戏中的伍伦全、伍伦备两兄弟，实则寓意五伦纲常齐备完美。

从《五伦全备记》的"出目"名中，也可了然这戏本的创作目的。除第一出"副末开场"及最后一出"会合团圆"是为开场、终场用而命

---

① 《海内外中国戏剧史家自选集·吴秀卿卷》，大象出版社，2018，第183—184页。

第二章　迢迢科举路

名外，第二出起，依次为"兄弟游玩""延师教子""施门训女""一门争死""央媒议亲""遣子赴科""哭亲丧明""为国求贤""兄弟同登""衣锦荣归""礼行亲迎""感天明目""庆寿萱亲""兄弟赴任""欲进谏章""问民疾苦""荐师遭贬""取妾送夫""伦全被虏""姑媳闻音""兄弟急难""割肝救姑""诚心感虏""率夷归降""同归守制""备掌朝纲""全统边宁"，均可见三纲五常、忠孝节义等儒家义理寓于其中，可知此戏是为教化士民而作。

丘濬更是在开场诗中直接表明用意，他认为戏剧"若于伦理无关紧，纵是新奇不足传"，于是"一场戏里五伦全备，他时世曲寓我圣贤言"。[1]他又强调，"天生万物，人为最美，人有五伦，道其最大"，所以他说这本戏"虽是一场假托之言，实万世纲常之理"。[2]

景泰元年客居金陵的丘濬，在新河旅邸顺利完成《五伦全备记》后，南方形势仍不明朗，于是他便打算启程返京，迎接景泰二年的会试。此时的他应该不会想到他的这本《五伦全备记》将在后世产生巨大的影响，其所引发的评论甚至会殃及他的身后名。

不过，后世也有人说，这本戏不是丘濬所作。他们所举的证据，无非两点：其一，戏本言语粗浅，多乡间俚语，不会出自一代理学大师之笔端。其二，韩国启明大学图书馆藏四卷本《五伦全备记》的序的署名为"再世迁愚叟"，丘濬不曾用过此号。

关于质疑者所列的第一点证据，上文已多有交代，此处便不再赘述。第二点，倒是很值得一说。

"再世迁愚叟"到底是不是丘濬？

宋代吴曾在《能改斋漫录》中言："丘寺丞濬道源，自号为迁愚叟。

---

[1]《丘濬集》，海南出版社，2006，第4571页。
[2] 同上书，第4572—4573页。

国士丘濬

尝为牡丹著书十卷,号《洛阳贵尚录》。"很显然,据记载,我们知道历史上有位丘濬号"迂愚叟",但他是宋代人,不是明代人;是徽州人,不是琼州人。那"再世迂愚叟"会不会是丘濬?这要回到丘濬少时所作的一首诗上来。这首诗我们在前文有提及,是其八九岁时应社学老师要求为东坡祠所作。其中两句为"儿童到处知迂叟,草木犹堪敬醉翁"。这里的"迂叟"指的不是宋代的丘濬,自然也不会是作此诗时尚是孩童的明代丘濬,而是指司马光,"醉翁"则自然是欧阳修了。此两句所写的正是丘濬对司马光、欧阳修二人的敬仰之意。为自己取名"再世迂愚叟",极有可能是丘濬对自己所仰慕的先贤的一种追慕方式。

如果觉得这种说法显得有些牵强,那我们便从与戏本有关的"时间"和"地点"这两个要素入手。韩国启明大学图书馆藏《五伦全备记》的序中标明戏本创作时间为庚午年(即景泰元年)的重阳节次日,创作地点为金陵新河的旅邸内,此时间及地点与丘濬《夜宿江馆》的序中所记"岁庚午,归至金陵,寓新河客邸"完全一致。这自然不能说只是巧合。

再有,与丘濬同为朝臣且同修《英宗实录》的尹直,曾对丘濬表示由衷的敬佩,他说:"然丘仲深乃能撰《五伦全备》,则其学识博涉,非予可及,于是益可知矣。"[①]这位认得丘濬且与其相熟的尹直的话,应当是可信的。

《五伦全备记》所产生的影响当然不止于此。后世有不少人批评此戏。

《五伦全备》是文庄元老大儒之作,不免腐烂。——王世贞《曲藻》

《龙泉记》《五伦全备》,纯是措大书袋子语,陈腐臭烂,令人呕秽,一蟹不如一蟹矣。——徐复祚《曲论》

---

① 《謇斋琐缀录》,明钞《国朝典故》本,卷五,第150页。

第二章 迢迢科举路

大老巨笔,稍近腐。——吕天成《曲品》

他以五伦全、五伦备兄弟的孝义友悌的故事,组成一部伦常大道的圣经。文字的迂腐、道学气的浓厚是不待言的。——刘大杰《中国文学发展史》

最先出现的剧本有丘濬的《五伦全备忠孝记》,邵灿的《香囊记》。两部作品都宣传封建伦理道德,说教气味很浓,毫无情致,影响颇坏。——朱承朴、曾庆全《明清传奇概说》

首先,读书看戏,本就是萝卜青菜,各有所爱。其次,以上所举批评极有可能没有关注到最新发现的韩国启明大学图书馆藏《五伦全备记》的原本,而只是看到了青钱父改编过的版本。事实上,纵使是青钱父受人之请为提高戏剧效果而动笔使之"稍加诙谐"的改编版,其词也不能说"毫无情致"。此处,略举一二为例。

第二出【兄弟游玩】:

(小生)(前腔)春鱼戏水在芳塘,春燕衔泥入画堂,春蝶采花忙,春添我许多清况。

(合前)(净)(前腔)春郊才子跃飞黄,春院佳人按玉章。春殿进霞觞,春妆点太平气象。①

第四出【施门训女】:

(二犯桂枝香)月宫仙姊听奴告启。天街下,宝鸭香焚,八福罗裙沾地,香炷你在炉中为甚的,虔诚祷告吾王万岁期,朝廷有道,文恬武熙,

---

① 《丘濬集》,海南出版社,2006,第4574页。

国士丘濬

间阎无事,风调雨时。

……

(前腔)(贴)广寒宫里嫦娥仙子,光明照天地山河。愿鉴奴家拜礼,香炷你在炉中为甚的,虔诚祷告吾亲百岁期,一身康健,心里坦夷,一门和乐,彝伦不斁。

……

(前腔)心香一炷,虔诚拜礼,愿仙娥大放光明,鉴我姐姐诚意,香炷你在炉中为甚的,专心祝愿两个姐姐儿凤凰协卜,乘龙及时,熊罴(黑)入梦,弄璋有期。早见成双成对,媚春也得相随。[1]

可见,雅俗之论,实乃个人脾性,实难统一,也无须统一。有人看戏为一乐,有人看戏爱较真;有人喜欢大团圆,有人独爱伤离别。看官们各自的目的都不一样,何况历代"评论家们"。至于批评丘濬所作《五伦全备记》封建、迂腐之说则更不值一辩,且不说评论历史不能脱离历史背景的基本原则,只说《五伦全备记》所要传播的无外乎儒家处世哲学,其中理念至今仍有益于世,今日又有何人能完全彻底脱离人之伦理?只这一点,便不能对它全盘否定,更不能据此定其为封建之糟粕。

纵使《五伦全备记》面世后不久便批评声不绝于耳,但这丝毫不影响它的广泛传播。《五伦全备记》演出的现场,实打实地赚足了眼泪与掌声。奎章阁版《五伦全备记》的序的作者张情便在序中记下了其在一士大夫家里观看演出时的情景:"往往有感动者,有奋发者,有追悔者,有恻然叹息者,有泫然流涕者。人非一人,人莫不有一事之切其身,无脱然无者。"更令人惊讶的是,墙内开花墙外香,这本戏在明中后期传入朝

---

[1]《丘濬集》,海南出版社,2006,第4593—4594页。

鲜后极为流行，不断得到改编、翻刻，甚至出现了小说本，还被官方采用为译官们的汉语教科书。

当然，景泰元年重阳节客居金陵的丘濬是不知道这些的，他当下最要紧的是从金陵折回京城，赶次年的会试。

四、贪泉神有意

自正统十二年（1447年）从琼山出发，赴京赶考，到景泰二年（1451年）即将参加的这场会试，算上丘濬客居金陵的日子，他已离开家四年了。这四年，实在发生了太多事，连皇帝都换了。明英宗朱祁镇被囚禁于漠北，弟弟朱祁钰继位。由此，弟弟成了皇帝，哥哥成了太上皇；正统这一年号也已作古，继而代之的则是景泰，这一年号将持续存在八年。

景泰进入第二年，春日二月，会试在即。自上次会试落榜后蛰伏三年之久的丘濬，将再次迎战春闱，如能如愿，他将获得一段较长的假期，那样他便可以回到他日夜思念的家乡，回到母亲和夫人身旁。

只可惜，景泰二年这一次会试，整个琼州府竟无一人上榜。丘濬，又落榜了，而于正统十三年（1448年）中得进士的邢宥则已在监察御史任上待了两年，并在处置王振家奴一案中赢得美名，又献策平了叛贼黄萧养的广东之乱，声名大振。他少时的好友、正统七年（1442年）中第的薛远也已升为户部郎中。丘濬只能再次回归为国子监生，再次面对恩师萧镃，再次面对平日里对他推崇仰慕的国子监同门。丘濬需要做些心理建设，回趟家或许不失为上好之策。

好在广东一带的骚乱已经渐渐平息，丘濬请好假，便打算再次启程

国士丘濬

回琼州。京中好友纷纷赠诗以别,时任翰林院编修岳正①,为众人赠给丘濬的离别诗之合集《送丘仲深归岭南诗》作序。岳正在序中劝慰丘濬:"你不该游于寻常沟壑,你应当是洪涛巨浪中的吞舟之鳞。当下你遇到的困难与挫折,必是'天将降大任于是人也',是天道使然,大可不必难以释怀。"

丘濬便在友人们的劝慰声中启程,但失落也是难免的。他知道,若要实现自己"以文治天下"的理想,中进士入朝为官始终是最优的路径。会试屡屡不中所产生的不满情绪,也是必然的,倒也不必藏着掖着。自京师返琼州的他,一路访友,一路吟诗,诗中有落榜的无奈,也不乏自我肯定之精神。

下第②

丘濬

其一

一笑出都门,薰风正晏温。
逍遥闲岁月,俯仰旧乾坤。
恋阙心徒切,谈天舌谩存。
满怀今古事,谁可细评论。

其二

万里壹游人,自怜还自嗔?
无钱堪使鬼,下笔或通神。

---

① 岳正,字秀方,号蒙泉。正统戊辰科(即丘濬落榜那科)进士第三,出为兴化知府,又左谪南荒。嘉靖中,追赠太常寺卿,谥文肃。有《类博稿》十卷及其附录二卷。

② 《历代诗话》,民国吴兴刘氏嘉业堂刻《吴兴丛书》本,卷七十五,第2205—2206页。

第二章　迢迢科举路

孰识琴中趣，空怀席上珍。
欲凭詹尹卜，如我岂长贫？

其三
壮志冷于灰，归心疾似飞。
白云长在望，清泪欲沾衣。
五月收新植，三春采嫩薇。
故乡虽遥远，生计未为微。

此诗其一中，丘濬试图用大笑掩藏心底的失落。他说："在京师时，众人都说我'抱高世之见，擅逸伦之才之行。立要津捃取青紫，宜如俯拾芒芥'①，可官居显贵、穿上青紫之华服于我而言若真如'俯拾芒芥'那般简单，又怎会有今日之落寞？我这满怀的对朝堂之事的热忱、对宇宙天理的追问、对古今天下事的评断，将来又能与谁细说？"其二中，丘濬又觉得自己这样自怜自嗔实在是不该。他说："我下笔如有神，腹有锦绣文，又怎会一直如此？总会有被珍视的那天的。"其三中，丘濬情绪又有大变，他心情越是低落，便越发想家，脚步也不自觉地变快了。家乡多么美好，它虽在僻远处，但自古以来便物产丰富，从来就不用为生计担忧。回家，何尝不是一件美事？

丘濬自有丘濬的办法：想哭便哭，想笑便笑，心有远志，便少近愁。

这一路，过南京、抵广州。舟过广州石门时，他却遇上一件奇事。

过石门时，撑船的船老大指着岸边的一口老泉对端坐船中的丘濬说："这口泉名叫贪泉，可千万不要喝它的泉水啊。"丘濬听此，好奇心顿起，便要船老大就近靠岸，他要去看看这所谓的不可饮之贪泉。

---

① 《类博稿》，明嘉靖八年刻本，第139页。

国士丘濬

这确实是一口来头不小的泉,东晋时的吴隐之便说:"古人云此水,一歃怀千金。"这是说只要喝一口这贪泉之水,便会滋生牟取千金的贪念。唐朝的柳宗元也说有人喝过这泉水后,往南行到交趾,看到宝物奇多,竟双眼放光,径直用双手去捧,要占为己有。

船老大见丘濬对这泉好奇得很,便说无论多清廉的官,只要饮下这泉水,必定变得贪婪。不过,也有人不信,想通过饮此泉水来磨炼自己的意志,但风险很大。丘濬正想试试,听船老大这么一说,便停了下来。

丘濬立于泉边,自顾自地说道:"济河之水可以祛痰,菊泉之水可以延寿,侵涧之水能生发,矾石泉之水可以治愈恶疮,这泉以'贪'命名,也未必没有它的道理,我还是不要去尝试,免得饮而变贪,终生受其所累。"

丘濬放弃尝试,招呼船老大一起回到船上。他刚躺下不久,恍惚之间,便听到有人在说话。此人声音很飘忽,如真似幻。他说:"我是石门之神,受这'贪'的污名已经几千年了。人们只用我这贪泉来磨炼自己,或用来证明自己有多廉洁不受污,却不曾有人想到要为我正名。我今日听你在泉边所论异于他人,还请你为我洗去这恶名。"

石门之神继续说道:"这人啊,真是好笑!相较于在此地当官为吏的人而言,本地百姓的数量不知道多了多少倍,饮我贪泉水的也不知道有多少人。那为什么百姓喝这泉却不生贪欲?难道是所谓读书明理的人之心易变,而所谓无知无识的百姓却能守平常之心?又或者是长期饮用的人习惯了,偶尔饮之者却容易动心?这是泉的问题吗?这简直是狗屁不通。我听说以前的那些贪官,有窖藏黄金两三万斤的(董卓),有喜欢晚上和老婆一起躲在家里以数钱为乐的(王戎),有家里囤有胡椒数百斛的(元载),等等。这些人都在岭南当官,都喝过我这泉水?不然,他们为什么如此之贪?天呀,普天之下,何处无水,何处无泉,为何就只有我遭受这莫名其妙的诬蔑?真羡慕那些叫廉泉、清泉的伙伴啊!我听说丘

第二章　迢迢科举路

濬你下笔通神又文采斐然，你可千万别吝啬这举手之劳。你得帮我正本清源。这不也正是你这儒家弟子应该做的吗？"

丘濬听完石门之神这一大段辛酸却又难掩三分严词厉色的请求，连忙应允，答应要为这贪泉正名。丘濬认为，贪是人心自堕而深陷泥潭，跟泉没有什么关系，不反思自己，却责怪于贪泉，实在是令人气愤。若允许这种说法持续下去，那些被抓的贪官污吏或是盗贼之流，都会说责任在这泉水，都是这泉害的。他认为生于岭南之地的贪泉之所以会遭此污名，那些到岭南为官的人敢动贪念，大概有三个原因：其一，岭南多异香奇物，人见到这些珍稀物品，能不为之动心的很少。其二，岭南位置遥远，天高皇帝远，官员的作奸犯科很难被远在中原的朝廷知道，而百姓又太淳朴，这就促使官员贪腐盛行，进而为所欲为，毫无忌惮之心。其三，贪腐既已成风，清廉的人的生存自然成为难题，有的人不得不随波逐流、同流合污以求活路，即"士之素负名节，守廉耻者，未入其境，固尝非其人，一蹑梅关，泛浈溪，则其心与昔所非者，合为一矣"[1]。贪者往往敢作不敢为，于是这贪泉便成了官员贪腐的挡箭牌。

丘濬说完，深感责任重大，要为这贪泉正名，就要明了贪的本质。他认为，贪或廉，其本皆在人心，与饮不饮这泉水并无关联。本心不正，加上上方失察、监督不力及百姓宽忍，贪腐之风必然横行。不承想，竟让这泉遭了恶名。

说完仍觉不够，丘濬又写一记，曰："呜呼！贪人真可畏哉！饮于泉而泉污，世因以恶名加之。则夫官同僚，任同事，居同室者，岂不为所污哉！然人知以恶名加诸彼，而反遗乎此，何哉？"[2]

---

[1]《丘濬集》，海南出版社，2006，第4438页。
[2] 同上。

国士丘濬

贪之可怕，不仅在于其自身之恶，还在于其影响之恶。贪人饮口泉便使泉受诬，与其朝夕相处的同僚、家人又岂能不被污染？泉之可怜，不仅在于无缘无故被诬，更在于除了丘濬竟无一人为其辩白。世间之恶若皆如此，善则无立锥之地。

告别贪泉，渡海以回。海南风暖，游子当归。

丘濬自京师南行，一路辗转，终于要回到他的下田村了。

只可惜，他刚进家门，便先听到一阵叹息。

五、啮指爱无垠

谁都不太可能想到，金夫人的病会严重到这种程度。年初她感觉不适时，还以为自己只是相思成疾。丘母见她总是捧着丘濬的来信偷偷地哭，便一遍遍地催她多去崖州娘家住住。等到她开始卧床，丘母喊丘源从临高回来给她瞧病时，她已气若游丝了。只大半年的时光，二十多岁的她竟陡然瘦得只剩皮包骨了。

丘濬正统十二年离开家去往京城，到景泰二年返至下田村，才四年光景，金夫人嫁到丘家也才不过五年。丘濬没想到刚回家便要经历一场生离死别。他没做好一丝准备，他收到的家书中也没有一句提到过金夫人的病情。他进家门听到叹息，看到躺在床上的妻子，竟一时不知如何是好，哭也哭不出声来。曾经的美娇娘，如今竟被病魔折磨成这般模样，这一切真像一场噩梦。

二人只怔怔地相互看着，一个站着，一个躺着。见二人如此，丘母看不下去，便离开了房间。金夫人喊了喊丘濬，便要他坐到床前来。丘濬坐下后，金夫人先开了口，她没说旁的，只是安慰起丘濬来。她用很简单的句子安抚着丘濬科考的不得意，又努力地笑着说："你才三十

第二章　迢迢科举路

一岁，怎么看起来那么老？许是海南人吃不惯北京菜，又或是总是熬夜读书，把自己身体熬坏了。"丘濬从不曾如此安静过，他看着她，眼里噙着泪。

金夫人不让丘濬与她同屋住，说是自己晚上身上疼时辗转反侧，会吵到他休息。她又勉力地笑着说她没事，很快就会好起来的，她日夜盼着的丈夫都回来了，哪还有什么难关闯不过。若是晚上在一起睡，少不了要通宵达旦地说这说那，那样就真的没那么快好起来了。可她的笑分明是精心设计、反复练习过的，她每说一句话，脸部都会因疼痛而抽搐。丘濬只得听话，独自到书房里去。可书房里的夜，又何尝不是不眠夜。在京师四年，丘濬日日盼着能如愿中第，能如当初夫人送他远行时所说的那样，让那次的离别变得有意义，可如今尽是不容易，夫人又遭此难，叫人怎能安然入睡。两次落第，丘濬都能从失落中走出来，他总是劝自己来日方长，而夫人又何尝不是治愈他的那剂良药？他总在写给夫人的信里信誓旦旦地许诺，考上了要带她去京师，买个小点儿的宅子，最好宅子里有两棵一到夏日便下花雨的大槐树，他还想着要养只海南的孔雀。为了让夫人相信孔雀可以离开海南到别处生活，他还在信中说："当年李纲不就是带着一只孔雀从海南走的吗？他还给他带走的那只孔雀赋了诗呢！"[1]

他想象过无数次久别重逢的场景，或是妻子在港口等他，或是他突然出现在家门口，但万万想不到会是今日这般。

---

[1] 李纲《再赋孔雀鹦鹉二首》（其一）："孔翠来从海上村，参差修尾灿金文。素知肃穆鸾凤侣，不是喧卑鸡鹜群。元圃赤霄虽有志，碧梧翠竹正须君。携持万里归吴越，怅望海山深处云。（孔翠一作孔雀）。"《梁溪集》，清钞本，卷二十四，第909—910页。

国士丘濬

"结发六星霜，欢会恰岁半。平生止一息，而我不及见。归来空闻名，目中无其面。天乎人何尤，抚膺坐长叹。"[1]丘濬伴着彻夜的长叹写下这半生的无奈，结婚五年，他们相处了不到一年半的时间，这叫他如何是好？他的长叹夹杂着隔壁妻子的痛吟，这漫漫长夜，悲痛爬满窗棂。他无数次踱到妻子门前，想要推开门的手无数次地抬起又放下。他想去陪着她，在她感到疼痛时帮她抚抚背，或只是牵着她的手。但一想到妻子定会自责，便又只能作罢。整夜，他都守在妻子门前，他希望在她需要时能第一时间跑到床前。他恨自己能做的实在太少。

第二日天还没亮，丘濬便推开门去陪她。她很开心，总是舍不得放开他的手，就连他要起身去帮她取东西，她也要尽力勾着他的手。白日里倒还好，亲戚们总来探望，拉些家常、说些趣事，时间便过得很快。只是一到晚上，家里的空气便又令人窒息。丘濬不再同意让夫人独自待在房间里，他说他就在她旁边看书，这样她想说话或是想喝水时，他便可以马上照顾她。如果她实在疼得睡不着，他就给她讲在京城时的那些往事。金夫人拗不过他，她也巴不得多跟他待会儿，她知道自己熬不了多久了。

第三日，金夫人突然说话不利索了，她努力地张嘴，却只能断断续续地吐出几个字。她，要走了。丘濬和母亲、哥哥、嫂嫂、岳父（金桂）、小舅子（金鼎）相顾无言，一家人早已泣不成声。金夫人拉住丘濬的手，眼泪夺眶而出，一滴滴落在他的手背上。她已不能完整地说出她的留恋与不舍，她想让丈夫感受到她最后的深情。她无力地看着他，眼里全是无奈。她多么希望这只是一场梦，梦醒后，他们在北京的小宅子里，逗着家乡带去的孔雀，他们的孩子们在院子里的大槐树下嬉戏。可

---

[1] 《丘濬集》，海南出版社，2006，第3706页。

第二章　迢迢科举路

是，她还没有孩子，却要和丈夫就此作别了。

丘濬的痛，无处倾诉，他只能用他的十八首悼亡诗送别他挚爱的妻子。每写下一句，便是肝肠寸断。余生，他将用源源不断的怀念来祭奠这段痛彻心扉的恩爱。

悼亡（其六）[①]

丘濬

临终啮我指，与作终天诀。
双泪注不流，恋恋不忍别。
气促发言迟，奄奄殆垂绝。
勉我赴功名，努我立名节。
事我不尽年，命薄将奚说。
死生皆其天，无用过哀切。

强忍悲痛，丘濬将夫人葬于金盘之地。每日他都会去看她，给她写诗，给她读刚写成的文章，跟她说接下来的计划。他知道妻子最记挂他的功名，他承诺守她一些时日后便再北上。只是，祸不单行，丘濬小舅子金鼎也突然去世了。一年之内，前后仅数月，金氏姐弟二人竟相继离世，没有人能写出丘濬的悲伤。丘濬也无法做到只顾着自己难过，他还要陪着他可怜的岳父。一年之内，岳父大人儿女双亡，没有人能挨过这种剜心的痛。翁婿二人，相顾无言，彼此能说的、能劝的，都已说尽。

[①]《丘濬集》，海南出版社，2006，第3706页。

悼亡（其九）[①]

丘濬

嗟汝止一弟，情义深以长。
汝殁仅阅月，汝弟亦继亡。
一双恩爱刃，并割汝父肠。
每闻号哭声，使我增悲伤。
平生心爱人，相继俄分张。
如失左右手，内外俱皇皇。
地下倘相逢，应念予凄凉。

  丧事办完，丘濬便把自己关在了家中，他能做的，大概只剩下背负着爱人的期望拼命奔跑。除此之外，这一年的丘濬只去过东厢陈允谐家一次。几年不见，陈允谐当年说要堆的土墩已经堆成，有一丈来高，当年想要种的梧桐树也已长成，竟已有一人之高。看着这片梧桐林，丘濬不难想见十年后陈允谐制琴调音的样子：那些以前听得不真切的不纯正的古音，将在这片梧桐林中重获新生；陈允谐端坐其间，身边围坐着一众追随者，他们调素琴、阅金经，真正是"谈笑有鸿儒，往来无白丁"了。那时的桐墩，怕是刘禹锡的陋室，也要让它三分。

  陈允谐说到做到了，那丘濬呢？他少时便开始追的梦，何时能照进现实？永别爱人，告别好友，丘濬又该启程了。启程之前，他还有一件事要做。金夫人没有留下一儿半女，丘濬却已三十多岁了，他必须续弦，这在丘家没有任何商量的余地。

[①]《丘濬集》，海南出版社，2006，第3706页。

第二章　迢迢科举路

吴夫人便是在这个时候来到丘家，走进丘濬的人生的。①她和金夫人一样，也是军中百户的女儿。金夫人的父亲是崖州守御所百户金桂，吴夫人的父亲是海南卫后所百户吴宁。随着时光的流逝，吴夫人的名字将逐渐被更多人熟知，因为她将为丘家诞育三个儿子，并最终和丘濬同穴。而此时的丘濬得回到国子监，去到恩师身边，抛去一切杂念，去实现他的人生梦。

---

① 关于吴夫人，《正德琼台志》记载："丘夫人吴氏，海南卫后所百户宁之女。初，丘文庄公濬配金氏，贤，早卒，作《长思录》追忆之。后得夫人为继室，性资端静，尤克尽妇道。文庄多年官禁近，夫人持家井井有条，门户清肃，家属无敢擅扰官司、横邻里者，乡人大德之。弘治初，文庄大拜，夫人以子敦既没，遗诸幼孙在京邸，特往接之。沿途藩臬郡县饯馈无虚日，锱铢屏绝不受。士夫莫不称叹，以为文庄两得佳配如此。"（《正德琼台志》，海南出版社，2021，第746—747页）关于吴夫人何时嫁入丘家，史料中不曾提及。但有一份材料可以证明吴夫人当是在金夫人去世后到丘濬启程去赶景泰五年会试之间［即景泰二年（1451年）至景泰四年（1453年）重阳节之间］嫁入。这份材料便是《天一阁藏明代科举录选刊·登科录（点校本）》，后文会提及这份档案。

国士丘濬

附录一　祭亡妻赠孺人金氏墓文[①]

丘濬

呜呼，孺人归我六年，欢会日少，离别居多。昔我未遇，汝同其苦。今我成名，汝顾安在？幸荷朝廷□□□，赠以孺人之封号。龙章璀璨，天语褒□。用此慰汝于冥漠，庶几少报其平生。自汝死别二十一年，我之此心恒如一日。不以生而忘死，不以贵而怨贱。汝灵不昧，谅察我心。尚享。

附录二　祭亡嫂沙氏墓文[②]

丘濬

兄弟蚤孤，家道中替。助母持家，嫂与其力。胡方就绪，遽尔见遗。仅睹其成，不享其有。某叨官中朝，十有八年。万里来归，不见我嫂。田庐日拓，孰云无功。侄子□前，谁哉遗体。莫报恩德，敬酹一觞。尚享。

[①] 《琼台类稿》，明闵珪刊本，卷五十三，第25—26页。
[②] 同上书，第25页。

第三章 谁人执我笔

国士丘濬

一、春榜到春晚

景泰四年（1453年），三十三岁的丘濬再次启程，离开琼州奔往京师。拾掇好丧妻之痛，告别年近花甲的母亲，他要去赶次年的会试。

正统九年（1444年）他获得广东乡试第一，成为众人心目中的天选之子，成为伙伴们的榜样。正统十三年（1448年）首次会试失利，景泰二年（1451年）第二次会试又折戟。到如今，他在科考的路上已经拼了十年之久。他从不怀疑自己的能力，他还是那个下笔通神、腹有经纶的金鳞，迟早会被珍视的，或许就在这一次会试。丘濬如是想着，所乘之舟又到羊城广州。

此时，又值重阳，总是重阳。

越是不想在节日里"独在异乡为异客"，越是在节日里客于他乡；越是想家，越是满眼都是与家乡相似的风物。那年重阳在金陵闻艾草，今年重阳在羊城看芦花，这重阳节，着实成了丘濬的梦魇了。跟从前不一样的是，他的酒量退步了不少，想来登高更是难复少年时了。不过，还好有好友曾光启同行，有酒有老友，终还是胜过了那年的无花无酒。

舟中遇重九示同行友曾光启[①]

丘濬

秋水芦花似故乡，客中无那又重阳。

篱边摘菊人应异，蓬底看山兴更长。

[①]《丘濬集》，海南出版社，2006，第3873页。

第三章　谁人执我笔

把酒不如前会健，登高无复少年狂。

同行赖有曾光启，共买村醪醉一场。

一路惆怅一路行，丘濬总算是抵达了京师，入了国子监，积极备考次年会试。这一战如再失利，恐科举之路只能作罢了。

转眼便到了景泰五年（1454年）二月，会试即将拉开帷幕。这一年会试的考生为历年最多，达三千多人；考官阵容也空前强大，共四十七人。考官中为后世熟知的大人物便有：明朝初年重臣、文学家、医学家以及明宣宗托孤五大臣之一的胡濙（知贡举官）；宣德十年（1435年）乡试、正统十年（1445年）会试及殿试均第一名，连中三元的货真价实的状元郎商辂（考试官）；未来会担任《英宗实录》副总裁的李绍（考试官）；正统四年（1439年）殿试榜眼杨鼎（考试官）；未来的内阁首辅刘吉（考试官）；等等。

考官如此，考生也是人才济济。

彭华，又一位吉安人，他将拿下这科会试的第一名，并最终进入明朝内阁；尹直，上文提到过的佩服丘濬学识博涉的那位，他将获得本科会试第二名；徐溥，他将获得本科会试第五十五名，后官至内阁首辅，最终与丘濬成为同事；何乔新，他将成为本科会试第一百九十一名，后官至刑部尚书，最终将为丘濬撰写墓志铭。此外，考生中还有一位较为特殊的外国人。他叫黎庸，来自交趾清威县（今越南河西省应和县南），他考得还不错，会试第八十名。

当然此时最令丘濬开心的是林杰也来参加这科考试了。同为当年琼州府学廪生的丘、林二人，科举路漫漫，一个一直在国子监进修，一个一直在琼山备考，这一次终于又在京师相会了。有乡友同科，那该是多么幸福的事情啊。

丘濬这次会中吗？关于会试的考试内容前文已有介绍，所以这里直

国士丘濬

接揭榜：

中式举人三百五十名[①]

第一名 彭华，江西安福县学增广生。《春秋》。

第二名 尹直，江西泰和县学增广生。《书》。

第三名 徐銮，浙江开化县学生。《易》。

第四名 卓天锡，福建兴化府学生。《诗》。

第五名 赵敔，直隶武进县人，监生。《礼记》。

第六名 段坚，陕西兰县学军生。《易》。

第七名 张宁，浙江海盐县学武生。《书》。

第八名 杨集，直隶常熟县人，监生。《诗》。

第九名 徐毅，应天府上元县人，监生。《书》。

第十名 谢士元，福建长乐县学增广生。《诗》。

……

前十名中并无丘濬，倒是有三位他的国子监同学：赵敔、杨集、徐毅。

春榜缓缓揭开，丘濬比各位读者都急。还好，很快他便看到了自己的名字——"第三十四名 丘濬，广东琼山县人，监生。《礼记》"。再往下，他又看到了林杰的名字——"第二百七十一名 林杰，广东琼山县学生。《诗》"。

终于，中了！三十四岁，考了一次乡试、三次会试，走了整整十年的科考路，丘濬终于中了，举人丘濬终于成了进士丘濬了。更开心的是，他的好友林杰也中了，二人在同乡好友的基础上又多了一层关系"同年"。这自是要好好庆祝一番的。接下来，他们就只需耐心地等待殿试。

[①]《天一阁藏明代科举录选刊·会试录（点校本）》，宁波出版社，2016，第222页。

第三章　谁人执我笔

至于殿试结果如何，其实大多通过会试的都不会太过在意，毕竟殿试只作重新排序，不出意外并不淘汰任何人。

会试结束，不过数日，便是殿试。二月二十八日，少傅兼太子太师、礼部尚书胡濙等官员在奉天门（清改称太和门后沿用至今）外向皇帝奏请殿试的相关事宜（包括汇报会试取士人数），请示殿试的时间、殿试考官推荐名单以及殿试结果的使用规则等。景泰帝朱祁钰批准了胡濙等官员的奏请，诏令殿试在两日后正式举行。①

三月初一日一早，奉和殿东西两庑齐齐整整地摆好了考试用的桌子，殿内靠近龙椅位置的东侧放着一张空着的长案台，身着官服的文武百官早早地便侍立于殿内两侧，肃穆如常。

时辰一到，礼部官员便领着丘濬等一众参加殿试的准进士们自奉天门而入。抵达奉天殿后，准进士们分东西两列，面朝北站立于殿前的丹墀之上。此时，鸿胪寺官请皇帝上殿，景泰帝朱祁钰着常服进入大殿。届时殿外鸣鞭，殿内文武百官及众考生恭迎圣驾，山呼万岁。迎驾礼结束后，殿试执事官将考卷举至殿中，再由内侍官将考卷交由礼部官员放置在殿内空着的长案台上。执事官再从长案台上拿起考卷，举过头顶，经皇帝座前左边台阶行至御道，并将考卷放于御道正中。随后，礼部带领考生行五拜三叩头礼。礼毕，考生分东西两列站立，执事官再将考卷放于丹墀东侧空地上。至此，请圣驾和请考卷的流程便结束了。鞭炮再次齐鸣，皇帝和文武百官退朝。接下来再由军校将东西两庑的考试桌摆放于丹墀两端，桌子同样统一正对北方。到这，所有准备工作才算就绪。此后，礼部官员依序发卷，考生开始考试。

殿试和会试的考试内容不一样，殿试只考一场策问。策问大多数情况下为考问"治天下之道"。丘濬参加的这次殿试的考题如下：

---

① 《天一阁藏明代科举录选刊·登科录（点校本）》，宁波出版社，2016，第193页。

国士丘濬

　　皇帝制曰：朕以眇躬祗膺天命，缵承祖宗大业，临御兆民，顾惟负荷之艰，莫究弛张之善，肆虚心于宵旰、冀资弼于忠良。固圣贤乐受尽言，在尧、舜，惟急先务，何则？天下之本，莫有外于家、国、兵、民，朕欲闻其至计何先、切望何最？君心之发，莫有著于礼乐教化，朕欲闻其损益何宜、隆替何系？制治贵于未乱，其方术何良？保邦贵于未危，其谋谟何远？以至为政之宽猛，何尚？备边之筹策，何长？人才之贤否，何由？刑赏之缓急，何可？与凡灾祥感召之机，何速？夷狄向背之故，何在？皆朕之所欲闻者也。

　　夫事贵乎师古，不稽诸古，固无足以为法。于今而施，贵乎合宜，不宜于今，又奚可以徒泥诸古？

　　子大夫明先圣之道，来应宾兴贤能之诏，皆得于古，而将以施于今者也。其悉参酌，详著于篇，以俟朕之亲览。[①]

　　这份考题涉及"治天下"的多个方面，包括：天下之本何为先？治未乱有什么良策？国家兴衰与哪些制度强关联？在危机发生前，用什么快速见效的策略来保障国家安全？为政是"宽"好，还是"猛"好？治理边防有没有什么长久之策？人才的贤与不贤用什么来评定？刑与赏该缓，还是该急？有什么办法能快速地预测灾与祥？夷狄作乱的根本原因是什么？

　　考生们答完，一般都得到下午的三五点，交卷后每人可领到馒头两个、汤一碗。至此，丘濬和他的同年们所能在科举路上为自己做的事便全部终结，剩下的就不由他们左右了。丘濬参加完殿试，心情自然是很好的，不论结果如何，不管名次怎样，他已经是进士了，已经叩开了入朝为官的大门了，此时早早地回去歇着才是正事。

---

① 《天一阁藏明代科举录选刊·登科录（点校本）》，宁波出版社，2016，第237页。

第三章　谁人执我笔

考生们可以好好休息，等着揭黄榜了。但殿试工作尚未结束。当日，受卷官收齐试卷后交给弥封官糊名密封，密封好后交掌卷官，掌卷官再送到东阁阅卷处，在内阁大臣的主持下由读卷官完成阅卷工作。因为殿试是不作淘汰的，所以主持阅卷的阁臣和读卷官们只需做"分甲"，也就是根据答卷质量区分出二、三甲的等次和名次，并推荐出要给皇帝进读的一甲的试卷，再一起交由皇帝最终裁定。

阅卷仅有一天的时间，而景泰五年的这一天里，要阅完三百多份考卷（本科会试中350人，殿试实际参加349人）。三百多份考卷就是三百多篇大论文，读卷官一篇篇读，众人一篇篇评定、举荐，阁臣一一排定，目的是选出次日要到文华殿上读给皇帝听的一甲候选考卷。时间之仓促，工作量之大，可想而知。皇帝为什么要这么做呢？这大概是历朝历代科举舞弊惹的祸。留的时日越多，被钻空子的概率就越大。于是，仓促也好，草率也罢，处理考卷的时间越短越好，纵使出现差错也比被舞弊强。

三月初三日，给皇帝读卷的工作在文华殿内有序进行。读卷官每读三卷做一次停顿，等待皇帝的评定，如此往复，直到把推荐来的一甲考卷读完，再由皇帝批定一甲考卷，即确定状元卷、榜眼卷、探花卷；剩余的卷子交回内阁，由内阁再去排序。所以这个时候，其实皇帝也不知道状元卷是谁写的，那些说谁因长得好看得了一甲，又或是说谁因"貌寝"[①]而被挤出一甲之类的事在原则上是不会发生的。当然，凡事也都有出现例外的可能。

揭黄榜时，先公布二甲、三甲的名单。令人欣喜的是，丘濬的名字排在第一个，黄榜上赫然写着："丘濬，贯广东琼州府琼山县，民籍。国子生。治《礼记》。字仲深，行二，年三十四，十一月初十日生。曾祖均

[①] "景泰五年，试礼部，学士商辂阅策，意为濬，揭之果然。廷试，以貌寝置二甲第一。"《名山藏》，明崇祯刻本，第3931—3934页。

禄。祖普，训科。父传。母李氏。慈侍下。兄源，训科。娶金氏，继娶吴氏。广东乡试第一名，会试第三十四名。"①

这个成绩似乎有些出乎后人的意料，有的说，丘濬本该入一甲的，却因为长得不好看只得了个二甲第一；有的说，都是因为殿试时稍稍犯了些忌讳②，不然他至少是榜眼或探花。其实，前一说法纯粹是毫无根据的猜测，毕竟这一科的一甲前三也不都是长得俊的。明末清初查继佐的《罪惟录》中便记下了关于这一科前三名长相的一段闲谈："三月，策进士彭华等三百五十人，赐孙贤、徐溥、徐鏊等及第。出身有差，贤貌黑，溥白，鏊黄，一时称铁状元、银榜眼、金探花云。"这生得黑的孙贤竟成了状元，如此一来，便只有一种解释，这景泰帝有可能以黑为美。很显然这只是些无聊的论证罢了。

后一说法倒是有可信的人举出了可信之证，而举证人正是丘濬。他在多年后给《云庵集》作序时提道："濬对大廷时，公为读卷官，得区区所对策，甚欲置之举者，为当笔者所抑，不果。"③此句意思是说在阅卷时，时任读卷官的刘广衡（号云庵）举荐过丘濬的策论，认为他可以进入一甲推荐名单递送至皇帝处供殿选，但可惜被"当笔者"（即阅卷负责人）否定。

不论丘濬的策论到底为何被"抑"，也不论这"当笔者"为何人，事已至此，结果已定，不会再改变了。事实上，丘濬自己对这个成绩也是满意的。会试排在第三十四名，殿试能一跃而成为二甲第一，也就是全国第四，这有什么理由不满意呢？

---

① 《天一阁藏明代科举录选刊·登科录（点校本）》，宁波出版社，2016，第196页。
② "廷试因策中微触时讳，置二甲第一。"《丘海二公文集合编》，乾隆癸酉刻本，卷首。
③ 《琼台会稿》，明万历四十一年丘尔毂刻本，卷三，第181—182页。

国子监辟雍

国士丘濬

二甲、三甲名单写上黄榜并一一公布后，才开始拆、读一甲的考卷，陆续公布状元、榜眼、探花的人选。伴着鞭炮声、音乐声，新科进士的名字被逐一写在黄榜上预留的空处，末了再加盖玉玺。到这儿，全部进士的名次就彻底落定了。这一套程序被称为"传胪"。

丘濬参加的这一年殿试，一甲的得主分别是状元孙贤、榜眼徐溥、探花徐鏳。从这三位最终的官职来看，得了一甲也不一定就意味着最后能当大官。这三人除榜眼徐溥做到了内阁首辅外，状元孙贤仅官至太常寺卿兼侍读学士，探花徐鏳也只做到翰林院编修。当大官这事儿，没那么容易。

黄榜揭，三百四十九名进士的名次逐一排定，苦读多年的学子们终于如愿以偿，景泰帝朱祁钰也得到一批协助治理国家的干将。这事无论是对进士个人，还是对进士身后的家庭、宗族，甚至是对整个国家，都是一件值得庆贺的事。国得贤才，教化有功，朝廷自然少不了要举办一系列丰富而盛大的庆祝活动，其中最热闹的自然是恩荣宴。恩荣宴于传胪仪式的次日在礼部举行，中榜的进士都头戴簪花。簪花用彩色的丝绸做成，花上有一小铜牌，铜牌上写着"恩荣宴"三字，但状元郎的不一样，他的簪花的枝叶都是银制的，还会配上翠色的羽毛头饰，写"恩荣宴"的牌子也是由银制成，外层会抹上一层金漆，金晃晃的，华丽得很。[①]恩荣宴因是皇帝赐宴，规格自然很高，再加上一般都会邀请一位德高望重的有爵位的大臣代表皇帝侍宴，这场面可以说是隆重而肃穆，一点都不会轻松愉悦。新科进士们都得小心谨慎，不到不得已话都最好别说。丘濬参加的这次恩荣宴，代表皇帝来的是太保宁阳侯陈懋。他是安徽凤阳人，参加过靖难之役，随永乐帝北征过五次。有他在场，新科进士们这顿饭吃起来就格外安静。

---

① 《景印文渊阁四库全书》第1255册，中医古籍出版社，1986，第366页。

接下来的仪式就比较实在。宴会的第二日，新科进士们都会得到皇帝的赏赐。皇帝赐给状元郎的是一套冠带朝服，其他进士则会获得五锭宝钞。他们受到赏赐后，再上表谢恩。谢恩的第二日，状元郎率众进士前往国子监，拜先师庙，行释菜礼，立进士题名碑。到这儿，殿试流程就全部走完了。

恩荣次第[①]

景泰五年三月初一日，早，诸贡士赴内府殿试。上御奉天殿，亲赐策问。

三月初三日，早，文武百官朝服侍班。是日，锦衣卫设卤簿于丹陛丹墀内。上御奉天殿，鸿胪寺官传制唱名，礼部官捧黄榜，鼓乐导引，出长安左门外，张挂毕，顺天府官用伞盖仪从送状元归第。

三月初四日，赐宴于礼部，宴毕，赴鸿胪寺习仪。

三月初五日，赐状元朝服冠带及进士宝钞。

三月初六日，状元率进士上表谢恩。

三月初七日，状元率进士诣先师孔子庙，行释菜礼。礼部奏请命工部于国子监立石题名。

经过这一套系统的、严肃的、盛大的仪式，进士们自然是感恩戴德的。本就是十年甚至十几年、几十年的寒窗苦读才换来的荣光，更何况经历这么一套经过历代数朝打磨的仪式的洗礼，无人不感谢皇恩浩荡，无人不誓要忠君报国。这对于丘濬而言，确实是个至关重要的里程碑，他将由此去实现他"以文治天下"的凤愿。实现凤愿的第一步已达成，接下来他将被选入翰林院，正式开始他的政治生涯。

[①]《天一阁藏明代科举录选刊·登科录（点校本）》，宁波出版社，2016，第195页。

国士丘濬

不过，有些遗憾的是，载有丘濬大名的那块景泰五年进士题名碑如今已断残，不再被立于北京国子监的碑林之中，只剩拓片可供摩研了。

二、无复少年狂

景泰五年的这一整套殿试流程走完，便到了给各进士授官的环节了。殿试所获名次不同，被授的官职自然不同。一甲三人直接授正职进入翰林院：状元孙贤直接被授为六品的翰林院修撰，榜眼徐溥、探花徐镛成为七品的翰林院编修。丘濬和另外十七位则成为翰林院庶吉士，即翰林院的实习生。他的同乡好友林杰殿试只居三甲，无缘与丘濬同入翰林院，他以观政进士的身份被派往大理寺学习。

翰林院，在明代是学子们的"理想国"。这一源于唐玄宗初年的文学机构，经过不断更新变革，其地位到明代已达鼎盛。自永乐帝朱棣第一任内阁七人全来自翰林院后，"非翰林不入内阁"便成为一种惯例。不止于此，在明代"南、北礼部尚书、侍郎及吏部右侍郎，非翰林不任"[1]也成了常态，又因"非进士不入翰林"，翰林院的高门槛也使得其成为进士职场起步期的香饽饽。丘濬所获的"翰林院庶吉士"一职，是翰林院里一个很特殊的岗位。严格意义上说，它不算是官位，其不论品，但有官俸；虽有官俸，但主要任务不是处理政事，而是学习。所以，这个职位相当于是翰林院的"实习生"，日常所做便是为成为"正式员工"打基础、做准备。

对于丘濬而言，这一职位对他最大的诱惑便是可以"读书秘阁"。只

---

[1]《明史》，清乾隆四年武英殿刻本，卷七十，第2818页。

要足够勤奋，皇室所藏之书他尽可借阅，且借阅行为不受限制还会被鼓励、褒扬。这对于小时候"百里借《汉书》"、吃够了无书可读之苦的丘濬来说，无疑是天降的幸福。上天突然将一桌永远吃不完的饕餮盛宴送到从来没吃饱过的丘濬面前，他的兴奋无以言表。

初入翰林[1]

丘濬

万里家居五岭南，也陪英俊预朝参。

棘闱发解曾居一，枫陛传胪尚让三。

入馆共通金殿籍，拜官常带玉堂衔。

不才遭遇真多幸，编纂无能只自惭。

他在《初入翰林》里说："我这来自万里之外的远客，居然也有机会和这些中原才俊一起预习政务，这谁能料得到呢？不过诸位需要知道的是，毕竟我也不是平庸之徒，我曾中得解元，后又考到二甲第一，自然是有资格和你们一起读史阅经，一起等待有朝一日拜官授衔的。虽然没能立即成为翰林院修撰或是编修，但现在的结果已经让我觉得自己足够幸运了。"

写完《初入翰林》后不久，他仍觉不过瘾，好心情自然得与好友分享，于是他一口气写了四首诗，送给同为庶吉士的广东同乡陈政[2]。他在诗中，写满了他的如鱼得水，写足了他的如愿以偿——玉堂里，群仙聚首；紫阁内，风也生香。

---

[1]《丘濬集》，海南出版社，2006，第3873页。

[2] "陈政，字宣之，番禺人……景泰甲戌进士，选为翰林庶吉士。"嘉靖《广东通志初稿》，明嘉靖刻本，卷十二，第984页。

国士丘濬

初读书中秘预修天下志书柬陈宣之四首①

丘濬

五凤楼头百八钟,万鸦飞动晓天红。玉绳影转瑶阶日,金薤香生紫阁风。夺锦文章清禁里,登瀛人物玉堂中。回看人世仙凡隔,弱水浮埃迥不同。

云雾重重画阁深,微风不动昼愔愔。词垣依约连华盖,兵卫森严列羽林。文石九层人步玉,牙签万轴客绸金。平生梦想登瀛选,此日回翔惬素心。

峥嵘杰阁展东头,圣代储才礼数优。四库有书资检阅,九关无禁任观游。日华暖映三珠树,云气晴浮五凤楼。海上仙山真浪语,玉堂深处即瀛洲。

玉堂缥缈聚群仙,此日追随岂偶然。尘土不生宫里地,云霞常绕日边天。词臣应制时摛藻,阁老承恩夜赐莲。岭海几人曾到此,期君白首共周旋。

入秘阁,游四库,每日在书海里徜徉的丘濬,如饥似渴又自在逍遥。但秘阁外,免不了要应对一些旁人投来的充满疑惑的目光。一日,翰林院内众人齐聚于史馆,丘濬及座师修撰李绍②、编修刘定之③等悉数在场。在翰林院这样的单位里,谈得最多的无非是读书修史。这日,众人依旧

---

① 《丘濬集》,海南出版社,2006,第3873—3874页。
② "李绍,字克述,江西吉安府安福县人……己巳,服阕之官逾月满九载,升修撰……庚午景泰纪元,兼经筵讲官,辛未同考会试,壬申升司经局洗马兼修撰,甲戌主考会试,两持文衡去取公当。"《国朝列卿纪》,明万历四十六年徐鉴刻本,卷四十四,第2777—2782页。
③ "刘定之,字主静,江西永新县人。正统丙辰会试第一,赐进士第三名,授编修,丙子转右春坊右庶子。"同上书,卷二十,第1337页。

第三章　谁人执我笔

如此。大家正聊得兴起，李绍忽然指着刘定之问丘濬："刘定之生长于江西这样人才辈出之名邦，又不乏名师指教，他的学问自然是浩博精深，而你生于偏远的海南，你从哪儿去获得可读之书呢？哪能有什么厉害的老师可以教导你呢？你是如何做到学问如此博洽的呢？"其实，不仅是李绍，当得知这位得了殿试二甲第一、以十八位庶吉士之首的身份进入翰林院、向来以博学善论著称的丘濬竟然来自南荒琼州时，所有人都表示惊讶。毕竟那是一个几乎没有出过什么大人物的孤岛，在世人眼中就是一方未开化之地。远的不说，且说景泰五年丘濬参加的这科会试，中第者中有六十六人来自李绍和刘定之的老家江西，仅两人来自琼州。事实上，唐、宋、元、明四朝，整个琼州的进士数也才七十九人。[1]这么个地方，到底是怎么就出了丘濬这么个人才呢？琼州到底是个什么样的地方？大家都希望听听丘濬这个琼州人好好说说。

起初，对于众人的疑惑，丘濬也没打算多说什么，只是分享了自己的读书经历，无非就是"少时无书便四处去借""除读书外别无他好""留国子监数年废寝忘食读书"之类的说辞，但这些似乎并不能说服他的翰林院上司及同仁，大家认为一方水土养一方人，琼州不足以养出丘濬这等人物。要说勤学苦读，琼州总不至于竟只丘濬一人如此吧。问的人多了，丘濬回答起来也嫌麻烦，便写下一篇《南溟奇甸赋》[2]，算作对外统一的答复。

在这篇赋中，他用"士子"与"翰林主人"两人之间一问一答的方式为众人解惑。

---

[1]《海南历代进士研究》，海南出版社、南方出版社，2008，第175—180页。
[2]《琼台会稿》，明万历四十一年丘尔穀刻本，卷十，第646—659页。

国士丘濬

"士子"开篇便抬出朱元璋,说:"要聊琼州,就不得不先说太祖高皇帝,他称琼州为南溟奇甸。太祖皇帝总不会随便乱说吧,他的话总得信。琼州奇在哪?它奇在足够远,它远远守在国家疆域的尽头,地脉都需潜过深海才能与大陆连通;它奇在虽处大海之中,却也有众多如昆仑一样突地崛起的山脉。于是,琼州之地,山气凝聚,海势完足,水汽弥漫于山谷之间,云雾缥缈有如仙境。在此仙境中有一位奇士,他集纳了此地的全部灵气,后又游学于北国,与天下士子较量学问,在朝堂之上辩论,在仙山之间徘徊,在广阔的天地里纵情,在先贤的典籍里徜徉。他之所以能如此肆意,当然是因为他生长于这奇甸之中。"

丘濬笔下的"翰林主人"听完后便追问道:"我知道你所谓的奇士就是你自己。那我问你:你生于这大陆之外、大海之中,你的学问是从哪儿来的?是谁传授你的?你如何有现在这般见识的?你一一道来,我一一记录,也好让其他人知道知道,论论虚实。"

"士子"答道:"大且显的地域是帝王的天下,那叫神州赤县;小而幽的所在便是神仙之丘,那便是员峤瀛洲。我所在的琼州介于这仙凡之间,这儿是座孤岛但又不是外夷,有如仙境但又不虚幻。这里虽远,有如仙境,衣冠风俗与礼仪却与凡世一样;这里虽只是个岛屿,地方不大,但麻雀虽小,五脏俱全。另外,你看啊,这里'至北极仅十九度',它离天多近啊,但它却不是外邦,这足以证明天听无所不至。你再看,它离朝堂虽远却衣冠堂堂,这足以证明教化虽远必达。这地方,还不够奇吗?"

"翰林主人"又说:"你口才真的很好,但这个地方真的是这样的吗?这个地方《禹贡》不载,《职方》不著,汉武帝时才在此设郡县,后又遭废弃,明明是个鸡肋一般的存在啊!'奇'指的怎会是此等无名之地?'甸'是王畿的意思,怎么会指这样的一座岛?你说它是'奇甸',证据呢?"

"士子"回答说:"这哪是我说的?"

说完这句话,丘濬笔下的"士子"突然变得紧张起来,举手覆额,

第三章 谁人执我笔

北望向天,跪拜了许多次才继续说:"这是太祖高皇帝的金口玉言。自从他说此处为南溟奇甸后,这里的风物变得秀妍,山川草木都因之焕然一新。地因人而胜,自古便是如此。我这故乡,一旦有了这'南溟奇甸'之名,山势便骎骎而内向,波光便跃跃而立起。风物都能如此,更不用说人了。我说的这些,可以算是证据吗?"

"翰林主人"稍作思索,感叹道:"道理确实是这么个道理,你且展开说说。"

"士子"继续说:"这里虽与大陆分离,但相隔不超百里,驾艘小船便可通行;这里山多却不高险,轻轻松松便可攀越;这里虽然不大,却有万千气象。这里冬天草木不凋零,花儿竞相绽放;粮食一年可以收三季,蚕一年可收八次茧;路边没有乞丐,山谷里多的是长寿老人;自古以来远离战争,民风古朴,物产瑰奇,天上、地下、山中、水里,物种繁多。这里和雷、廉两州仅一水之隔,而风物竟迥然不同;远距齐、晋两地万里之遥,而风气习俗却相通。这便是其被称为'奇甸'的原因啊!"

"翰林主人"听完,问出了颇为"致命"的问题:"是的,这是物产之奇。那人才呢?这奇甸之奇,只奇于物产,而漏了人才吗?"

这是非常不好答,但又必须答好的问题。"士子"回答说:"夏、商、周三代之前,这里处于荒服之外,是'骆越之域',到了汉朝时才归入中华版图。魏晋以后,中原战乱频仍,衣冠之族纷纷迁来此处。他们为这里作出了突出的贡献,无论是教化的推行,还是风俗的熏陶,都让这里变了样,琴乐之声处处可闻,礼乐文明'彬彬然盛矣'。自此,金榜题名的、北上为官的,便逐渐多了起来。与别处比,这里只是起步晚了一些。这便能说这奇甸只奇于物产而不钟情于人吗?"

"翰林主人"见"士子"答得确实精彩,充满敬意地起立并拱手说道:"太祖高皇帝,真有远见啊。他所说的奇,如今真的验证了。"

至此,"士子"与"翰林主人"对琼州乃"南溟奇甸"之说终于达成

国士丘濬

一致，丘濬的《南溟奇甸赋》也在歌声中深情收尾："明明我圣祖兮，载辟地而开天。上帝眷顾兮，付以其所覆之全。仁周八表兮，顾独惓惓于穷海之一壖。奇哉斯甸兮，何幸得圣人品题之言。千秋万祀兮，长炳炳琅琅乎天地之间。"

诚如丘濬赋中所言，彼时的琼州已不再是昔日之南荒，它摘掉了"贬谪流放之所"的标签，一代代的琼州人为使"南溟奇甸"名副其实而努力奔跑。丘濬便是这群奔跑者中的精英，且是一位耐力十足的精英。

这一年，除了这场问答，还有一件事让丘濬颇为得意，那便是他终于在京城有了一处宅子。

三、我有槐阴屋

在京城东郊的一处老宅里，有一株它独享的老槐树。宅子不大，老槐树从宅子中冒出，高出屋顶一倍有余，枝叶极繁茂，从远处看，宛如一把撑开的巨伞。走得近些，就有些弄不清是这宅子独享了这槐树，还是这槐树独占了这老宅。这座宅子和这株老槐树在景泰五年八月，迎来了一位年轻的翰林院庶吉士——丘濬。

丘濬买下这座宅子，一是因官舍拥挤，人一多他便不自在；二是吴夫人从琼州过来陪他了，是该有个家了。从此，二人便想着余生与这一宅一槐做伴。这个季节的京城，日子并不好过，连风都是烫的，整座城跟个大蒸笼没什么两样，人置于其间，如焚如蒸。幸运的是，宅子里的那株槐树长得足够茂盛，偌大的树荫一半盖于台阶上，一半盖于书房屋顶，倒使得这书房内全然是另一番景象：清风盈室，书香沁脾。丘濬不在翰林院的日子，便全躲进这书房内，研读经史，口诵心记。如没有这

第三章　谁人执我笔

方槐荫，断是难得这份清修，于是丘濬便把这里唤作"槐阴书屋"，且郑重其事地题字悬匾于上，感恩这槐荫之功。

除去读书，槐阴书屋里的一部分时光是孤独的。金夫人本应该在此养孔雀、逗小儿的，只可惜伊人已逝，这些都已成为镜中月、水中花了。幸好有吴夫人为伴，二人闲来便忆琼州。金夫人和吴夫人的父亲均是军中百户，两家从前也有些来往，聊起故人来便也不算尴尬。吴夫人也理解丘濬的思念，毕竟金夫人陪着他走过了那段弥足珍贵的青春岁月。

喜欢读书的人，时光是不需要打发的。未读完的书、正入迷的章节、未写就的诗，都是待在书房里的绝佳理由。时间只会不够用，哪还用得着想着法子去打发？如果你说，只是缩在书房里，太孤独了。丘濬则会说："方寸间潜天地，书卷中来圣贤。"①你若问他这二人一宅一槐，又没有其他事或人需要照料，岂不是整日无事可做，他便会答："谁道先生无事，一日万里千年。"②

丘濬当然很难无事。翰林院里的考核很严格，应对起来也是颇费时间的。另外，他已被指定参与修撰《寰宇通志》，这接下来便没得丝毫空闲了。土木之变后，景泰帝朱祁钰登基，当年八月，被瓦剌掳走一年的朱祁镇因失去利用价值被送回后被关在南宫之内。景泰五年将要开始的这次"盛世修志"，既是为减轻土木之变造成的负面影响，亦为增强自信之用。更何况，由于永乐帝朱棣下令编纂的《天下郡县志》最终未能成书，当时的明朝确实也需要一部大一统的国家地理总志。正如景泰帝在《御制〈寰宇通志〉序》中所说："朕皇曾祖考太宗文皇帝，尝思广如神之知，贻谋子孙以及天下后世，遣使分行四方，旁求故实之。凡有关于舆地者，采录以进，付诸编辑，事方伊始。而龙驭上宾，因循至今。而

---

① 《丘濬集》，海南出版社，2006，第5167页。
② 同上。

国士丘濬

先志未毕，则所以成夫继述之美者，朕焉得而缓乎？"①

于是，景泰五年七月，朝廷遣进士王重等29人分行全国各地，博采有关舆地事迹，又命陈循等人任总裁，率彭时及丘濬等42人纂修天下地理志。从景泰五年七月启动至景泰七年（1456年）五月成书，近两年时间，一部以两京、十三布政司为纲，以府、州为目，下设建置沿革、郡名、山川、形势、风俗、土产等38门共119卷的《寰宇通志》终于完成。五月初九日，总裁陈循、高穀、王文、萧镃、商辂上表进书，景泰帝对修志总裁及一众志官一一奖赏。②在当年与丘濬同时进入翰林院为庶吉士并成为本次修志官的十多人中，首功记给了丘濬，他与彭华、尹直均由庶吉士晋升为编修，成功"转正"。另外"特别"转正为编修的还有太监牛玉的侄子牛纶。

然而，丘濬在这近两年的修志时间里，过得并不开心。他每日回到槐阴书屋后，总很难如之前那样让自己快速安静下来，每翻几页书，便要发上一会儿呆。他当然为能参与这样一部国家地理总志的编纂而感到自豪，当然也为能成为四位晋升为编修的庶吉士之首而骄傲。更何况，通过这次参与修志，"天下地理远近，山川险易，物产登耗，赋税多少，风俗媺恶"③，他都可以有个基础性的了解。这些对于以"以文治天下"为己任的他而言，是非常必要的。修志前，丘濬摩拳擦掌，以为英雄终于有了用武之地，以为终于可以将自身所学一一付诸实践了。可当修志正式开始后，他便发现这一切并没有想象中那么容易。官方修志，便是在翰林院内设一馆，编纂们拿上分发下的笔札，依照上级拟定的凡例、制定的规矩写稿、交稿，唯上级之命是从而已。纵使有些新的发现、新

---

① 《寰宇通志》，明景泰内府刻本，第4—5页。
② 同上书，第10—17页。
③ 《琼台会稿》，明万历四十一年丘尔穀刻本，卷二，第141页。

第三章　谁人执我笔

的见地,也并不能总如己所愿,手中笔也并不完全听命于自己。这让丘濬很难适应。读遍圣贤书,仍为八股文?这不是丘濬想要的。

景泰七年(1456年)整个下半年里,槐阴书屋里的丘濬本就心情低落,不承想此期间他又遭离别。

好友邢宥自景泰五年(1454年)出任辽东巡按御史,至今任期已满三年,他已向皇帝告了假要返乡省亲。在与一众同仁辞行后,邢宥便与丘濬约于槐阴书屋。

邢宥自是少不了跟丘濬说这些年他任辽东巡按御史所经历的那些有趣的往事。当聊到当年黄萧养作乱,丘濬被困金陵、邢宥献策平乱时,二人兴致更是高涨,一想到两人竟在同一事件上产生过交集,二人不免又多喝了几杯。丘濬很羡慕邢宥,羡慕他在监察御史任上的八年里能有所作为,羡慕他能因自己的成就为父母带去荣光(邢父在景泰六年被赠文林郎、四川道监察御史,邢母同时获赠安人)。最让丘濬羡慕的,是邢宥能回家了。他对邢宥说:"你一到家,父子妇姑、乡人父老们肯定都乐坏了。你想想啊,大家都争先恐后地来看你,估计人得多到你们水吼村都装不下。那时你自是少不了要参加这样那样的宴席,大家肯定都围着你要听你讲抄家、平乱、断案的那些精彩的故事。你会成为家乡的骄傲、年轻人的榜样,这是多么美好的事情啊!"

丘濬对邢宥的羡慕里,有很多自己的遗憾。他那年与邢宥同时上京赶考,邢宥当年便中第,而他却落榜,蹉跎了数年。后终于同朝为官,邢宥一路官声隆隆,每到一地便深受官民爱护,而丘濬却只在翰林院里打转,并无半点拿得出手的功绩。尤其是一想到在修《寰宇通志》时自己手中的笔被别人把着,丘濬更是觉得落差很大。君子不能遂其志,是君子最难释怀的事。

送罢邢宥,槐阴书屋又迎来乡友林杰。当年丘濬入翰林院为庶吉士,林杰以观政进士赴大理寺,今日丘濬升为翰林院编修,林杰也已确定明

国士丘濬

年升为南台御史（即监察御史），所幸的是二人仍同在京城办公。二人聊起来，便也轻松不少。只是想到邢宥、林杰二人均已身处政务一线，都身担正风纪、振朝纲之要职，而自己却仍只能在文字之间流连，丘濬难免有些失落。

正当丘濬陷入自我怀疑时，朝堂之上又有巨变。这本刚修成还没来得及颁行的《寰宇通志》，即将胎死腹中。

四、搔首歌短长

景泰八年（1457年），朱祁钰病重。一件极为重要的事情摆在面前——何人来继大位？原本事情是可以很简单的，朱祁钰是皇帝，前皇帝朱祁镇被关在重兵把守的南宫之内，原太子、朱祁镇之子朱见深（后更名朱见濡）太子位被废，那自然应该是朱祁钰的皇子来继承大统。只是朱祁钰的独子、太子朱见济在景泰四年（1453年）刚十岁时便夭折，于是易储已成必然。

其实，关于易储之事，朝堂之上早有过激烈的斗争。朱见济一死，朝中便有大臣上书请朱祁钰履行当初对朱祁镇生母孙皇后的承诺，立朱祁镇的儿子朱见深为太子。原来，土木之变后，孙皇后答应于谦等人的建议拥立朱祁钰时，便提出过一个条件，那便是朱祁钰千秋之后需将皇位传给朱祁镇的儿子朱见深。只是朱祁钰在皇位上待久了，又怎会将皇位传给被自己关在南宫多年的朱祁镇的儿子呢？于是，等到朱祁钰病重时，到底谁来继承皇位，便成了一件棘手的事。

此时，有一人嗅到了机会，他便是石亨。作为早年数破瓦剌，后又听令于谦打响北京保卫战、促成朱祁钰于国难时登皇位的一员悍将，石亨在朱祁钰病重时已是手握世袭诰券，集太子太师、总兵官、武清侯于

第三章　谁人执我笔

一身的明朝第一武将。但面对于谦时，他总还是觉得自卑。少时便有看相的对他和他堂侄石彪说："现在是太平之世，奇怪的是，你二人竟有封侯之相！"这种暗示实在让人心痒。加上土木之变后拥立新皇时，于谦功劳远大过他，又拒绝了他提出的为于谦儿子封官的建议，在道德上又压了他一筹。若是这次又是于谦在皇位更立上拔得头筹，他怕自己永远都无出头之日。虽看相者有言在先，但石亨认为"封侯"终究还得靠自己来争取。于是，石亨在得知朱祁钰病重的消息后，便立即与都督张𫐄、太监曹吉祥密谋，并联合徐有贞，决定要抢在其他人有动作之前拥立朱祁镇以复辟，夺得头功。景泰八年（1457年）正月十六日，石亨等人密会于徐有贞官邸商议起事。议毕，徐有贞登上屋顶观星象，对众人下令说："事在今夕，不可失。"于是他便安排调兵入内，随后焚香祷告与家人作别："事成社稷之利，不成门户之祸。归，人；不归，鬼矣。"仪式做足，接下来便只需"一不做，二不休"了。

在徐有贞的策划下，石亨等人于四更时迎兵入内，天亮时撞开南宫大门，迎朱祁镇入奉天殿，强作镇定，等待天明。天一亮，百官上朝，已是"新"皇二登基。次日，于谦及与丘濬同修《寰宇通志》的王文、陈循、萧镃、商辂，尚书俞士悦、江渊，太监王诚、舒良、王勤、张玉等一众前朝重臣内官均被下狱。徐有贞则由副都御史一跃而成为翰林院学士并直接进入内阁。正月二十三日，于谦被押至崇文门外，在这座他曾拼死守护的城池前被斩杀。[①]

南宫之变，仅是翰林院编修身份的丘濬，只是个看客。

"新"皇登基，拥立之臣俱得奖赏。石亨被封为忠国公，由侯进公，达爵位之顶级；都督张𫐄封为太平侯；都御史杨善封为兴济伯；石亨的堂侄石彪封为定远伯。当年相士之说果然应验，石姓叔侄真的封侯了。

---

① 《明史纪事本末》，中华书局，1977，第1075—1096页。

国士丘濬

朝堂上每日忙着罢黜斩杀、加官晋爵，丘濬则整日只是读书。他将那本《寰宇通志》反复研读，逐渐对这个国家有了一个全面的认识：国土几何，边防何在，地产几何，赋税几分……虽今时笔在别人手中，但那年府学的雁也不会是无缘无故地来访的。

只是，丘濬恩师萧镃要被革职还乡了。萧镃在那个割裂的1457年的正月说了句"既退不可再"，便被指为有反对复辟之论，先是被下狱，后又被革职为民。萧镃确实是反对复辟的，他始终认为土木之变是国家之耻，一个盲目亲征却未战被擒的前任皇帝，有什么理由重登大位呢？在国子监与学生们的那次聚会上，他说得很明白，边防松懈，武力疲惫，不能做到"于安思危，于治忧乱"，皇帝被擒、京城被围这样的耻辱是逃不掉的，那导致这一切的朱祁镇，又有什么资格复辟为皇呢？

丘濬舍不得恩师的离开。他受萧镃的恩惠，远不止当初萧镃的提携和其主动将他的才华广而告之带来的积极影响。恩师的《军政疏》《论武备疏》《陈时务疏》《陈时政疏》给了丘濬很多的启发。

萧镃在《军政疏》里强调"兵者，国之大事"，所以他认为建立系统的军政体系是非常必要的。兵需有将，将有大小，大小将均需各得其人。此为军政之用人。一军之中设置总兵、副总兵、参将、座营、管队等官。这是军政之体系。用兵不疑，但用将不得不察，在军中要建立内部提拔的机制，同时也要对徇私舞弊等不良作风进行严厉的惩治。此为军政之奖惩。

萧镃在《论武备疏》里强调了南京之于国家的重要性，认为不仅要加强京师的武备，也要高度重视南京的武备。他认为南京地理位置特殊，横于城前的长江，是制定攻守之策的关键。以前有"操江"之官，负责操练水军、督练水战，到景泰时要么"操江"之官名存实亡，要么船只腐烂、军夫逃亡，战斗力全无。他要求南京相应官员重视操江之策，选拔有勇有谋、廉能勤勉的人担任"操江"的要职，并及时修理船只、定期整饬军务，避免南京这一屏障陷入险境。

第三章　谁人执我笔

萧镃还在《陈时政疏》中指出景泰帝朱祁钰存在的诸多问题，严厉批评他"即位未几三年，而土木遽兴"。他问朱祁钰："陛下何不爱万民之力而取材木于远方乎？"他劝朱祁钰要"戒奢靡以节民力"，要"接贤士大夫之时多，亲宦官宫妾之时少"，并提醒朱祁钰要多进有德之臣，向其请教帝王经世之要、古今治乱之由。

这些都对丘濬产生了极大的影响。若干年后，萧镃仙逝，丘濬以门生的身份为其所遗诗集作序，称："先生禀纯笃之性，处和平之世，平生为人，凡其立心行己，莅官临事，如其为文，其人不可见已，见其文，如见其人……先生之诗文，皆有为而作，达意而止，质实之中，而有自然文彩，醇然其无滓，绎如其无额，淡乎其有余味，得孔子从先进之意。噫！世无复斯人，亦无复斯文矣。"[①]

要与这样的一位恩师告别，丘濬自然是心慌的。他在《雨中有怀》中写道："风雨昼冥冥，闲愁不自宁。只宜长日醉，何可片时醒。花落隔帘数，鸟啼欹枕听。愿言头蚤白，归去候农星。"[②]他竟希望自己快些老去，好早早归于田园。他又写诗寄给朋友，说旁观了这些风雨后，他"壮志随日减"，又写到槐阴书屋里的苍藓、败荷，写尽了满眼的凄凉与失魂落魄。

秋日寄友[③]

丘濬

云海欢游地，别来今几何。壮心随日减，归思入秋多。

细雨滋苍藓，寒风剪败荷。有怀谁与共，搔首短长歌。

---

① 《丘濬集》，海南出版社，2006，第4028—4029页。
② 《琼台会稿》，明万历四十一年丘尔榖刻本，卷十一，第722—723页。
③ 同上书，第722页。

国士丘濬

只是，转年他便又要忙起来了。只不过，这次的忙就显得更没什么意义了。

天顺二年（1458年），朱祁镇再登大统的第二年。有了被弟弟朱祁钰囚于南宫数年不得自由的惨痛过往，朱祁镇心底里自然是复仇心切。他将本已身患重病的朱祁钰软禁于西苑，将反对复辟的旧臣一一清除。他还下令修《大明一统志》，并要求禁止颁行前年才修成的《寰宇通志》。在朱祁镇看来，朱祁钰趁乱得位，又囚他于南宫，得位不正，在位失德，这样的人不配修国志，也不能让这种人留下"盛世修志"的美名。

于是，总裁李贤、彭时、吕原率林文、刘定之、孙贤、丘濬等一众翰林院职官外加一众低等职官，开始了第二次"盛世修志"。这是历史上最没有必要也没有意义的一次修志，完全出于明英宗朱祁镇的私怨。

所谓修《大明一统志》，准确地说其实是改《寰宇通志》。为了使"改"显得不那么明显，在门类上，《大明一统治》将《寰宇通志》的38个门类重组为25个，删除掉《寰宇通志》中"馆驿""科甲"所载内容；在卷数上，将《寰宇通志》的119卷删减为90卷，并调整了各个政区的卷次顺序；在时间断限上，延伸到天顺五年（1461年）；其他（如条目数量、具体内容等方面）都采取的是增删、改写的方式。[①]

更令人震惊的是，将《寰宇通志》与《大明一统志》二者的序做比较，竟发现内容出奇一致。现将二者的序分别节选部分对比如下：

《御制〈寰宇通志〉序》：朕皇曾祖考太宗文皇帝，尝思广如神之知，贻谋子孙以及天下后世，遣使分行四方，旁求故实之。凡有关于舆地者，采录以进，付诸编辑，事方伊始。而龙驭上宾，因循至今。而先志未毕，

---

① 严佳乐：《〈寰宇通志〉与〈大明一统志〉比较研究》，硕士学位论文，福建师范大学，2020。

第三章　谁人执我笔

则所以成夫继述之美者，朕焉得而缓乎？……此朕之于是编所为惓惓而不敢少缓也。间与二三儒臣商之，使或先后有一，未备不足，以全其美，乃复遣人采足其继，俾辑成编，为卷凡百一十有九，名曰《寰宇通志》。①

《御制〈大明一统志〉序》：我太宗文皇帝慨然有志，于是遂遣使遍采天下郡邑图籍，特命儒臣大加修纂，必欲成书贻谋子孙，以嘉惠天下后世。惜乎书未就绪，而龙驭上宾，朕念祖宗之志有未成者，谨当继述。乃命文学之臣重加编辑，俾繁简适宜，去取惟当，务臻精要，用底全书。庶可继成文祖之志，用昭我朝一统之盛。而泛求约取，参极群书，三阅寒暑，乃克成编，名曰《大明一统志》。②

这样一份工作落到丘濬这位急于有所为的人身上，可想而知其当时的心情。更糟糕的是，天顺五年（1461年）书成时，总裁李贤又令丘濬撰写《拟进〈大明一统志〉表》。修这本志，本就是个重复的无意义的工作，现在又要再装模作样地装作《寰宇通志》没有存在过，或是装作否定《寰宇通志》质量的样子，再次给皇上递呈进表，请求皇帝阅览，这工作实在是没劲得很。

幸好，这几年里也时常有好消息。

---

① 《寰宇通志》，明景泰内府刻本，第4—8页。
② 《大明一统志》，明天顺五年内府刻本，第1—4页。

国士丘濬

五、诗书敦宿好

天顺四年（1460年），会试年。丘濬以翰林院编修、文林郎的身份出任这一年的会试同考官。这一次会试，他遇到了一位"古君子"。丘濬在批到这位"古君子"的考卷时，认为此人所作之文词气温厚，论述严谨又能不"泥于题"，是一位难得的人才。[1]这人名叫陈选，最后得了这科会试的第一名。此人长得有些其貌不扬，丘濬见他时说："难怪荀子说圣贤无相，莫非说的就是你？"这并非揶揄。随后他便借用荀子的话——"仲尼之状，面如蒙倛；周公之状，身如断菑；皋陶之状，色如削瓜"，巧妙地避开了陈选貌丑的话题，顺带还激励了他一把。说到这儿，再回想那些关于丘濬长得丑的论调，便更令人觉得荒谬可笑了。但凡对人性稍有了解，便可知如果丘濬他自己"貌寝"还如是谈笑，那就是自讨无趣了，他大可不必。

丘濬以文识人还是很有水平的。这位陈选确实如丘濬所判断的那样，是一位"古君子"，也确实能称为"贤"。后来，陈选在监察御史任上罢黜贪官、弹劾大臣，刚烈耿介；选按江西时，赣州遭贼寇骚扰，他上平贼之策，不等上方回复便遣兵前往，一举拿下；督学南京时，他自撰教材《小学集注》，巡视时经常留宿于学宫，晚上便检查学生的记诵；提督学政时，他不跪太监汪直，守住为人师的底线……后因打击贪腐，他与市舶太监韦眷交恶，蒙冤病逝。

除去此"古君子"陈选之外，这科会试还诞生了一名未来的内阁首辅，那便是大名鼎鼎的刘健。担任考官、得名士，这些事让丘濬郁闷的

---

[1]《天一阁藏明代科举录选刊·会试录（点校本）》，宁波出版社，2016，第305页。

第三章　谁人执我笔

心情得以疏解。接下来发生的一件事，便是值得整个丘家都欢喜的了。

天顺四年（1460年），丘濬的长子丘敦出生了。中年得子，足以荡尽一切阴霾。琼山丘家自丘濬的祖父丘普起，子嗣便不繁茂。丘普是独子，丘传又是独子，到丘濬这一代才有了丘濬和他的兄长丘源二人，丘源到天顺四年（1460年）时已四十三岁，膝下仍无一子，这让丘家全家精神紧绷。丘家让吴夫人在金夫人去世后迅速嫁入，并让吴夫人赴京与丘濬做伴，就是希望丘家能早些有一儿半女，好继香火。终于在天顺四年丘家如愿以偿。

但丘敦这个丘家长子有些奇怪，出生时竟不啼哭，接生婆不知打了多少次屁股，他却仍是不作声。丘敦也不像别的婴儿那样，饿了或是睡醒便闹腾，他总是安安静静的，似乎比一些大人还要老成。"不是个哑巴吧？"接生婆的这句话让丘濬夫妇的心始终悬着。他们按接生婆教的做，想着法子逗丘敦，却仍是不奏效。丘敦似乎对什么都提不起兴趣，饿了吃、饱了睡，就像生怕多一点动作便会给别人带来麻烦似的。

这个孩子确实让丘濬和吴夫人有些紧张，他们问了一些有经验的长者，有的说"贵人语迟"，有的说"长大些自然就好了"。丘濬也请过不少医生，他们都说丘敦身体并无异样，只说没见过这种看起来很老成的小孩。周岁时也还是如此，并无改观，丘敦自己一人能安静地坐一整天，有旁人带小孩来串门，他也只坐着不开口，一副不苟言笑的样子。抓周时，也不需大人摆弄，丘敦自个儿径直地走到一本医书旁，又径直地走回自己的座位，动作和表情都异常冷静且笃定。

起初丘濬夫妇并未感到太多异样，只是觉得这小孩的话确实少了些，也确实过于稳重了些。但旁人却议论开了，说什么的都有，有说因为父亲太聪明了，几岁就能作诗，儿子自然在这方面要差些，仿佛是天道在寻求一种平衡。丘濬深知仕途无常的道理，因此他给儿子取名"敦"，只愿儿

国士丘濬

子是个诚恳实在的人。

丘敦满周岁的天顺五年（1461年），丘源的长子丘陶[①]出生了。同年，《大明一统志》也编撰完成。在这之后，丘濬难得地拥有了一段相对轻松的时光。暂时没有了修书编志的任务，他除了陪陪吴夫人和丘敦，余下的时间便都集中用于对程朱理学的钻研以及惦念老友上。

丘濬总是激情满怀且声如洪钟，又善辩论，同时交友甚广，再加上文笔又好，自然就更受身边人的喜爱。他所交往的人中，既有如萧镃、李绍这样的恩师与座师，更有如徐溥、尹直这样的翰林院同仁。然而最让他牵挂的，便是他的一众乡友们。他的家乡琼州不同于别处，琼州独立于海上，隶属于广东，乡友们自南而北聚于京师，比其他地方的人所要走的路更长、所要经历的困难更多。因此，当他们在京师会面时，彼此间便显得尤为亲切。

广州的林宗敬便是丘濬私交甚好的乡友之一。丘濬曾说："予友天下士多矣，而尤厚于乡人，乡人中最相厚者，羊城则林宗敬也。"[②]丘濬每每读到程颐的"整齐严肃，其端外者欤"或是朱熹的"主一无适，其直内者欤"时，便会想起他。这两句正是丘濬在为林宗敬写的《林弁宗敬字说》一文中引用过的。在丘濬眼里，林宗敬是一位"容止端饬，言论英发"的堂堂君子，用程朱二人的这两句来解释"宗敬"二字和解读林宗敬这个人，实在是再恰当不过的了。只是，林宗敬科举的路很不顺畅。景泰五年（甲戌科），他们一起参加会试，丘濬高中，他落榜。后他又参加了天顺元年（丁丑科）、天顺四年（庚辰科）的会试，仍是不中。事实

[①] "陶，字再成，儋州岁贡太学生，生于天顺五年（1461年）辛巳年，考卒正德十一年（1516年）丙子。"《中华丘氏大宗谱·海南省海口分谱》，2009，第480页。

[②] 《丘濬集》，海南出版社，2006，第4137页。

上，他未来还将参加天顺八年（甲申科）和成化二年（丙戌科）的两次会试，仍不中，以至于他仰天长叹："肯定是我的学问不如别人，才始终中不了进士，这都是命啊！"至此，他才不得不接受命运的安排，以举人身份出任丘濬家乡——琼州府的同知。当然，此刻正在槐阴书屋里惦念着他的丘濬还不知道他这后来的经历。

丘濬很理解林宗敬，毕竟他自己也考过多次。更值得一提的是，二人之间还有些奇妙的缘分——林宗敬只小丘濬一天，但他却一直非常真诚地把丘濬视作兄长。再者，林宗敬确实是个很有意思的人，这也让丘濬对他格外偏爱与欣赏。

在天顺元年（1457年）那次会试不中后，林宗敬便做出了一个特别有意思的举动：他竟然自己买下了一条船，要自己划回广州去，发誓再也不来京师这伤心之地了。这确实是千古之奇事，林宗敬也真是千古之奇人。丘濬去送行，看到林宗敬和他的船，整个人都惊呆了。

丘濬很快地收拾好惊讶的表情，煞有介事地指着林宗敬买来的船问："要做这船，如果没有木材、铁器、蜃灰（用于'固舟缝'，即防漏），能造成吗？"

林宗敬答："不能。"

丘濬又问："如果刚才我说的那些造船的材料都备齐了，但没有造船的师傅，不给足够的建造时间，不准按照正确方法完全靠臆想造船，能造成吗？"

林宗敬答："不能。"

丘濬再问："好，那我们假设船造成了，但没有橹、桨或舵，这船还能发挥船的功能吗？"

林宗敬答："不能。"

丘濬接着问："好，以上都有了，但船停在不该停的地方，前面都是无法通行的水路，它还能到达目的地吗？"

国士丘濬

林宗敬答:"不能。"

丘濬再问:"那好,就算船停在合适下水的地方,但港口船挤船,难以挪动,你能开出去吗?或者前面说的这些都没问题,可是风向不对,船能到得了目的地吗?"

林宗敬答:"不能。"

其实丘濬想跟他的这位有意思的老友说的是,做学问、登仕途与这行船是一个道理。造船好比苦研经典,学有所成便是船已造好。但船造得再好,也不一定能保证船就行得好,也不一定能保证船到得了目的地,还得看风向。同样,学问做得好,也未必能保证能有好的科举成绩,还得看时运。行船之风,就好比这求学之命。但也不能就此认命,要相信总有一天能"借风涛之便,张饱帆于长江大河之中,鼓枻而歌,捩舵以行,纵其所如,无不如意矣"①。丘濬对林宗敬说:"这一切的前提是我们要努力使得自己的学问足够渊博,剩下的便可交给时间了。若轻言放弃,风来了,它也不是你的风。"

其实,丘濬又何尝不是在劝慰自己。尽管他幼时被人唤作神童,乡试中解元,殿试又得二甲第一,如今又身处"理想国"翰林院,但他的梦想不也没机会实现吗?整日与文字做伴,却不能将自己的学问付诸实践,这不也是他的"风"没来吗?他希望他的好友和他一起,用心地做学问,不轻言放弃,不做无用的抱怨,共同等待那股排山倒海之风,以收完全之功、享无穷之利。

送别好友,丘濬回到槐阴书屋。他正在编纂的《朱子学的》也快完稿了。这是他个人独立完成的第一本理学著作,将会为他成为理学名臣奠定坚实的基础。

---

① 《丘濬集》,海南出版社,2006,第4424页。

第四章 返乡路漫漫

国士丘濬

一、学问朱子堂

天顺七年（1463年）的整个正月，丘濬只专注于一项事务，那便是整理校对《朱子学的》的文稿。他自年少备考时便开始正式接触程朱理学，稍长后得遇程门后裔、琼州知府程莹点拨，到国子监又蒙萧镃等恩师指教，再到翰林院里的自我打磨，历经数十年的积淀，至今日，"丘氏理学"已小有所成。

书稿整理完毕，丘濬研墨展纸，慎重地为这本《朱子学的》写下后序。[①]他要为他的读者们解答关于这本书的一些疑惑。

第一个疑惑：什么是《朱子学的》？丘濬说，首先，这本书是仿《论语》的体例而作的，《论语》是"子曰"，《朱子学的》为"朱子曰"；《论语》记录的是孔子及其门人的语录，而《朱子学的》则采集的是朱子本人论学之语和其门人记述的朱子言行。其次，《朱子学的》这个书名可以拆开来理解。"朱子"二字是为凸显朱熹的圣人地位而取；"学的"二字则是受杨时"学以圣人为的"这句话的启发，意指学习的要旨。所以，《朱子学的》便是指朱子学的要旨。

第二个疑惑：为什么要编《朱子学的》？丘濬说，虽然"朱子之言，天下后世家传而人诵之"，但朱熹的著述，多以阐释和注释圣经贤传的形式呈现，没有他个人独立撰写的专著。这使得学习朱子学说变得困难，学者们往往不得其门，或是如入"宝山"而空手回。针对这种情况，丘濬选取朱熹关于修身、治学、儒家经典和其他相关课题的论述和释注，提炼出朱子学说的精华，汇编成《朱子学的》一书，以集中呈现朱子学说的要旨。这样做的目的在于为学者们提供一条简单直接的入门路

[①] 此后序详见《琼台会稿》明万历四十一年丘尔毂刻本，卷三，第211—215页。

径，让他们能得其门而入，继而帮助他们更快地把握朱子的思想。朱子说："四子，六经之阶梯；《近思录》，四子之阶梯。"那么，丘濬希望《朱子学的》能成为学习"四子"（周敦颐、张载、程颢、程颐）思想之阶梯。

第三个疑惑：《论语》编排散乱，《朱子学的》仿其而作，编排也是这样的吗？丘濬说，《论语》是众人记众贤之言，所以较为散乱；《朱子学的》是他个人采朱子一人的学说而成，并作了先后次序的安排，不会陷入混乱。为此，丘濬把全书分为两卷，卷上为下学、持敬、穷理、精蕴、须看、鞭策、进德、道在、天德、韦斋十篇，卷下为上达、古者、此学、仁礼、为治、纪纲、圣人、前辈、斯文、道统十篇，共二十篇。

第四个疑惑：这样分卷、分篇的逻辑是什么？丘濬说，之所以卷上和卷下的开篇分别为"下学"和"上达"，是为了说明做学问得先"下学人事"，才能"上达天理"。"下学"便是要从基础的、浅显的内容入手，学会基本的生存和生活知识，养成躬身实践的习惯，这是"为己之学"，是为了成为更好的自己；"上达"则是做好自己后的进阶和结果。

那如何做好"下学"，即如何做好"为己之学"呢？丘濬认为："欲为为己之学，必先效法于人，而后用功于己。"这句话的意思是，要想做好自己，就得先向圣贤学习，以圣贤为榜样。那如何向圣贤学习呢？这就需要做到程颐所说的："涵养须用敬，进学则在致知。"所以丘濬将"下学"之后的第二篇、第三篇的名字分别定为"持敬"和"穷理"。"持敬"强调"敬不可不立"，"穷理"强调"理不可以不穷"。

第四篇到第九篇，丘濬要解决的则是由体到用、体用结合的问题。穷理才能致知，致知才能进学，那如何穷理呢？丘濬认为，圣贤之书都是穷理的工具，借此工具便能完成"体"的探究，形成自己对万事万物最本质、最内在的认知，再将"体"外化为"用"，同时体用结合，即将所掌握的"理"用于实践中，便可使之作用于社会和国家治理。丘濬强调的体用一体和体用结合，是其对儒学"经世济用"思想的有效传承。因为儒学主张"有为"，强调"修身齐家"的目的是"治国平天下"，而不是为了"穷理"而"穷理"。

至于第十篇"韦斋"，实际上是卷上前九篇内容的一个附录，是丘濬"举朱子平生言行出处，示学者以标的也"。"韦斋"是朱熹父亲朱松的号，以其父之号命名，意在说明朱熹学问的渊源，是"正本清源"思想的体现。

第五个疑惑：既然"卷上"已经如此完备，为什么还要有"卷下"的十篇内容呢？要回答这个问题，需要先指出丘濬在程朱理学传承中的身份以及说清楚"丘氏理学"的核心要旨。因此，丘濬需要详细地在这篇后序中给读者们作出解释。

丘濬此篇后序里如是说："上编如小学之内篇，下编则其外篇也。上编由事以达于理，下编则由理而散之事，一以进德言，一以成德言也。自昔先儒论敬，皆自内而之外，今而反之何？自学者言，使有下手处耳。穷理略于格物，而详于读书何？读书亦格物之一事，今之学者，无师授而欲舍读书以穷理，吾见其泛无归宿矣。"在这段论述中，丘濬表达了与其他学者在"持敬"的方法上的不同观点。以往的学者认为"持敬"应由"内"（内在修养）而"外"（外在学习），丘濬则认为应从"外"到"内"。他极力主张要高度重视外在学习，强调要先实实在在地学习圣贤之书，再去谈内在修养的提升。之所以要如此，是因为如果内外倒置，先"内"后"外"，就可能导致一些学者在学习时无从下手，最终迷失方向。这样一来，圣贤之学就变成了怪诞之学、玄虚之学。而"卷下"的存在，便是要补充和强调"外"的重要性，明确由"读圣贤书"而"穷理"再"将理用于事"的正确路径。

总而言之，丘濬的这种编排，目的是帮助学者找到方向，找到学习的切入口。

其实，《朱子学的》的诞生，与当时儒学所遭遇的困境有关。

程朱理学发展到明代，已成为官方所尊崇的正统和主导思想。但当这种"正统"和"主导"更多地甚至仅表现在科举考试的运用上，而非用于推动社会发展与思想进步时，程朱理学就逐渐变成了一种取仕和求仕的工具。这导致其功利性激增，而思想性日益消退，进而逐渐僵化和教条化。在逐利本性的驱使下，科举考生们以为找到了通往仕途的捷径，因此，他们只从所要考的经书中摘取只言片语，而不愿花力气去研读原典，更不必说去博览群经了。

这种发展态势下的程朱理学，自然会遭到部分"清醒"的精英们的批评与非议。可以预见，在他们的鼓动下，程朱理学的式微将成必然。丘濬敏锐地察觉到了这一趋势，也看到了程朱理学面临的困境。作为程朱理学，尤其是朱子学说的拥护者，他需要站出来卫道。

丘濬卫道的前期，主要方式及成果均体现在这本《朱子学的》上，其他则散见于其在景泰、天顺年间创作的诗文中。要了解丘濬写这本书的真正用意，我们不妨从这本书前两页的两幅插图入手。

这两幅插图分别是《朱子小影》和《道统相传之图》。《朱子小影》上，除去朱熹画像外，画像上方还题有文字"全体大用之学，继往开来之儒。析之极其精而不乱，合之尽其大而无余"，两旁则有文字"周东迁而孔子出，宋南渡而文公生"。《道统相传之图》则勾画出了儒家正统的传承脉络：伏羲→神农→黄帝→尧→舜→禹→汤→文王、武王→周公→孔子→颜子、曾子→子思→孟子→周子→程子、张子→朱子。

丘濬选用这两幅图为插图，是要明确朱熹在儒家道统传承中的地位，并通过画像页的题字强调朱子学说中的"全体大用"的重要价值。这是丘濬对朱熹及其学说正统地位及思想价值的守卫。不得不承认的是，在当时儒学式微的大背景下，丘濬此举无疑是极富远见的。

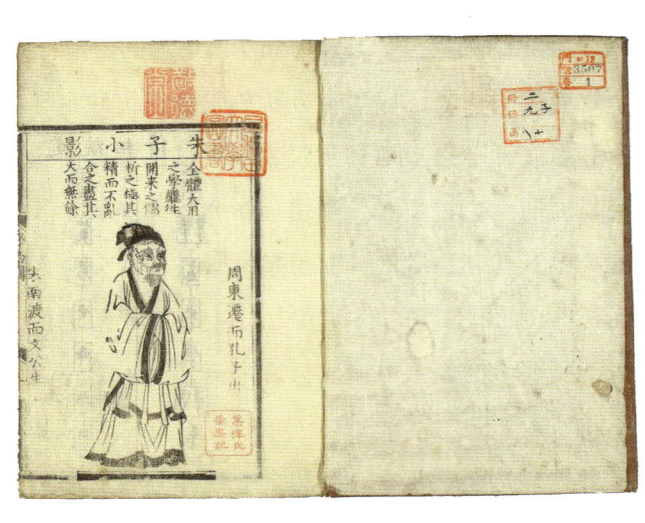

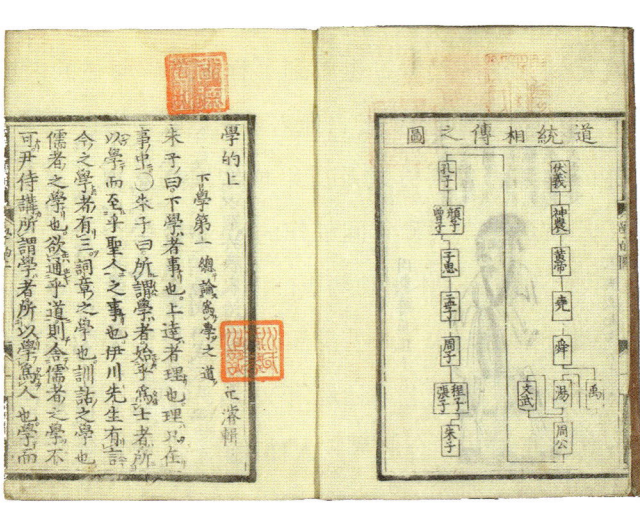

《朱子学的》书影
（日本早稻田大学藏本）

第四章　返乡路漫漫

事实上,《朱子学的》的发行,并没能扭转程朱理学大势已去的局面,陆王心学即将以不可阻挡的态势登场。但丘濬不会就此停下卫道的脚步,他还将继续极力地维护朱子学说,强调经世致用,并以此实现"以文治天下"的梦想。

天顺七年(1463年)正月,《朱子学的》顺利完稿付梓,槐阴书屋里的丘濬平静且悠然,但外面的世界并不太平。

二、胸有兵百万

天顺七年四月,广东副总兵欧信向朝廷上奏:"广西流贼数万越入广东,流劫乡村。"明英宗朱祁镇震怒,诏令广西镇守总兵、泰宁侯陈泾等人调集官军、土兵、民快(管缉捕的差役)等予以征剿。其实,这不是朱祁镇第一次接到广西大藤峡动乱的奏疏,这也不是两广地区在明代发生的第一次动乱。当然,广西大藤峡动乱也不会因朱祁镇的这次诏令而得以平息。

早在洪武年间(1368—1398年),大藤峡一带就不安宁。明王朝多次派兵征剿,均难奏效。正统年间(1436—1449年),以侯大苟为首的民军队伍日渐壮大,大藤峡一带的瑶民动乱逐渐成为明王朝的顽疾。正统十年(1445年),侯大苟率近三千名民军攻陷两广门户梧州城;次年春,侯大苟又率民军向大藤峡挺进,在得到大藤峡周边各县农民的支持后,不到一年时间其军队发展至一万多人。随后,他们越过大藤峡,攻陷广东化州,活捉知州茅自得,杀死千户汪义,烧毁退休御史陈贞豫的住所,随后攻破泷水(今广东省罗定市)、电白、德庆等地,来势汹汹。景泰七年(1456年),荔浦等县县城落入侯大苟之手。天顺四年(1460年),藤县县城亦陷落。

天顺五年（1461年），镇守广东的右监丞阮随等上奏，称大藤峡动乱之所以经年不能平息，其中的关键原因是：大藤峡地处两广交界处，地跨两广，但两广军马各有所属，不能统一调配。他提议朝廷派人统领两广，一举捣灭贼巢。于是，朝廷命都督金事颜彪佩征夷将军印，担任总兵官，并调南京、江西等地官军共一万人前往大藤峡实施征剿。次年，颜彪上奏，称其所率军队进剿大藤峡，共攻破七百二十一座村寨，斩首三千二百七十一人，救出被掠男女五百多人。可是，颜彪的强势征剿手段残忍，导致"积尸盈野，流血成川"，激起了大藤峡瑶民更猛烈的反抗，新一轮的动乱又将开始。

朱祁镇接到欧信所上奏疏的当年十一月，侯大苟率领重新集结的大藤峡民军攻破上林县，再率精兵夜袭梧州，梧州岌岌可危。而此时，受朱祁镇委派担任征剿重任的广西镇守总兵、泰宁侯陈泾正在城内与太监朱祥、巡按吴琳、副使周璹、参议陆祯、都指挥杜衡等人商议调兵征剿之策。会议进行时，侯军已驾梯翻越城墙杀入城内，他们劫官库、放狱囚，在城中肆意剽掠。梧州官军匆忙应战，其结果可想而知。此战，训导任璩被杀，副使周璹被擒为人质，城内损失惨重，而陈泾躲在官军保护圈内，看着杀气腾腾的侯军，不敢有任何动作。侯大苟以周璹为人质，天亮时顺利出城，留下被劫掠一空的梧州城和惊魂未定的明王朝官兵。侯军大胜，明军惨败。但其实，当时双方实力悬殊，明军拥兵数千，侯军夜袭仅带兵七百。

天顺八年（1464年）正月十六日，朱祁镇驾崩，朱见濡（原名朱见深）即位，明王朝顺利完成皇位交接，然而大藤峡动乱仍未平息。四月，国子监生封澄上奏，称广西大藤峡一带瑶民再次作乱，请求派良将、调狼兵前往攻灭。朝廷获悉后，令阮随、陈泾、叶盛等紧急调兵前

第四章　返乡路漫漫

往大藤峡。①

生长于岭南的丘濬坐不住了。成化元年（1465年），即成化帝朱见濡登基的第二年，已由编修升为侍讲的丘濬向大学士李贤递上应对大藤峡动乱之策《两广用兵事宜》②，洋洋洒洒近三千字。李贤对丘濬的策略非常赞赏，他郑重其事地将丘濬之策呈递给朱见濡，并在《缴进两广用兵事宜题本》中写道：

少保兼吏部尚书、华盖殿大学士臣李贤，吏部左侍郎兼翰林院学士臣陈文，吏部右侍郎兼翰林院学士臣彭时，谨题为征剿两广贼寇事。今有本院编修丘濬，系广东人，深知彼处贼势强弱，民情休戚。今见朝廷遣将出师前去征剿，且喜且惧，备将彼处用兵事宜，开写揭帖呈示。臣等看得丘濬所言，利害得失，明切详尽，用之必可成功。以此不敢隐蔽，谨录一本缴进。伏乞皇上俯赐睿览。仍发下通行总兵等官知会，是亦平贼之一助也。③

在呈递给皇帝的《两广用兵事宜》中，丘濬先是总结了大藤峡动乱未能平息的根本原因。他认为这主要还是主帅无能。他指出了颜彪等主帅普遍存在的问题——"行师无律"。主帅不严肃军纪，任由部众属兵趁乱掳掠民财、残杀平民，人心日离，这必然会激起更猛烈的反抗。他认

---

① 上述大藤峡之乱的相关内容，详见《大明英宗睿皇帝实录》《明史》以及同治《浔州府志》。
② 此文《明史》（清乾隆四年武英殿刻本）记为《两广用兵机宜》，李焯然的《丘濬评传》中据王国宪的《丘文庄公年谱》记为《两广用兵事宜》，本书现采用王国宪之说。下文《两广用兵事宜》相关内容，详见《丘濬集》，海南出版社，2006，第4442—4447页。
③《琼台类稿》，明闵珪刊本，卷七十，第10页。

为，担任主帅的人必须要廉以持己、仁以存心、信以待人、严以立威，只有这样，才能鼓舞士气，才能"通下情以收群策"。

在总结完平乱失败的原因，并对主帅品质提出要求后，丘濬提出了用兵之策：一为逐，一为困。他认为在广东境内面对贼寇时，应采取驱逐的策略，因为这些所谓的"贼寇"都来自广西，广东境内的居民都是因动乱发生没有办法正常生存而不得不加入的，所以应采用驱逐的办法将来自广西的贼寇赶回老巢。在广西境内，因大藤峡一带"山岭崎岖，蹊径狭窄"，行军困难，更不必谈直捣巢穴以图剿灭了。因此，这里应采取坐困之策。两处实际情况不同，故应采取不同的应对之策。

接下来，丘濬便详细地分别阐述了"逐"和"困"这两策的具体实施办法。当时，广东境内十府已被破六府，加上府与府之间相距甚远，所以"逐"必须分军分路，不能只一支军队一个路线，那样会导致"我出此，贼往彼，我往彼则贼出此"。广西境内，贼寇遍布，但大藤峡一带势力最大，所以应集中兵力围困大藤峡一带。此外，丘濬还结合大藤峡一带皆是高山峻岭的地理环境、瑶民"刀耕火种，蓄积有限，惟凭劫掠为生"且所种之田尽在山外的具体情况，提出应分军扼住大山要害及出路，采用围困之法，断其耕种、掳掠之路。丘濬还提出了具体的出兵时间，认为应该选在秋收之前的七月，"蹂躏其青苗"，使其"今年无收"。他还强调不能循惯例先建营垒再慢慢筹划，若挨到霜降后才出兵，便会贻误战机。

除此之外，丘濬还对贼乱不断、贼寇人数日增的原因进行了深刻的反思。他认为，主要的原因还是主帅的滥杀无辜。在遭到贼寇骚扰时，大多数平民都盼着官军来，却不承想盼来后却被当作战利品而被割了人头。这样的事一旦发生，谁都会选择加入贼伍，而不会选择相信官。所以，本次出征的主帅一定得以前事为戒，抵达地方后，便张贴告示，声明绝不再和从前一样胡乱作为。丘濬甚至还建议主帅把当地的族老都请过来，让主师带领部众指天发誓，绝不胡作非为，以让百姓们放心。

另外，丘濬还指出两广地区之所以与官军关系不融洽，当地军民都极力反对朝廷更换总兵，其根本原因是每换一次，总兵带来的一些旗牌官之类的最是坏事。这些人要不然就是总兵的关系户，要不然就是托人买来或求来军职的人，大多都是些贪功利己之辈。他们仗着有总兵做靠山，便目无军纪、胡作非为，在军内致使内部离心，在军外致使军民失和。对此，丘濬提出首先应限制官兵随带的人数，把可能产生的风险降到最低，那些并不是真心要报效国家的，一概不用。关于内部治理，丘濬还建议在军队内设立监察一职，如将御史或给事中安排到军中，代表皇帝纠察军中行为，严厉禁止官军虐害居民、妄杀无辜、欺凌官吏、夺人财物、奸人子女。丘濬认为这样做，就能使"官军知警，居民有所恃赖"。

以上是丘濬针对当时广西瑶民大动乱提出的应急之策。关于如何根除动乱，丘濬也有深入的思考。第一，他主张"以夷治夷"，以分财、厚加饷赏等方式，充分调动土官自治的积极性。第二，广西不产盐，在禁止私盐私卖的前提下，让盐成为稀缺品，用于激赏土官、土兵。第三，收编父母、妻子被杀害的官吏军民，编为义兵，随军调遣。第四，针对官军惧怕毒箭的实情，安排人员寻访能制解药的医者，制成后分至军中各队由专人掌管。第五，禁止官军强买豪夺随军商贩，以确保商业能正常进行，继而保证军方能及时采购到充足的物资。为长久计，丘濬又递上《广东备御瑶寇事宜》，提出了详备的治瑶、御乱、安民之策。

李贤拿到丘濬所撰的详备至极的《两广用兵事宜》后，呈交给成化帝朱见濡。皇帝御览后下诏转给当时负责两广征瑶的主官总兵官赵辅、巡抚都御史韩雍等诸将传读。赵辅、韩雍等主官有没有用丘濬之策呢？韩雍认为，贼寇已蔓延数千里，他虽认同丘濬以全师直捣大藤峡的建议，但他不同意兵分四路之策。他认为，这样做还是会导致贼寇四处奔袭，进而伤及郡县。他甚至用稍带嘲讽的语气说，丘濬分兵的做法有如"救火而嘘之",不如一鼓作气地一举歼灭。[1]

实际上,韩雍既采纳了丘濬全师围困大藤峡的策略,也在一定程度上借鉴了他的兵分四路之策。韩雍抵达桂林后,先斩杀了贻误战机的指挥李英等四将,以儆效尤,严肃军纪。随后,他率十六万大军剪灭贼巢之两翼,即修仁、荔浦二县之贼寇,使贼寇主力成为孤军,也消除了被两翼包抄的危险。在抵达浔州后,他没有采用丘濬的围困之法,他认为这种做法所产生的时间和经济成本过高。他将军队分为三路,水陆夹击大藤峡:总兵官欧信等自象州、武宣攻其北,他自己与辅督都指挥白全等自桂平、平南攻其南,参将孙震等从水路杀入。除此之外,韩雍还布置了数支军队扼制隘口。战斗至十二月,韩雍指挥诸军水陆并进,先后攻破侯大苟军队的三百二十四个据点,最终生擒侯大苟及其党羽七百八十人,斩首三千二百余人,战中坠死溺亡之人不可胜计。至此,大藤峡瑶民动乱暂息。下一次再起,出场的主帅将是王阳明。

在平息瑶乱这一事上,丘濬和韩雍所分别代表的其实是两种治理策略,前者是从长远计,图缓不图急,尽可能避免更多的流血牺牲;后者则更在乎的是如何快速平定本次动乱,不惜动用十六万大军,如排山倒海之势,即便造成多少流血牺牲都在所不惜,此战只能胜不能败。

虽然韩雍公然表示丘濬的策略是"救火而嘘之",非平乱上策,但丘濬所上之《两广用兵事宜》《广东备御瑶寇事宜》在朝中广为传播,为丘濬赢得了很多认可。自此,丘濬已不再仅是"自六经诸史九流笺疏之书,古今词人之诗文,下至医卜老释之说,靡不深究"的那位博学、善论的翰林,丘濬对国朝典故的熟悉,对国家政策的关注,对地方民生的了解程度,都让他在朝中的分量日渐加重。

成化元年(1465年)对于丘濬而言,是具有里程碑意义的一年。这

---

[1]《明史》,中华书局,2000,第3149、3199页。

第四章　返乡路漫漫

一年，他由七品的翰林院编修升为六品的侍讲，还主持了应天府的乡试，并提出了治乱、备御、安民之良策。同时，他担任纂修官的《英宗实录》的编修工作也在这一年正式启动。

三、秉笔辨忠奸

在宪宗朝修《英宗实录》，对于负责此事的纂修官们而言，是一件充满挑战的事，因为宪宗朱见濡和他的父亲英宗朱祁镇之间还有个叔叔景泰帝朱祁钰。站在朱见濡的角度来说，朱祁钰这个叔叔是"不道德"的："土木之变时我父皇朱祁镇被困瓦剌，于谦等人拥立叔叔你登基为帝。如果这算是为国家社稷考虑的话，那我父皇好不容易回到京城，你却将他囚禁于南宫，不仅往门锁里灌满铅水，还把南宫里的大树都伐倒，让他彻底失去自由，生活在无死角的监视之下。更甚者，你还把我的太子之位废黜。这一系列操作算是怎么回事？"朱见濡修的是属于他父亲朱祁镇的《英宗实录》，朱祁钰自然就处在极尴尬的位置了。

同样的境遇，永乐朝修《太祖实录》的史官们早就遇到过了。永乐帝朱棣的皇位是通过靖难之役从建文帝朱允炆手上夺来的，他要修的是父亲朱元璋的实录，夹在中间的朱允炆自然也就尴尬了。

其实，在整个大明王朝，没有专属实录的也就建文帝朱允炆和景泰帝朱祁钰这两位了。但考虑到历史的延续性，也不能把这二位的事迹全部抹去，于是这事确实难办。不过，修《英宗实录》的史官们比修《太祖实录》的史官们还是要幸运一点，因为前有《太祖实录》为模板，他们只需有样学样，永乐帝在实录中如何处置朱允炆，他们就如何对待朱祁钰，照葫芦画瓢即可。

国士丘濬

永乐帝朱棣为抹杀建文帝朱允炆皇位的合法性，革除了他的年号，没有给他追封庙号，自然也不会给他修专属的实录。不仅如此，在《太祖实录》中，朱棣也几乎将其行迹抹杀，仅记有他何时生、何时立为皇太孙、何时册立皇太孙妃、长子何时生四条。

要按照《太祖实录》的规则来处置朱祁钰吗？会不会过于苛刻？或许还可以参考仁宗朝《太宗实录》的处置方式。在专属于朱棣的《太宗实录》中，仁宗朝的史官们在朱棣死后是如何处置朱允炆的，也许可以作为朱祁镇和他的史官们处置朱祁钰的参考。仁宗朝的史官们在《太宗实录》的前九卷补充了《太祖实录》中所没有的建文朝的内容，而这部分内容多抄自由某位靖难之役功臣撰写的《奉天靖难记》。可想而知，其中不会有一句关于朱允炆的好话，事实上也确实如此，九卷中关于朱允炆的尽是贬斥之词，更是虚构了朱元璋中意朱棣的桥段，直接否定了朱允炆继位的合法性。最为直接的则是，在《太祖实录》中，不称"建文帝"而改称"建文君"，甚至直呼"允炆"，这等于直接否定了朱允炆的皇帝身份。

《英宗实录》也要这么修吗？这个问题现在摆在朱见濡和他的史官们面前。

基于朱见濡父子与朱祁钰之间的矛盾，为朱祁钰独立修实录肯定是不可能的了。更何况，在南宫复辟后，朱祁钰已被贬为郕王，死后又被英宗赐了个恶谥"戾"，他此时正式的名号只是"郕戾王"。如此一来，他自然是没有资格享有自己的专属实录了。

那在前九卷中就称"郕戾王"，或者学《太宗实录》呼其名为"祁钰"，称其为"景泰君"吗？幸运的是，朱祁钰遇到了这一朝史官们的觉醒。在了解史官们如何修《英宗实录》前，我们先来了解下这群史官。他们分别是：监修孙继宗，总裁陈文、彭时，副总裁刘定之、吴节，纂修柯潜、万安、李泰、孙贤、黎淳、丘濬、尹直等二十八人及一众职官。

第四章　返乡路漫漫

在这群史官中，有很多我们熟悉的面孔。其中一人就如何在《英宗实录》中称呼朱祁钰一事率先站了出来。他便是羡慕丘濬"学识博涉"的尹直。

尹直之所以站出来，是因为当时确实有人认为不应称朱祁钰为帝，而应只用贬号"郕戾王"，并举出史书只称刘贺为"昌邑王"、只称刘玄为"淮阳王"的做法为例。尹直反对这样对待朱祁钰，他说："《实录》中有初为大臣竟为军民者，方其在官，必书某官某。既罢去，乃改称。甚如汉府，以谋逆降庶人。其未反时，必书'王'书'叔'，至黜削乃书'庶人'。且昌邑未践祚，景泰则祀郊庙、主华夷七年；更始无所受，景帝则受命母后。而当时内外疑危，非景泰则北京非国家有，虽谬为易储之事，然能不惑卢忠、徐振之言，卒全两宫以至今日，是功固可予也。"[1]他的意思是，景泰帝朱祁钰和昌邑王刘贺不一样，刘贺登基流程都没走完便被废了，而朱祁钰正儿八经地祭祀过宗庙，并实际主政了七年；朱祁钰与刘玄更不一样，刘玄是被绿林军拥为皇帝的，朱祁钰是受生母孙皇后命而登上大位的，且当时国家内外危机四伏，如果没有景泰帝，京城早就丢了。尹直认为，虽然景泰帝有过易储这样的做法，但并不能因此便全盘抹杀他的功劳。随后，《英宗实录》的总裁们就尹直的意见请示于宪宗朱见濡，难能可贵的是得到的旨令是"景泰为皇帝时事皆从实书"。正是有尹直等史官的努力，朱祁钰才得以在《英宗实录》中被称为"景泰帝"或"景帝"，这也意味着他的皇帝身份得到了承认。

景泰帝毕竟是皇族，经过史官们的努力得以被允许从实书写，这是史官们史权意识复苏的成果，同时也得益于成化帝朱见濡念亲情以及其本性上的豁达。但新的问题又出现了：如何书写于谦？

站在成化帝朱见濡的角度来说，于谦先是在他的父亲朱祁镇被俘后拥立朱祁钰上位，后又不能阻止景泰帝朱祁钰废自己的太子位，何况他

---

[1]《国朝献征录》，明万历四十四年徐象橒曼山馆刻本，卷十四，第1675页。

国士丘濬

确实是因被父亲定以意欲"迎立外藩"的叛逆之罪而被斩杀的,把于谦写成奸臣、叛臣,是完全可以理解的。有些史官和朱见濡想的一样,他们认为写于谦之死,应该写上他的这些不轨之迹。对此,丘濬提出了反对意见。他认为所谓的于谦的"不轨"之说,实际上是有人挟私诬陷。于谦"不轨"的真相到底是怎样的呢?我们得回溯到南宫复辟前关于立储的一系列讨论中去。

当朱祁钰病重,朱见深(朱见濡原名)太子之位早已被废而新太子又早夭等一系列变故发生时,朱祁钰身边那些曾帮着朱祁钰废旧太子、立新太子的近臣们便开始担心起来了。一旦复立朱见深为太子继承大统,那便意味着他们必将遭遇灭顶之灾。于是大学士王文与太监王诚等便着手谋划立藩王襄王世子为太子。但这个建议被于谦坚决反对,他主张迎立朱见深。但如果如于谦所愿,王文、王诚,以及原本就忌惮于谦的石亨、徐有贞、曹吉祥等人便不如意了,不仅自己会遭遇清算,于谦还会因再次迎立成功而获得更大的功劳和权力,再次压他们一头。于是,他们变换策略,在于谦、商辂等人的《复储疏》尚未报至朱祁钰时,便发起了"夺门之变",朱祁镇由此顺利复辟。[①]

其实,南宫复辟,是朱祁镇和石亨、徐有贞、曹吉祥等人达成的一种默契,朱祁镇顺利从朱祁钰手上抢到本应属于朱见深的皇位,石亨等则达到打击于谦的目的,一举两得。杀于谦的罪名他们早已想好,那便是"谋逆"。正月十二日,两道圣旨将于谦送上了断头台。

正月二十二日圣旨:于谦、王文、舒良、王诚、张永、王勤,论法本当凌迟,从轻决了罢,家下人口,免死充军,家小免为奴,着随住。家财入官。陈循、江渊、俞士悦、项文曜免死,发口外,永远充军,家

---

① 《明史纪事本末》,中华书局,1977,第1087—1088页。

第四章　返乡路漫漫

小随住。萧镃、商辂、王伟、顾镛、丁澄，原籍为民。

天顺元年正月二十六日，都察院左都御史萧维祯等，于奉天门钦奉圣旨：于谦、王文结同内贼王诚、舒良、张永、王勤等构成邪谋，逢迎景泰，篡位易储，依阿从谀，废黜正后，内外朋奸，紊乱朝政，擅夺兵权，将军国大事都弄坏了……因共谋为不轨，纠合心腹都督范广等要将总兵官等擒杀，迎立外藩，以树私恩，动摇宗社……已将于谦、王文、王诚、舒良、张永、王勤处以极刑，籍没家产，成丁男子俱发充军。仍将其余奸党陈循等发口外，永远充军及原籍为民了论。①

于谦蒙冤被诬一事，至此已了然。在成化帝朱见濡修《英宗实录》时，要站出来为于谦洗清罪名，是极需要勇气的。因为历史上因直笔修史得罪当朝皇帝而获罪的例子，这些史官们再熟悉不过了。

丘濬，是有这份勇气的。他说："己巳之变，微于公，天下不知何如。武臣挟私怨诬其不轨，岂可信哉？"②众人听完丘濬所说后，均认为有理，表示认同。

当然，于谦的清白得以昭之天下，也不仅是丘濬一人之功。

成化元年（1465年）二月，监察御史赵敔上疏成化帝朱见濡，为于谦等人平冤昭雪。他同样认为于谦有功无罪，皇帝应赐予谕祭："往年尚书于谦等为石亨等设诬陷害，榜示天下，冤抑无伸。其后亨等不一二年亦皆败露，实天道好还之明验。今陈循、俞士悦等前后遇蒙恩宥，天理已明，无俟臣言。独正统十四年虏犯京城，赖于谦一人保固，其功不小，而已冤死矣，余亦可悯。伏乞收回前榜。凡死者赠官遣祭，存者复职、

---

① 《复辟录》，清嘉庆十年虞山张氏照旷阁刻《学津讨原》本，第16—17页。
② 《国朝列卿纪》，明万历四十六年徐鉴刻本，卷十一，第750页。

致仕，或择其可用者取用。"①在丘濬、赵敔等人的共同努力下，成化二年（1466年）八月，皇帝决定谕祭于谦，翰林院奉命撰写祭文，并由行人前往祭墓。于谦之子于冕因而官复原职，为府军前卫副千户。至此，于谦之冤大白于天下。

明宪宗谕祭文②

维成化二年，岁次丙戌十二月戊戌朔，越十一日戊申，皇帝遣行人司行人马璇，谕祭故少保兼兵部尚书于谦曰：卿以俊伟之器，经济之才，历事先朝，茂著劳绩。当国家之多难，保社稷以无虞。惟公道而自持，为权奸之所害。在先帝已知其枉，而朕心实怜其忠，故复卿子官，遣行人谕祭。呜呼！哀其死而表其生，一顺乎天理；厄于前而伸于后，尤慊乎人心。用昭百世之名，式慰九泉之意。灵爽如在，尚其鉴之。

把尹直、丘濬等人在《英宗实录》编修过程中，为景泰帝朱祁钰、于谦等人所争取到的"实写"之权称为明代史官史权的一次觉醒或是复苏，是不为过的。在此之前的明王朝，即便是声名显赫、权势滔天如解缙、杨士奇之辈，在皇帝的强权之下，也只能沦为体现君王意志的工具。对于丘濬而言，算上《大明一统志》，修《英宗实录》是他第三次参与国家统一指挥下的编书活动。从《大明一统志》时的"何人执我笔"到《英宗实录》时的"为于谦辩诬"，既是时代的变化，更是丘濬个人史观由迷茫到坚定的跃进。再往前追溯，则是他少时撰《许文正公论》时的敢言、无畏的延续。而就史官史权的建立而言，丘濬少时便体现出的对

---

① 《大明宪宗纯皇帝实录》，北平图书馆红格本，卷十四，第95—96页。
② 《于忠肃公祠墓录》，清光绪三至二十六年钱塘丁氏嘉惠堂刻《武林掌故丛编》本，第55—56页。

第四章　返乡路漫漫

历史人物功过的敢言、无畏，恰恰是最关键也是最珍贵的。再往后看，丘濬一以贯之的敢言、无畏，正是其为后世追念的关键原因之一。

成化三年（1467年）八月二十四日，众史官向成化帝朱见濡进献《英宗实录》，成化帝在奉天殿举行了盛大的进书仪式，亲身经历者丘濬深受鼓舞。那一日，殿前丹墀内站立着一排排文武百官，两侧站着的则是这场仪式的主角们——总裁、副总裁、纂修官、誊录官等依官阶序次面北而立。朝乐响起时，鸿胪寺官捧着放有《英宗实录》的案桌，从殿前中道缓缓行至殿门外。此时，皇帝站起身，鸿胪寺官将案桌恭敬地摆在御前，众人跪拜，为首的官员将《英宗实录》逐页展开，供皇帝御览。随后，《英宗实录》总裁陈文向皇帝呈《进〈英宗实录〉表》。进献完毕，内官传制，口诵皇帝御言："先帝功德配天，纪述详实，朕心欢庆，与卿等同之。"到这儿，进献礼毕，《英宗实录》正式成为国史。第二天，礼部设宴庆功，并给史官们赐袭衣、白金。[1]这种礼遇是进献其他史书时所不能享受的，其他的都不够资格安排在奉天殿进献，且献礼和赐宴的规格、阵势都要比进献《英宗实录》小得多、简单得多。当然，这也比丘濬在天顺八年（1464年）为皇帝讲书时享受的待遇的规格要高得多，所以丘濬把"史馆进书"视为翰林院学士的"四荣之首"（其他"三荣"为"经筵进讲""奉天侍宴""谨身读卷"），视为自己有生以来最盛大的荣耀。他在《史馆进书》里风轻云淡地完成了对此事的叙述，并在诗的末句谦虚地表示自己受恩过重，称自己称不上如此的礼遇。他极力地把这首诗写得平实至极，却仍掩不住其内心的欢喜从字里行间流出。

---

[1]《丘濬集》，海南出版社，2006，第3896—3897页。

国士丘濬

史馆进书①

丘濬

一代人文已就编，装潢进入九重天。

礼官捧案陈阶上，阁老开函近御前。

文武侍朝喧九奏，典章垂世诏千年。

厕名卷末真叨冒，愧乏三长似昔贤。

除去能享受"史馆进书"这"学士四荣"之首所带来的荣光及丰厚的赏赐外，史官们还得到了更为实际的恩惠，那便是——被提拔。监修官孙继宗升为太傅，总裁陈文升为太子太保兼礼部尚书，彭时升为太子太保兼兵部尚书，为于谦辩诬的丘濬升为侍讲学士，让景泰帝得以以皇帝身份在《英宗实录》中出现的尹直升为侍读。②回顾丘濬在翰林院的这几年，其仕途算得上是顺风顺水了：景泰五年（1454年），因在殿试中获二甲第一，进入翰林院为庶吉士；景泰七年（1456年），因参与并修成《寰宇通志》，被提拔为翰林院编修；天顺八年（1464年），担任经筵讲官；成化三年（1467年），因参与并修成《英宗实录》，被提拔为侍讲学士。侍讲学士虽然次于学士，但与侍读学士同为第二级别的从五品官员。经历三朝十四年，丘濬由一名翰林院的实习生逐步成长为翰林院内仅次于学士的从五品官员，还先后享受了"经筵进讲""史馆进书"和"奉天侍宴"这"学士四荣"中的"三荣"，这一切实在让他很是得意。

丘濬在翰林院顺风顺水的这几年，母凭子贵，丘母也屡次得到朝廷的褒奖。先是天顺八年，朝廷同意了时任琼州知府黄瓒上奏为丘母立

---

① 《丘濬集》，海南出版社，2006，第3896—3897页。

② 《翰林记》，清道光十一年至同治二年南海伍氏粤雅堂文字欢娱室刻《岭南遗书》本，卷十三，第403页。

第四章 返乡路漫漫

"贞节坊"的请求,又于成化三年丘濬升任侍讲学士时,由大学士彭时为其撰写碑铭。①这些年的琼山丘家,已成为琼州府的名门。丘母青年守寡,先送丈夫后送公婆,上抚下承的辛劳终于开了花、结了果。丘濬很满意,他还记得那年好友邢宥的父母被朝廷褒奖时自己的艳羡,他知道母亲的辛苦与不易,虽自己闯荡在外不能侍奉左右,但总算能凭着自己的努力为母亲挣得一份荣光,这对于向来主张孝道的丘濬而言,实在是太值得高兴了。

进入成化四年(1468年)后,丘濬又是喜事连连,先是于成化四年成为顺天府乡试的考官,又于次年担任了殿试的读卷官。至此,他心目中的"学士四荣"便已集齐。于是,他郑重其事地写下《谨身读卷》,详细地记录了其在奉天殿为皇帝读一甲候选卷的经过,并赋诗一首。

谨身读卷②

丘濬

凡廷试,礼部先期奏请读卷官,故事以命内阁及六部都察院通政司大理寺正官,而翰林学士讲读学士皆与焉。试之明日上御便殿次第进读,御笔亲批第一甲第一名及第二第三名。又明日未朝之先,上御谨身殿。读卷官以所读三名卷进对,御拆封。中书舍人填其名,于黄榜出。御奉天殿传胪,是日上服皮弁,设卤簿具乐,百官朝服庆贺。致辞曰:天开文运,贤俊登庸。行五拜三叩头礼。谨按国家三大殿,谨身殿惟读进士卷大臣一得入,余日无由至其地云。濬以成化己丑三月十五日叨充读卷官,是年得状元张升,第二名丁溥,第三名董越。

多士充庭伏玉墀,摅忠同对御前题。

进来试卷臣分读,选出魁名帝自批。

---

① 道光《琼州府志》,清道光修、光绪补刊本,卷四十,第3642页。
②《丘濬集》,海南出版社,2006,第3898—3899页。

国士丘濬

> 殿内拆封天咫尺，案旁填榜甲高低。
> 须臾姓字胪传出，炳炳文星聚在奎。

景泰五年错失一甲的丘濬，终于在成化五年（1469年）成为一甲候选生们的读卷官，得以在奉天殿为皇帝激情诵读一众俊才的策论，他视此为对勤勉苦读的自己的一种补偿。他声音洪亮，吐字清晰又情绪饱满，读卷时整个奉天殿都为之一震，皇帝听得有滋有味，殿内众官无不全神贯注。成化帝朱见濡一直都很喜欢丘濬，天顺八年丘濬首次为他讲书时，他便当面夸奖过他"音吐洪畅"。

成化年间的头几年，一切似乎都很圆满，可最令丘濬悲痛的事却在这期间发生了。

四、霜殒芦花泪

成化五年（1469年），除去充任殿试读卷官和处理翰林院的分内事外，丘濬大部分时间都待在槐阴书屋里。槐阴书屋虽较为偏僻，离其他官员的住处比较远，走动起来确实不太方便，但丘濬也因此落了个清静。自景泰五年（1454年）购入这个宅子后，丘濬已在这座宅子里度过了十五个春秋。房子购入时本就陈旧，加之挨过这么多年的雨雪风霜，当下已显得有些破落了。不过丘濬并没有打算换到别处去，毕竟槐阴书屋之于他，确实有着非同寻常的意义。他在翰林院的日子与在这座宅子里的时光是同步的，屋前的巷道见证了他每日的奔忙，屋顶的星空陪伴他度过了彻夜苦读的时光，尤其是那株愈发茂盛的老槐树，夏日遮阴，冬日挡雪，已然是他的一位老友了。更何况，这里迎来了吴夫人，后又迎来了长子丘敦、次子

第四章　返乡路漫漫

丘昆。①所以，纵使宅子老了，隔段日子就要修修补补很是费神，朋友们也给他推荐过离翰林院近些的住处，但他还是喜欢他的槐阴书屋，下了班他就在这过"隐居"的日子。

这一年，他在槐阴书屋里，有件重要的事要办。

对于一个读书人而言，没有什么会比书更重要。何况，在国子监、翰林院浸润数十年的丘濬早已不是一个普通的读书人。少时吃过的苦在丘濬的心底里结下了痂，让他患上了"书瘾"，只要是书，他能买到就买，能借到就借，若都不能，允许抄录也行。有一次，他碰到了他找了几十年而不得的两部古籍：一为唐代张九龄的《曲江集》，一为宋代余靖的《武溪集》。丘濬之所以将这两部书视若珍宝，并将它们一一抄录，首先是因为这两位都是岭南人物，都来自广东韶关。一直以来，丘濬都有为岭南文人正名的主人翁意识。事实上，"岭南文风不振"的偏见确实一直存在，柳宗元曾说岭南山川之气独钟于物而不钟于人，曾巩也说南越的交通不比川蜀差，人才却远远不及。喜辩善论的丘濬从不会因这些言论而自卑，他每每都会站出来勇敢地发声。这并不是偶发事件，丘濬少时所作《五指参天》中的那句"岂是巨灵伸一臂，遥从海外数中原"便已露端倪，到他入京后屡受"歧视"愤而作《南溟奇甸赋》以正视听，再到他孜孜不倦地投身书海，他心底里南方人将"以文治天下"的念想

---

① 吴夫人为丘濬生下丘敦、丘昆、丘仑三子。根据生卒年等信息，丘敦生于槐阴书屋当是毋庸置疑。（详见前文"诗书敦宿好"一节）据李焯然《丘濬评传》，丘昆生于明成化三年（1467年），此时丘濬与吴夫人在京城，故丘昆当生于槐阴书屋。丘仑为丘濬三子，出生当在丘昆后。丘濬成化六年（1470年）回到琼山守孝，丘母墓志铭中所记四孙并无丘仑，因此丘仑的出生时间应在成化六年后。成化十年（1474年）丘濬由琼山回京，成化十一年（1475年）丘仑夭折（据李焯然《丘濬评传》），因此丘仑的出生地有在京城和琼山两种可能，故本书不记其生于京城槐阴书屋。

从未断过。张九龄和余靖这两位地道的岭南人，恰是丘濬在这场持久的辩论赛里最有力的论据。

张九龄，第一个从广东走出去的宰相，"安史之乱"的吹哨人，他可以算得上是岭南文人的领路人。在他之前，"人才之生，盛在江北"；在他之后，浙江出了陆贽，福建出了欧阳詹，再后来江西文风乍起，欧阳修、王安石等南方文人陆续登场。所以丘濬不同意世人称张九龄为"岭南第一流人物"，他甚至认为不能只称之为"江南第一流人物"，而应该称"有唐一代第一流人物"。[①]

余靖，这位"异代九龄"，他与范仲淹、欧阳修、尹洙一同被尊为北宋"四贤"。他一生为国家竭智尽忠，建策匡时，抚民治吏，三使契丹，两平蛮寇，可谓是功业彪炳。他还是一位忠贞敢言的谏官，他曾为了阻止宋仁宗修宝塔，酷暑之日故意不修边幅，满身臭汗、唾沫横飞地对着宋仁宗激烈劝谏。宋仁宗待他走后，进得内殿，甚是无奈地对内臣抱怨道："被一汗臭汉薰杀，喷唾在吾面上。"丘濬说，政治中心一直在北方，岭南地区被重视得晚，所以人才确实少，偶尔才能出一些大人物，但出的都是余靖这样的勇敢忠贞之人。对此，丘濬很有底气。他说："不信你翻翻史册，看看有没有奸佞之徒是我们岭南这边的。"

能意外找到这样的两位广东人的著作集，丘濬自然是兴奋的。槐阴书屋的油灯下，彻夜抄书的丘濬很是激动。少时，他四处借书，也曾意外地接触到张九龄的作品，虽不是全集，只是《金鉴录》一册，但他仍然如获至宝，但谁能想到后来发现竟是部伪作。余靖的作品，丘濬小时候也碰到过，但也只是寥寥数章。在那之后，丘濬便四处寻访，数十年不止，幸运的是这次他竟在翰林院的藏书中一同遇到了张、余二人的全集。数十年的孜孜不倦终如愿以偿，着实是件令人振奋的喜事。

[①]《丘濬集》，海南出版社，2006，第4021—4022页。

第四章　返乡路漫漫

丘濬为什么要抄录呢？书不是一直藏于翰林院中，受着官方的保护吗？

对此，丘濬有过思考。他说："矧是集藏馆阁中，举世无由而见。苟非为乡后进者表而出之，天下后世，安知其终不泯泯也哉。"[1]他认为，藏书的目的不能只是藏，如果只是藏在馆阁之中，世人都不得见，如此藏而不发、藏而不公，就失了藏书本来的目的了。书的使命，就是被读。抄录刊刻，可以让更多人读到，这才能让书发挥其应有的价值。除此之外，书籍是极脆弱的，水火之灾、战争之乱、窃贼之祸、虫蛀之害，甚至只是给书搬一次家，都会导致书被损坏或彻底遗失。馆阁中的所有孤本，都会面临这个问题，而最好的办法就是先抄录刊刻以备份，再分处保存。

但丘濬当下还来不及将这些关于藏书的认识进行系统的整理，他的母亲就去世了。成化五年（1469年）三月初七日，丘母卒于正寝。丘濬在槐阴书屋收到噩耗时，已是秋日。待到丘濬一家四口赶回琼山老家时，已是成化六年了。

享年七十岁的丘母，二十八岁便开始守寡，后又送走公婆。一个女子，就这样成了琼山丘家的顶梁柱。送长子赴任临高，送幼子进京赶考，送别和孤独成为她人生中避不开的宿命。不过，对于这样一位传统的母亲来说，她并不恨这宿命。虽然日子过得苦了些，但她始终认为嫁入丘家是幸福的，丘家的每个人都让她感到骄傲。公公丘普心存大义，婆婆柯氏知书达理，长子丘源敦厚踏实，幼子丘濬则更是人中龙凤。乡人们来探望已到家守孝的丘濬时，总会说丘母生前每每谈到他时的自豪和心疼。乡人们说，在得知丘濬进入翰林院成为编修后，他母亲那几年总是念叨："我儿子从小就喜欢读书，如今算是得偿所愿了，而我日后也有脸

---

[1]《丘濬集》，海南出版社，2006，第4022页。

国士丘濬

和他父亲在地下相见了,只是这些年真是苦了我儿了。"丘濬回来时,把母亲给他写过的信揣在了怀里,从京城返琼州的一路上,他反复地打开,默默地读完,又默默地放在怀里,贴在心口。当乡人们在他面前怀念母亲时,他又想起母亲在信中说过的那些话。母亲总是在信里告诫他要"以忠谨图报国恩",要记得爷爷临终时的寄望,奋力地立门户、拓祖业、成良相、济天下。母亲每回都会在信末交代他不要记挂她,说丘源内外都是把好手,把她照顾得很好。当收拾母亲遗物时,丘濬和吴夫人彻底地忍不住了,大哭了一场。母亲把他们从京城寄给她的衣服、头饰和耳环都整整齐齐地摆放在她的嫁妆箱里,底层是衣物,衣物上摆放着首饰,首饰上留有一封信,写好了遗物的分配方式。把一切都安排妥当,是丘母在她的丈夫去世的那一年被动养成的习惯,这个家需要她这样,不然实在无法想象她如何撑过那些艰难的日子。

母亲是澄迈人,丘濬将母亲葬回了澄迈。那里离她的娘家近,也离她和公公丘普买下的义田近。这样,她便可以守着她的娘家,守着她自己攒下的祖业。

丘母的葬礼办得很隆重,规格也很高,朝廷赠她"太宜人"的封号。商辂为丘母撰写了墓志铭,他既是丘濬的会试主考官,也是他在翰林院的上司,又是朝堂上的二品大员,是有明一代赫赫有名的贤臣。他高度评价丘母:"妇德以贞,母道以贤,惟太宜人二者兼全。心无愧夫,即无愧天。天锡之庆,振后光前。富贵寿终,抑何憾焉。琢石镌铭,垂千百年。"成化七年(1471年),丘母入葬后的次年,成化帝朱见濡遣琼州府谕祭,并立碑以记丘母贞贤之德。这是一次超出常规的祭奠,皇帝谕祭碑文如此写道:"成化七年岁次辛卯,二月甲辰,越七日庚戌,遣琼州府知府吴琛谕祭翰林院侍讲学士丘濬母太孺人李氏曰:守节教子,妇人所难。兼致旌褒,惟尔所独。生有足尚,死可悼伤。爰超常典,特赐以祭。

第四章　返乡路漫漫

尔灵不昧，尚克享之。"①至此，这位从澄迈李家嫁入琼山丘家的李宜人，带着她自己和儿子挣来的荣光，安然地了结了与这世间的所有牵绊，身后留有二子丘源、丘濬，四个孙子（丘敦、丘陶、丘融、丘昆）和六个孙女。

丘母的去世，对于丘濬的打击是极大的。在家守孝的三年里（成化六年、七年、八年），一向高产的他只为自己作了一篇《后幽怀赋》，另为自己家乡的琼山县学、南海县学分别写了一篇记。最让丘濬不能释怀的是，他竟没能来得及见母亲最后一面，没能和她认真地完成他们之间的最后一次告别。

遗憾和愧疚，让丘濬的心境发生了变化，正值仕途关键期的他开始做起了致仕返乡的打算。成化九年，丘濬守母丧满制，退去丧服，他把哥哥丘源请到了正屋。他跟丘源商量，他想寻块地建一庄园，好让自己退休后有一"赏心会意之所"，在闲暇时也可与朋友相约息游。丘源向他推荐了离家一里地的丹阳田。此处是丘家的自有田，离"第一水"旁的"丘公埋骨冢"很近，在下田村的正北方。这块丹阳田位于四周低洼、中间隆起之地的中间，四周之田一年都能收两季庄稼，它却只能收一季。这块丹阳田不仅离家近，而且收成差，建庄园是再合适不过的了。两人商定后，当日便做丈量起土之事。他们把丹阳田一分为三，中间用于建庄园，两侧仍作农田。庄园四周挖渠引水，庄前开一方塘，使水绕庄并汇于前塘，塘中央又筑一钓鱼台，台上又用土堆一小山，取名"小鳌峰"。庄园后则用土堆成长垅，垅上用石头叠三座小山，山下再建一亭，四周种满野花，此亭则叫作"野花亭"。庄园正屋三间，左右侧室各一，又依地势建亭作门。园子不大，名胜却多。从庄园外入，先见园门，门上有"学士庄"三字匾，再过一圆亭，亭叫"一噱"，亭后便是正堂，两

---

① 《丘文庄公年谱》，清光绪二十四年琼山研经书院刻本，第39页。

国士丘濬

者之间又一门，门上有匾曰"小瀛洲"。正堂唤作"瞻玉"，左侧室叫"曝日"，右侧室叫"凉风"。从庄园往外行还有一通道，立有一门，曰"丹阳仙境"。

学士庄很快落成了，站在庄前方塘之上的钓鱼台环顾四周，一城美景尽收眼底。目光向南，便能清晰地看到下田村老房子前朝廷为丘母立的"贞节坊"。顺着"贞节坊"往东，便能看到琼州府城，城内祠堂庙宇与民居酒肆杂居，仿若能看见烟火、听到喧嚣。庄园近处，则见水田如荷叶，再近些便是曲水绕庄园。再登至庄园更高处的野花亭后山顶，则可看到整个郡城的风景。山，则有昔现"登云石"的马鞍岭、号称"七十二福地"之一的陶公山、程王二位恩师曾登临会诗的灵山；水，则见琼州母亲河南渡江自西向东奔腾入海以及一夜风起始有的神应港内帆樯森立。

四周看罢，丘源便让丘濬作《学士庄记》。他说，要让天下人知道，在他们所说的穷荒绝岛也有这奇伟秀绝之景。丘濬写下《学士庄记》，并借此记讲了进与退的道理。他说："中国之于天地，如方舟浮于池沼；琼州之于中国，则只是这方舟上的一厘。如此'微而微'之地的我，无才无德，以文章小技置身金马玉堂，除了幸运还能是因为什么呢？所以，我更要知进知退，若只知进而不知退，则到要退之时便会没有退路。"这座学士庄，便被丘濬视为退路，他希望有朝一日他辞官返乡，能和丘源一起守住主业，忘忧于稼穑，"炊粳而饭之，酿秫而啜之"，邀乡亲父老同游，鼓腹而歌乐世，稽首以祝圣恩，尽享田园之乐。①

---

① 本节学士庄相关内容详见《琼台会稿》，明万历四十一年丘尔毂刻本，卷二，第148—155页《学士庄记》和第155—159页《野花亭记》。

丘濬母亲墓

国士丘濬

母亲撒手西去，让丘濬这个常年漂泊在外的游子突然对生命有了新的认识：以前的患得患失，今日看来竟有些幼稚了；从前的喜辩善论，今天想来也并不都有必要。他在《水龙吟·癸巳初度》里如此说：

今朝五十三，年年岁岁平平过。如斯而已，不须更问，如何则可。自有前程，别无外事，但求诸我。把眼界挣开，肚皮宽放，偃然坐，忙中躲。

少日东涂西抹，到如今、要他作么。深知物理，饱谙世味，不过些个。好植深根，更安固蒂，冀成结果。待从今向后，年添一岁，受人拜贺。[1]

丘濬劝自己日后要"把眼界挣开，肚皮宽放，偃然坐，忙中躲"。只是这一切又谈何容易，何况此时的丘濬正值当打之年。他少时许的那个承诺还没完成呢，哪里坐得了，又哪里躲得掉。

五、书藏长风烟

丘濬少时在琼山无书可读时，便曾立下一个誓言："某也幸他日苟有一日之得，必多购书籍以庋藏于学宫，俾吾乡后生小子，苟有志于问学者，于此取资焉。无若予求书之难，庶几后有兴起者乎。"[2]在进入国子监、翰林院后，他要为家乡建一座藏书室的愿望变得愈发强烈。若没有

---

[1]《丘濬集》，海南出版社，2006，第3950页。
[2] 同上书，第4357页。

第四章　返乡路漫漫

见过京师藏书的馆阁，没有将其所藏之浩瀚与家乡藏书的窘迫进行过对比，或许还不至于这般，一旦看过外面的世界，心底里便有了极强的落差感。这种落差感是客观存在的。海南历史上没有过什么大的藏书家，如赵璟的岳父王惠那样有些私藏的，在海南都已是凤毛麟角，但私藏有私藏的局限，并不能广为海南后生们所见。私家如此，官方呢？琼州作为广东省的一个小小的府，官方藏书之少往往令学校的历任官员和老师们感叹"巧妇难为无米之炊"。元至正年间（1341—1370年），任琼州府学学正的符元裔就曾无奈地感叹道："我为正于学，而学无藏书以备学者之求，我职为有愧矣。"①府学都如此，更不必谈州学、县学了。既无藏书，又无名师，海南在人才上的捉襟见肘自然是必然的，毕竟哪来那么多的神童与天才。

母亲去世前，丘濬奔波在外，没有机会和时间来兑现他少时立下的誓言。趁着在家守孝，他便开始筹划为家乡府学建藏书室之事。建一个什么样的藏书室才是最适合琼州府的呢？毕竟此地确实不同他处，对此丘濬有过系统的思考。

琼州四面环海，潮湿多雨，是极不适合藏书的。此处又大风常作，每年都有官舍民宅颓于风雨。因此，藏书室的选材就显得尤为重要了。鉴于此，丘濬打算在琼州府学内建一座石室。作为一名史官，丘濬对石室藏书自是不会陌生。司马迁在《史记》中就有说到他担任太史令时便是在石室金匮的藏书之处编写《史记》的，并且他还提到秦代已经将石室金匮作为藏书之所。到西汉，萧何又建"石渠阁"专藏入关后从秦皇宫得来的图册典籍。丘濬借鉴了历史上的这些做法，他也要在琼州建一座藏书石室。他的藏书石室建在自己的母校琼州府学之内，整座建筑不

---

① 正德《琼台志》，明正德十六年刻本，卷十五，第761页。

国士丘濬

用一块木头，梁柱楹瓦一应只用石头制成。整个石室，"广若千尺，长若千尺"，于成化八年（1472年）正月动工，次年七月落成。这自然是耗费了巨资的，事实上这座石室花光了丘濬所有的积蓄。石室完成后，他又将自己的部分藏书藏于石室，其中就包括他抄录的那两本珍贵的古籍《曲江集》和《武溪集》。

藏书石室落成之时，丘濬写下《藏书石室记》。他在这篇记里首先强调了书的重要性。他说书是了解天地万物的媒介，读书之人凭借书便可以"由一理之微，而可以包六合之大；由一日之近，而可以尽千古之久；由一处之狭，而可以通四海之广；由一事之约，而可以兼万物之众"[1]。他劝琼州后生们要多读书，不仅要读科举必考书目，各类传记、史书及诸子百家的典籍也都要勤读。他还分享了自己读书的窍门——"博杂"和"精约"。这两个窍门都是丘濬自己数十年来读书的切身体会和心得。他今日之所以能成为"学识博涉"的翰林学士，首先是因为读书"博杂"，正是因为"自六经诸史九流笺疏之书，古今词人之诗文，下至医卜老释之说，靡不探究"，才使得他一个生于无书可读又无名师可从的南荒之人成为翰林院中的佼佼者，更是最终成为"先明一代文臣之宗"。

丘濬所说的"博杂"的"博"，即多而广，同时"杂"应无门户之见。正是在这种如大海不拒细流的读书态度下，丘濬将各个学科知识完成了贯通。这使得他看问题能更全面，解决起问题来更能切中问题的本质。当然，"博杂"不是囫囵吞枣似的只追求数量。尤其是这"杂"，最是会让人陷入"浮夸"，最易使人成为"知道分子"——看似什么都知道，实质上什么都不懂的只知其然而不知其所以然的"伪知识分子"。对此，丘濬提出了解决的办法，他说："学必由约，而后可以致于博，精而

---

[1]《琼台会稿》，明万历四十一年丘尔毂刻本，卷二，第146页。

第四章　返乡路漫漫

约之，以尽其多与博。"①这里的"精"是专注与深入，"约"则是概括出精要。如何做到又精又博？其实这是个很困扰读书人的问题。通常情况下，要做到精专，势必就会丢掉博杂。同理，要做到博杂，就没有太多精力和时间去实现精专。丘濬在这里给出的"约"字，在一定程度上是可以解决这个矛盾的。概括地说，读书时要针对不同类型、不同内容而采取不同的方法。第一种便是精读，精读便是专注深入地读，一字一句认真地读，不放过任何细节，不忽略任何情节。这种方法最耗精力却也最是有效，适用于与自己学习研究的专业关联强的书。这类书需要通过精读去咀嚼、去吸纳，以帮助自己建构、夯实或丰盛知识体系。第二种便是粗读，结合丘濬所提的，我们也可以称之为"约读"。粗读当然不是指潦草地读，其关键在于提纲挈领、概取精要。这种方法最是适合读一些与自己学习研究的专业关联弱的书。我们可以通过"约读"快速抓住书的要旨，通过浏览的方法"约读"其中与自己专业相关联的部分，而不用去在意、琢磨字句的安排，不用在与自己专业关联性弱的部分花费过多时间。第三种便是"挑着读"。这种读法适用于工具书。方志、实录、百科、手册之类的工具书，是不需要逐字逐句去读的。逐字逐句读既无效又浪费时间，只需在需要时对照着目录去挑需要的章节或词条来读即可。"约读""挑着读"既能实现"博杂"，又能节省出时间和精力实现必要的"精读"，这便是丘濬在《藏书石室记》里分享给琼山后生们的读书心得。他对他们充满期待，希望他们的学问和见识都能借此石室、凭着读书逐渐深远、宏大。他说，他只是遗憾自己老了，怕是不能看到琼山后生们未来的盛景了。但他忽又笔锋一转，笑侃道："虽然，冥漠之中，无知则已，万一有知，亦将畅然快，鞣然笑也。"②

---

① 《丘濬集》，海南出版社，2006，第4358页。
② 同上。

国士丘濬

从后来发生的事来看，丘濬这座藏书石室里确实走出了不少优秀的后生，其中一位便是官至江西布政司右参政的明代进士郑廷鹄。他从藏书石室中走出，主持纂修了《白鹿洞志》，又在致仕后在家乡建了一座"石湖书院"。如丘濬当初期望的那样，这位琼山后生通过读书拥有了丰盛的人生。

在返乡丁忧的这几年里，丘濬不止为家乡建了这样一座藏书石室，他其实一直都在为家乡的事忙碌着。他先是给重修的琼山县学、南海县学、崖州学宫写了记，后又为琼州府学添置祭器一事作文，为新修成的《广州府志》写序。在此期间，他还为家乡建了一座亭子。

这座亭子，建于丘濬返乡的首月。那时，丘母的灵柩尚未落实安放之处，为母亲寻墓地是他返乡要做的头一件事。当他与地师一行沿着北部的官道，一路往澄迈方向卜墓而行至石山一带时，同行众人便又提起那块在此处的马鞍岭上发现的"登云石"。马鞍岭其实是座火山，周边历来人烟寥寥，只零星散落的几处村庄凭着极强的求生欲在缺水少田的环境中奋力挣扎，村与村之间也要隔上数里，鸡犬相闻是不大可能的，炊烟对望都得逢上特别的天气。丘濬一行行至马鞍岭时，人马均已渴乏至极，四周不挨村也不近市，方圆数里均不见可供休憩之所。当众人在继续前行与稍作休息间踌躇时，同行人中有人意外地发现在官道北边十米左右的杂草中，竟有一口巨大的古井。古井井口硕大，足有四米来宽，只是井内各类杂物淤积，显然已被废弃多年了。

丘濬决定在此建一座施茶亭。此处官道是官员、商家、百姓在琼山、澄迈、临高、儋州等琼州西部州县之间往返的必经之路，岛上天气炎热，此段官道周边又无村市，往来众人行至此段如临绝境，有个补水之处、歇脚之所，非常必要。丘濬一行意外发现的这口老井，只要请人稍作清理，正好可用来取水；再雇些石山周边的老乡从井里取水，在施茶亭中

第四章　返乡路漫漫

烧茶，便可解往来行人渴乏之苦。丘濬把此事交代给随行的族人，并将建亭子和雇人的费用都一一落实后，便继续为母亲卜墓。

有些事，丘濬可能想不到。若干年后，以这座施茶亭为中心，这里先是有了施茶铺，后又有了施茶市，至数百年后，此处便形成一座有六百多户三千多人的村落——施茶村。这座施茶亭经历五百多年的风雨，其间虽经历过地震，遭遇过无数次台风，但每次倾圮后很快便会被修葺一新，不曾废绝。民国时，秀才符云官便曾组织过一次施茶亭的重修工作。他在和陈星辉、陈悦鹏、吴运开、王三槐等人让施茶亭重现后，用一首诗记录了这次重修，同时表达了对丘濬的敬意。

重修施茶亭[1]

符云官

四百年来迹未荒，前贤建置不能忘。
情深过客匆匆感，心切劳人草草伤。
十里高山当户牖，数椽小屋老风霜。
芳踪已涉频瞻仰，仙井泉流泽久长。

这首诗中提到的"仙井"，丘濬当年发现时它叫"迈罗井"[2]，民国时它和与它邻近的一口稍小的井被合称为"迈宝双井"[3]。更有意思的是，这口井拥有一个属于它自己的神话故事，而这个神话故事所讲的也

---

[1] 《民国琼山县志》，海南出版社，2004，第719页。原诗无题，此题为作者所拟。

[2] "迈罗井，在县西四十里石山都。远近居民汲之，旱不涸。"正德《琼台志》明正德十六年刻本，卷五，第228页。

[3] 咸丰《琼山县志》，清咸丰七年刊本，卷三，第149页。

国士丘濬

是"布施"。这个神话故事发生的时间，被编写者写在了明末。明末，琼山一带大旱，此处更是常年无雨、地表龟裂。故事里没有写到施茶亭，倒是写到了一位陈家阿婆和一个身骑白马的神仙。这位阿婆辛辛苦苦地从数十里外挑了两瓮水经过此处时，遇到了这位身骑白马的神仙。神仙自己自然是不会感到口渴的，可是他的马却已是渴到半步都迈不动了。于是，他便向阿婆求助，希望能借她的水饮马。阿婆倒是很愿意，只是她的瓮腹大口小，又没有盆或桶，这马怎么喝呢？仙人自有妙计，他让阿婆把路边稍低洼的一处地上的杂草拔去，再请阿婆从瓮里倒出些水到清出来的小坑里以帮他饮马。阿婆照做，待马饮饱后，阿婆又把坑内剩余的水舀回瓮里。这时，神迹出现了。当阿婆把坑里的剩水舀完后，瓮里的水竟和最初一样仍是满的。这也太神奇了！阿婆觉得这小坑必有蹊跷，便用担水的锄头把坑往深里挖。不一会儿，便见一股清泉从坑内涌出，源源不断。阿婆喜出望外，神仙与马却不知所终。后来乡人们听了阿婆的神奇经历，便把涌泉处修葺成一口水井，又在井旁建了一座神庙，以感念那位骑白马的神仙。再到后来，乡人们认为这位骑白马的神仙应该是吕洞宾，于是便在庙内绘上描述吕洞宾和阿婆的故事的壁画，这口井也被称为迈宝仙井。神仙有了具体的名字，祭祀起来就方便多了，但故事的内核没有变，和最初丘濬建亭施茶一样，传递的都是乐善好施的人间正义。

丘濬想不到的事还有很多，例如他和好友邢宥以及与故乡的永别。

成化七年（1471年），丘濬在琼山丁忧，他的好友邢宥已于前一年回来了。邢宥这次回来不是省亲，是致仕。五十五岁的他，其实正处于仕途的高光期。成化三年（1467年）他由浙江布政司左参政升为左佥都御史巡抚江南，同年又调往南直隶，巡抚应天及苏、松、常、镇等十一府州，其间整理两浙盐法、奉命考察文武官员并自行处置官吏升降等均卓

第四章　返乡路漫漫

有成效，多次受到朝廷褒奖。[1]他的提前退休令很多人不解，丘濬也感到很意外。

选择在高光时刻落幕，当然无所谓好或是不好，但这着实是需要勇气的。像一个习惯了大银幕的演员突然在片约不断时选择退隐，既不是因为身体原因，也不是因为法律道德这类的因素，他接下来要面对的或许并不是生存的问题，而是心理的问题。选择平凡或是伟大，都不是太难，选择由伟大回归平凡才是最难。

邢宥在被朝廷多次褒奖升迁、大权在握时选择离开，其中的原因历来有很多猜测，但肯定不会是年纪的原因，因为此时的他才五十五岁。丘濬和邢宥共同的老相识彭华知道其中的原委，他在邢宥去世后为其所撰的碑铭中写道："劳瘁不恤，遑恤谗毁。既曰病矣，哀恳乞身。"[2]彭华认为邢宥突然请辞的原因，既有半生奔波给身体带来的疲惫，也有心底对可能会遭受诋毁的担忧。邢宥也在请辞得到准允后对祭酒周洪谟说过类似的话："吾当全晚节，岂俟人驱逐！予仕两京二纪之余，见诸显位为人所驱逐者不少，尝窃怜其不逮。"[3]邢宥希望自己能保住晚节，不想奋斗半生归去却是罪人，正所谓"功成名遂身退，天之道"。

丘濬尊重邢宥的选择，毕竟他自己也已在为退休做打算。这次如此凑巧同在老家，二人正好可以将少时友谊、半生漂泊倾情互诉。于是二人便常约着见面，每次痛快聊完，邢宥总会把丘濬送出去很远，从水吼村送至葫芦铺，这一送便是三十多公里。其中的一次送别，邢宥有诗为记。

---

[1] 《邑以文名——文昌传》，海南出版社，2024，第94页。
[2] 《彭文思公文集》，清康熙五年彭志桢刻彭氏二文合集本，卷五，第243页。
[3] 《明代琼崖名贤年谱五种》，海南出版社，2020，第24页。一纪为十二年。

国士丘濬

送丘仲深至葫芦口占[①]

邢宥

与君相送到葫芦,酒在葫芦不用沽。

共饮一杯辞别去,君行西出故人无。

    这一次分别后,二人此生便不得再见。丘濬还继续他的仕途,一路行至武英殿大学士,而邢宥则逍遥得多。在二人分别后的次年春天,邢宥便在屋前的文峰寺墩上搭了一座草亭,并写下那篇风采卓绝的《湄丘草亭记》。从此,邢宥开始叫邢湄丘了。

[①]《湄丘集等六种》,海南出版社,2006,第33页。

第四章　返乡路漫漫

附录一　丘濬与施茶亭

丘濬建施茶亭一事存疑。理由有三：

其一，尚存的海南地方志中最早出现"施茶"二字的是万历《琼州府志》，而非离丘濬所处时代更近的正德《琼台志》。万历《琼州府志》记载："五官桥，县西五里施茶亭。"[1] "丁巳。老安、施茶、□地方贼发，议扣定安、会同民壮共三十名，募兵防守，并上八营民壮俱改编七两四钱。"[2]丘濬这等身份的人物，在其家乡所行善事，为什么没有出现在与他所处年代最近的正德《琼台志》中？是遗漏还是此事并未发生？万历《琼州府志》虽然出现了"施茶亭"三字，却不提与丘濬的关联，是何故？

其二，尚存的海南地方志中将"施茶亭"与丘濬关联起来的是民国《琼山县志》，而在比民国《琼山县志》早的、与施茶亭所属区域直接关联的道光《琼州府志》、乾隆《琼州府志》、康熙《琼山县志》中均无与"施茶亭"相关的记载。二者关联出现如此之晚，是否存在附会名人之嫌？

其三，丘濬是极富文学创作力的文学家，单留存至今的诗词就超千首。他事无大小凡有所感均入诗，为何建施茶亭这等与其人格极其匹配的事件却没留下只字片语？其弟子蒋冕为其所撰的《琼台诗话》，记录其诗歌及生平时事无巨细，却也未提此事，如何解释？

既然有这三点疑问，为何本章却将此事记入？主要有三个理由：

其一，施茶亭所处位置确是琼山去往澄迈的必经之路，此路也确实是明代官道，丘濬母亲也确实葬在了澄迈，因此民国《琼山县志》所记

---

[1] 万历《琼州府志》，明万历刻本，卷四，第495页。
[2] 同上书，卷七，第798页。

的丘濬建此亭的前提之一"明大学士丘濬因卜葬母,曾经其地,建亭"[1]是成立的,前提之二"其地无憩息所,往来苦之"[2]也是成立的,此地处海口火山口下,缺水少田、人丁稀少也是事实。

其二,建施茶亭一事是符合丘濬的性格与品质的,其一生"民本意识"强烈(这一点会在后文进一步阐述),乐善好施是他的关键品质之一。

其三,丘濬与施茶亭的故事在海南尤其海口一带传播广泛,世代传颂,具有深厚的群众基础。百姓的口碑是评价历史人物的关键参考之一,这也是将此事采入的关键原因。

另外,关于古井的部分。基于现存古迹考察所见和查询史料记载所得,以及对施茶亭所施茶水用水问题如何解决等实际问题的思考(此处不挨村、不近市,又缺水),将在施茶亭遗址旁的古井写入,有一定的史料及科学依据,但也存在一定的艺术创作,不建议将此创作视为铁定事实。

---

[1] 民国《琼山县志》,民国六年刻本,卷十三,第1437页。
[2] 同上。

第五章 国子监风云

国士丘濬

一、问策春闱院

告别母亲,作别老友,丘濬于成化十年(1474年)正式与故土永别。自成化五年(1469年)启程返乡丁忧,他已离开京师近五年。再一次乘舟北上,丘濬竟然全然没有了前两次的孤独。或许,是因为他已年逾五十,孤独早已是常态。这些年,孤独和他的母亲一起,和他已逐渐老去的故土一起,都在一次次的告别中消磨殆尽了。他返乡的这几年,朝中熟悉的人也逐渐地老去或是离开。那年一起讨论过"南溟奇甸"的刘定之也在成化五年八月去世了,那年的同科状元郎孙贤也于成化七年(1471年)致仕返乡了,曾在景泰年间(1450—1457年)那次返乡时劝慰过他的岳正在成化八年(1472年)也作别了人间。孤独在这个开始不断与他人作别、逐渐与自己和解的年岁里,显得一文不值。过海,越广东,又到金陵,又住进景泰时寓居过的新河旅馆,环顾四周,物是人非,替代孤独的是落寞。于是,他写下了《甲午岁重过新河有感》,当作对往日的凭吊。

甲午岁重过新河有感[①]

丘濬

江东门外上新河,二十年前旧此过。两岸居民生计别,一时交友死人多。赓前度句今谁在,听隔江歌奈老何。记得倚楼愁绝处,半江残月照烟波。

诗中不见有关花与酒的讨论,也不涉"天涯"与"游客"这样的字眼。"一时交友死人多",他把身边事就这么直白甚至是有些残忍地一笔带过;一句"听隔江歌奈老何",却写尽人之老矣的无奈与落寞。他的无

[①]《丘濬集》,海南出版社,2006,第3892页。

奈与时光有关。景泰五年（1454年）他入翰林院，至此已有二十年。他回顾这二十年间自己的作为，无力、无奈的情绪爬满心房，哪还有空间留给所谓的孤独。景泰五年修《寰宇通志》，天顺四年（1460年）担任会试同考官，天顺五年（1461年）修成《大明一统志》，天顺七年（1463年）写成《朱子学的》，天顺八年（1464年）担任经筵讲官，成化元年（1465年）主试应天府，成化三年（1467年）修成《英宗实录》，成化五年（1469年）充任殿试读卷官……修史、担任考官、写书，这固然是丘濬所擅长的，但都不是他喜欢的。他要的是"以文治天下"，而如今看来，似乎希望渺茫。于是，他又写下了《甲午岁舟中偶书（四首）》。

甲午岁舟中偶书四首[①]

丘濬

老到头来不自知，畏途犹自苦奔驰。不如归卧长林下，扫地焚香待死时。五十駸駸入老乡，世间滋味饱经尝。匡时有术无施处，旦夕惟焚一炷香。乐土何乡似醉乡，昏昏沌沌度年光。恨天戒我平生酒，苦被醒眸扰闷肠。地角天涯最远乡，我家住在海中央。他年乞得身归去，追忆经游梦一场。

诗中，他说自己老不自知还不如归去等死；他叹英雄无用武之地，叹胸有匡时之计却无处可施。翰林院毕竟是文苑，是个文字秘书聚集之所，哪有什么机会让他施展治国安邦之才？可是，他哪还有时间再如此蹉跎？他把酒戒了，孤独没了，苦闷却又让他难以入眠。刚离开老家，他不由得又惦念起他的学士庄来。

不过，这世上能治愈自己的只能是自己。丘濬有治愈自己的良药，那便是钻研并传播朱子学说。他边赶路边整理在为母亲守孝期间编成的

[①]《丘濬集》，海南出版社，2006，第3842—3843页。

《家礼仪节》[1]，如此一忙起来，就没有太多闲情去矫情了。

书稿整理完毕，他便为这继《朱子学的》后的又一本与朱熹有关的书写序。《朱子学的》是将朱熹的学说进行概括性的整理，帮助学者找到入学之门；《家礼仪节》则是把朱熹的《家礼》的表述进行浅明化处理，使之简单易懂，同时突出并加强对"执礼"部分的说明，也就是强化实操的部分，完成对如何落实"家礼"的指导。丘濬的写作风格是一以贯之的，这一点通过对比这两本书的序便可了然。

《朱子学的》的序里回答了"什么是《朱子学的》""为什么要编《朱子学的》"等问题，《家礼仪节》的序也采用同样的结构为学者解惑。这样做，是因为丘濬的创作所追求的是文字的简明，强调的是实践性的学习。

什么是《家礼仪节》？它是丘濬将朱熹的《家礼》的正文和注释部分的内容进行概括性整理、适当性增删后，完成的一本指导学习和执行《家礼》的简易教材。

为什么要编《家礼仪节》？原因有两个：一是朱熹的《家礼》"礼文深奥"；二是其中关于如何操作的部分过于简略，没有参照执行的模子。于是，丘濬采取了"约"的办法来概括其精要，使其简单易懂，又采取了"补"的办法来补充其中"实操"的部分，目的是让学者"易晓而可行"。

其实，这背后还有一个更重要的原因。那便是当时异端肆行、儒教不振。这里的异端，指的是佛教。佛教传入中国以后，逐渐为各阶层人士所接受和信奉，国家层面上大肆度僧建寺，民众层面上更是奉其为第一教，其教义已逐渐渗透进日常生活的各项事务，如婚丧嫁娶、消灾祈福等。举丧礼为例，至明代已少见依中国古礼行事，取而代之的是和尚

---

[1] 本章关于《家礼仪节》的论述，均基于海南出版社2006年版《丘濬集》第七、八册的《家礼仪节》原文。

第五章　国子监风云

念经。守孝期间，丘濬亲眼见到了传统丧礼的消亡，他对此非常不满，这也是他编写这本《家礼仪节》的原因之一。丘濬在《家礼仪节》的"丧礼"中，完整地保留了朱熹《家礼》中的"不用佛事"条目。条目下，他引司马光对此的论述，以此来阐明自己的主张。司马光在《司马氏书仪》中说，民间受佛教影响，人死后逢七七日、百日、周年、两周年、三周年，无不供佛饭僧，或写经造像、修建塔庙，说如此种种都是为死者减罪，更说如此做则死者必定升入天堂，不如此则会堕入地狱，受尽无边之苦。司马光认为所谓的"天堂地狱"之说，只是一种劝善惩恶的措辞而已，人死后其实和木石没有差别，形消神散。退一步说，如果真有天堂、地狱，那佛法没有进入中国时，死去的人都去了哪里？为什么没听说过"死"而复生的人去到地狱见过阎罗王，或是到天堂遇见过玉皇大帝的？

如何落实家礼？这是这本《家礼仪节》中，最为关键的内容。丘濬对朱熹的《家礼》中只有理论没有实操指导的部分进行了补充，对有实操指导但过于简略的部分进行了增补。值得注意的是，丘濬不仅通过"增补仪节"的方式来使家礼执行有据可依，更结合其所处时代的实际情况进行了合时宜的微调，以使家礼的执行更有可行性。例如，他将捧柩朝祖改为捧魂帛代灵柩朝祖。之所以如此改，是因为平民百姓的家宅往往空间狭窄，捧灵柩进出拜祖不现实，采用捧引魂幡代替灵柩的方式，便使得古礼更易执行。

从这本书后来的命运来看，它的传播力和影响力应该是达到了创作者丘濬的期望的。

成化十年（1474年），丘濬完成《家礼仪节》。《家礼仪节》在广东完成初刻后，又在国子监完成了复刻，再由福建建阳书肆完成三刻。[①]建阳

[①]《四库全书存目丛书》经部第114册，齐鲁书社，1997，第635页。

国士丘濬

书肆的刊刻，意味着《家礼仪节》已不仅局限于在官方及士大夫阶层中流传，而是已经进入商业流通领域，逐步进入寻常百姓家。之后，《家礼仪节》的主要刊本有：明弘治三年（1490年），顺德知县吴廷举刊本；明正德十三年（1518年），常州府刊本；明嘉靖二十六年（1547年），楚刻本、蜀刻本；明万历三十六年（1608年），钱时本；清康熙四十年（1701年），紫阳书院校定本；等等。[1]明清两代，《家礼仪节》翻刻不断，影响深远。除去上述这些，坊间刻本更是层出不穷。《家礼仪节》对民间的实际影响，在以下几条史料中可见一斑。

（琼山）民性纯朴，俗敦礼义，尚文公家礼。冠丧祭礼多用之，始自进士吴锜及丘深庵著《家礼仪节》，故家士族益多化之，远及邻邑。——正德《琼台志》[2]

凡冠，具古《仪礼》、朱文公《家礼》、丘文庄公《家礼仪节》甚备。南康士庶、大庾大夫士家多习而行。南康行之尤习。上犹近日尚礼士庶家亦间行之。崇义初立于群山中，行者尚少。——嘉靖《南安府志》[3]

惟士夫执礼者，遵行丘文庄《仪节》，不用鼓乐，俗多行朝夕奠礼或作佛事，近时尤从简约。——嘉靖《惠州府志》[4]

成化十年（1474年）末，丘濬终于抵达京师。这一次，和他一起抵达的，还有次子丘昆和三子丘仑。不太爱说话的丘敦则留在琼山家里陪

---

[1] 《丘濬〈家礼仪节〉及其礼学贡献》，《人文论丛》2020年第1期。
[2] 正德《琼台志》，明正德十六年刻本，卷七，第352页。
[3] 嘉靖《南安府志》，明嘉靖十五年刻本，卷十，第428—429页。
[4] 嘉靖《惠州府志》，明嘉靖三十五年刻本，卷五，第428页。

第五章　　国子监风云

着吴夫人，好帮着丘源一起处理家中事务。留下丘敦，首先当然是因为他是长子，此时他也已十五岁，其次也是因为丘敦确实看起来不太聪明，而丘昆和丘仑却"聪悟绝伦"，似乎带在身边更有在学问上有所出息的可能。[①]于是，成化十年的除夕，丘濬便是和丘昆、丘仑一起在槐阴书屋里度过的。

这一年的除夕夜，待两个儿子入睡后，丘濬便捧着书，坐在火盆旁独自守岁。他写下《甲午除夕（五首）》，诗中既有年岁既老、精神渐衰的惆怅，亦有意欲持续奋发的决心，既有远离家乡思念亲人的离愁，又有对重见龙颜的期待。

甲午除夕五首[②]

丘濬

岁事又云暮，归程未有期。想应儿女辈，此际正相思。功业知难就，精神渐觉衰。便从明日起，奋发莫迟疑。

岁去何劳守，春来不用追。明朝想今夕，便是隔年期。岁月添中减，人情黠处痴。元正与除夜，相去几多时。

去岁当今夜，停车寓古恩。今年在京邸，明日拜天门。把酒怀儿女，连床念弟昆。家乡千万里，注想黯销魂。

老境侵寻至，忧眉取次攒。一年行已尽，此夜度偏难。世事转头别，功名袖手观。扪心了无怍，仰面一长叹。

守到三更尽，光阴去莫攀。心驰万里外，愁介两年间。客里情怀恶，灯前鬓影斑。幸哉穷不死，又得觐龙颜。

转年，即成化十一年（1475年），春三月，春闱将启。这一次，丘濬

[①]《湘皋集》，广西人民出版社，2001，第306页。
[②]《丘濬集》，海南出版社，2006，第3800—3801页。

国士丘濬

所担任的角色比天顺四年（1460年）会试那次出任的会试同考官又高出一个等级，只在知贡举之下，与他当年的同科榜眼徐溥同为考试官。①

徐溥自当年成为榜眼进入翰林院出任编修后，和丘濬一样，频繁参与修史，多次担任考官，不过毕竟榜眼出身，起步本就比丘濬高，后面的发展自然也就比丘濬要快一些。成化元年（1465年），丘濬升为正六品侍讲时，徐溥早已于天顺八年（1464年）升任左春坊左庶子（东宫詹事府官职）兼侍讲，官至正五品；成化三年（1467年），丘濬升任从五品侍讲学士，徐溥则于成化十年（1474年）被升为詹事府少詹事（东宫詹事府二把手）兼侍讲学士，官至正四品。②这二人不仅同在翰林院二十几年，还多次一起修史，一同出任考官，同仁之谊自然深厚。成化四年（1468年）丘濬应邀为徐溥父亲祝寿，并写下《灵寿杖寿徐庶子乃尊》诗一首，后又在其回乡省亲时为徐溥作《送徐庶子归省序》，二人不可谓不亲厚。此外，他们之间还有另外一层渊源。那便是徐溥的祖父徐鉴曾在宣德年间（1426—1435年）担任丘濬家乡琼州的知府，且在任上颇有美政之名。正德《琼台志》专门为徐鉴立传，并称赞他："在位四年，惠政兴行，十数年宿弊尽革，一郡治安。"③宣德八年（1433年），徐鉴在琼州知府任上去世之后，琼州"巷哭家祭"。当他的灵柩从琼山运往其家乡宜兴时，"送者填海滨，目送其舟至不见乃去"④。琼州人后又将其神位捧进先贤祠，世代祭拜。因为这层关系，丘濬和徐溥之间的亲切感自然就

---

① "成化十一年会试考试官。先命溥与侍读学士彭华为考试官，华以从子入场疏辞，遂改命濬。"《皇明贡举考》，明万历六年刻本，卷五，第749页。
② 徐溥生平详见《明书》，清光绪五至十八年定州王氏谦德堂刻《畿辅丛书》汇印本，卷一百二十六。
③ 《正德琼台志》，海南出版社，2021，第647页。
④ 同上书，第509页。

第五章　国子监风云

又多了一分。若干年后,他们将先后入阁,一起成为朝中重臣。丘濬还将受徐溥之请为其祖父徐鉴补写墓碑铭——《明故琼州府知府加赠资政大夫礼部尚书兼文渊阁大学士徐公神道碑铭》。

奇妙的缘分就这样在一点一滴的日常里逐渐累积为深厚的情谊。这一次,他们同为考官,将一起选出几位未来的内阁大臣。

与以往的修史、出任考官经历所不同的是,这一次丘濬可以和徐溥一起决定进士的人选及会试的名次。于是,丘濬试图在这次自己能做主的会试中进行一场变革。关于其中的细节,我们不妨从他所出的五道策问[①]中稍作了解。

第一道:太祖皇帝御制的《大诰》三编,开篇便谈到君臣同游的问题,这究竟是有意为之,还是无意之举呢?请论自古以来君臣同游的得失,以及太祖皇帝这一做法的深层含义。

第二道:人性到底是本善,还是本恶?诸多先儒所谓的"性善论",是出自他们的真知灼见,还是只是盲目附和?请结合历代先儒关于此的论述进行分析,并阐述你对"性本善"的理解。

第三道:为什么天下安定了,制度健全了,财富看似积累得更多了,但实际国力却不及之前?为什么在教育体系有了规章制度,人才选拔有了明确的程序和更多元化的途径,且考核也越来越严谨的情况下,仍然还出现几个人守着一个官职或职位空缺需等上好几年的情况,真正的人才为什么境况不如之前呢?请结合《大学》进行广泛而深入的思考,以回答这些问题,并提出当下的应对之策。

第四道:以前的文人学士的作品浑厚和平,近来人们似乎厌倦了这种浅易平实,转而追求文辞的艰深险怪。以前的参政大臣总能提出救时

---

① 五道策问详见丘濬《会试策问(五首)》。《丘濬集》,海南出版社,2006,第4011—4015页

国士丘濬

济世之策，而现今有的朝臣为让自己与众不同，喜作闳阔、矫激之论。如何让文人学士专注于明理而少作应酬之作，以匡时济世为理想而不以求名为目标，使取得了实际的功绩的人不想着结党，也不一味地求新求变，从而矫正文风，最终达到"风俗同而道德一"的目的？

第五道：将兵力寓于近郊，而不舍近求远地从外地调兵来保卫京城；在边境附近驻军，而不从京城出兵来防御边境；通过耕种近郊的土地以补助军饷，而不完全依赖远方的供给；顺应自然规律来治水，借兴修水利之举以造福百姓。上述这些措施是否可行？如何妥善处置？

这五道策问分别涉及君臣关系的处理、人的本性的探究、财富与人才的获取与管理、道德风俗规范，以及防御与治水之策等多个与国计民生息息相关的实际问题。而这些正是丘濬最为关注的问题，也是他实现"以文治天下"这个目标的关键要点。其中，君臣关系涉及朝廷、纲纪、百官之政，财富获取与管理、水利治理涉及国家之本、国家之用，防御之策涉及军备及国家安全，人的本性、道德风俗之论则又涉及礼乐、祭祀及教化。不久后，他将在《大学衍义补》中就以上数点系统地展开论述，并试图建立自己的"理想国"，以图全面实现他治国平天下的梦想。

我们暂且把关于此的讨论搁置到后面的章节，先来看看在徐溥与丘濬主导的这次会试中，在丘濬的这五道"硬"问题下，选拔出了些什么样的人才。这次会试的第一名是王鏊，第二名是金楷，第三名是谢迁。三月初一殿试，三月初三揭皇榜，状元郎归谢迁，榜眼归会试第十五名的刘戬，探花归王鏊。一甲中的谢迁和王鏊，二人后均入内阁，前者被誉为"贤相"，后者被王阳明称为"完人"。这里提到的这几位——徐溥、丘濬、谢迁，都将在后来的"弘治中兴"中扮演重要的角色。

这次会试，丘濬既有所得，亦有所忧。能得到如谢迁这样的辅国之才自然是欢喜的，但通阅应试学子们的答卷，却又让他忧心忡忡。

二、纠风国子监

文到底为何作？这是丘濬想跟所有文人学子们重点探讨的。

曹丕在《典论》中说："盖文章，经国之大业。"周敦颐在《通书》里说："文，所以载道也。"依此论，文则是经国、载道的工具。为文而文，则不可取。

唐虞三代之世，文风确实如此，其时所出名篇《洪范》《周礼》便是经国载道之典范。然而，自汉以后，在文学上有所建树的，往往都是因文而名，而以文之"道"著称于世的则鲜见。唐宋虽被称为文学之盛世，但最初能称得上是文道兼修的也仅韩愈、欧阳修、曾巩三家之言，直到周敦颐、程颐、程颢、朱熹等理学家的相继登场，经世济用、究理明道才又重新成为"文"的使命。

到了明代，先是颂圣类谄媚之文兴起，后程朱理学式微，文学氛围陷入一片沉闷之中，文人们为文险怪艰深、闳阔矫激、骋辞空疏以求出人意表。于是，读书人开始坐而论道，考官们乐于搜章摘句出艰涩怪异之题，一时文风陷于怪诞。尤其是程朱理学式微后，"心学"初现，这使文风陷入清谈，往往理论严重脱离实际，不切时要，不务实事。心学奠基人陈献章主张"以静养为功夫，以自然为宗趣，以致虚为根本，以无欲为旨要"，认为"心即理也"。在其一派的影响下，时风逐渐陷入虚妄。

清谈误国，丘濬认为为文应注重实用。实际上，这位明代实学风潮的开创者，终其一生都不曾停止在矫正明中期文风上的努力。丘濬及其交游挚友、门生，如程敏政、谢迁、李东阳等，都一直以身作则，主张"作文必主于经，为学必见于用，考古必证于今"[1]；提倡作文应如萧镃

---

[1]《篁墩集》，明正德二年何歆、程曾刻本，卷三十八，第1494页。

国士丘濬

那样"达意而止,质实之中,而有自然文彩,醇然其无滓,绎如其无颣,淡乎其有余味"①;要求要做到"文章不求奇古,平易顺畅可读"②。同时,丘濬多次借用出任乡试、会试考官及出题人的机会,通过出题、问策等措施对文风进行引导与矫正。正如其于成化十一年(1475年)所出的五道策问,无一不是"文以载道""文章,经国之大业"的理念及其身为实学家的文学主张的体现。这一年会试结束后,他又在《〈会试录〉序》中总结了他在主持会试时的发现,并重申了自己的观点。

他说,当时之世,"横经之师,遍于郡县,执经之徒,溢于里巷,明经之士,布列中外,自有经术以来所未有也"③。他说,讲经、学经和号称精通儒经的人,如今遍地都是,然而真正能懂得儒学经典的精髓,能将儒家经典的"道"落实到具体行动中的却没有几人;你若问他们学的是什么,他们或答《易》,或答《书》《诗》《春秋》《礼》《乐》,这些确实无一不是经典,但要考其存、其行、其所为,又没有一条一事能与其所学相称。

正如丘濬所批评的那样:"世之作文者,类喜锻炼为奇,不究孔子词达之旨;或剽窃以为功,不识周子文以载道之说。虽有言无补于世,无补于世纵工奚益?故予平日,不欲以诗文语学者。"④诚然,若学为沽名,为文而文,纵是佳句迭出、辞章华美,也终究是于己无益、于世无济。

纠考风,自然是矫正文风最好的办法。凡入仕,必经科举,考官的选拔标准势必会成为当时文风的风向标。丘濬向来善论,又从不和稀泥,但凡遇到应试者有"怪词险语"之作,绝不轻易放过,必狠狠痛斥。虽

---

① 《丘濬集》,海南出版社,2006,第4029页。
② 《明名臣言行录》,清康熙刻本,卷三十,第1141页。
③ 《丘濬集》,海南出版社,2006,第4035页。
④ 同上书,第3686页。

第五章　国子监风云

然这样招致不少怨诽,但他丝毫不在乎。作为一名实学家,作为一名"朱子学说"的卫道士,作为一个想要"以文治天下"的人,他哪里会在乎身后的那些闲言碎语。

成化十三年(1477年),丘濬连升两级。先是四月后被升为翰林院学士,后又于八月晋升为国子监祭酒。翰林院学士为翰林院的长官,正五品;国子监祭酒为国子监的首脑,从四品。翰林院管一切与文学有关的国家事务,如修史刊经、经筵进讲等;国子监管全国最高等的学府和通过遴选的全国最优秀的学子。半年之内,连升两级,丘濬一跃而成为朝堂重臣。更重要的是,由此他便有了纠文风的权力。他曾在国子监内举行的一场内部考试中,以策问的方式完成对当时不当文风的矫正。这次内部策论,涉及理学的"门户"之别。

他在这次策问中说:"今世士子,乃有辄于举业之外,别立门户,而自谓为道学者,然彼自相称谓草泽之中可也,而吾士夫由科目以仕中外者,亦从而张大之。何耶?岂习见宋人凡攻道学者,即谓之邪党而为此邪,呜呼!拟人必于其伦,兹岂其伦邪说者,有谓朱子道问学之功多,陆氏尊德性之功多,斯人之徒盖专主陆氏尊德性之学,措其心于言语文字之外,其然,岂其然哉?且《中庸》谓君子尊德性,而道问学二者之功,其可偏废欤?朱子之学,其果一偏之学欤?或者之言是欤?非欤?"[①]

他所说的"别立门户,而自谓为道学者"、重"尊德性"而废"尊学问"的不是别人,正是他的广东同乡——人称"白沙先生"的陈献章。

宣德三年(1428年)十月二十一日,陈献章出生于广东广州府新会县白沙里。正统十二年(1447年),他以广东乡试第九名的成绩中举,次年参加会试未中,以举人身份入国子监。景泰二年(1451年),会试再不中后,他放弃了科举之路,转至江西临川,投于吴与弼门下。成化二年

---

① 《丘濬集》,海南出版社,2006,第4017页。

国士丘濬

（1466年），他再入国子监，为会试做准备。成化五年（1469年）会试，他又未中。这次他便真的彻底放弃了参加科考，返回老家闭关十年，后以教徒为生。

就科举成绩而言，陈献章是失败的，但他的粉丝很多。在第二次入国子监时，时任祭酒邢让就非常认可他。邢让在读完陈献章唱和北宋理学家杨时的《此日不再得示同学》诗后惊叹："龟山不如也。"此句意思是杨时都不如陈献章。邢让对陈献章的赞赏几乎到了无以复加的程度，他甚至对外宣称陈献章的出世是"真儒复出"，于是陈献章便因此名扬京师。众多名士如罗伦、庄昶、贺钦等，纷纷与其交往。当时，尤以贺钦对陈献章的崇拜为最，他竟在成化二年中了进士被授户部给事中后辞去了官职，拜到了举人陈献章门下。虽声名彰彰，但其实此时的陈献章对自己的学问并不自信。他在又试不中后将返乡时与弟子贺钦说："平生学问，多是因循过了……然谓之全无所得，不可；谓真有所得，则是欺人。今对好朋友，不敢胡乱开口，恐见得未熟，反误了别人。"[1]过时和不成熟，是陈献章这个阶段对自己学问下的判语。但不论陈献章怎么看待自己的学问，其受追捧一事已成事实，他也因此招来了朝堂上的一片讽刺。

其实，这些讽刺并不都是因旁人嫉妒其名声大噪而生。陈献章的不自信和遭受讽刺，不是没有原因的，这都与其学问的养成体系有关。景泰二年（1451年），他会试不中投入吴与弼门下求学，意欲全心潜学理学，但其实他仅跟吴与弼学了半年时间。如此短的时间，既无法完成对更多传统经典的充分阅读，也不可能在吴与弼"无所不讲"的课程体系中习得吴学的精髓。正如陈献章说的那样："年几三十，始尽弃举子业，

---

[1]《白沙先生至言》，明嘉靖二十六年陈大伦刻本，卷一，第10页。

第五章　国子监风云

从吴聘君游。然后益叹迷途其未远,觉今是而昨非。"[1]"仆才不逮人,年二十七始发愤从吴聘君学。其于古圣贤垂训之书,盖无所不讲,然未知入处。"[2]"未知入处",这是陈献章对此半年从学吴与弼的总结。此时的他,遭遇的与丘濬所说的众多学者学习程朱理学所遇到的困境一样,不能得其门而入。在这种情况下,身边人的唱颂吃喝,必然成为一剂毒药,陷陈献章于欲罢不能的尴尬境地。更为"致命"的是,陈献章在返乡后所选择的"修道"的方式,也就是他自己所立的"门户",有些"奇怪"。

陈献章返乡后,选择了闭关悟道。

据陈献章自述,闭关的头几年,他曾试图通过读书来寻求悟道的方法,但仍不能做到自如自觉,还得靠主动克制情欲才能勉强让自己服从道德律令。于是,他放弃读书,转向静坐。他说,采用静坐这种方法后,"久之,然后见吾此心之体,隐然呈露,常若有物,日用间种种应酬,随吾所欲,如马之御衔勒也;体认物理,稽诸圣训,各有头绪来历,如水之有源委也"[3]。他似乎通过这种方法走出了困局,甚至仅凭静坐便能随心所欲,自见物理。他的"门户"叫心学,核心理念是"心即理也"。当然,我们自是不能因此悟道方式可能不妥当而全盘否认陈献章对心学的贡献,只是他的这种弃书不读、静坐悟道的方法,并不太值得被唱颂。持这种观点的,包括他的好友周瑛。周瑛在《送陈白沙归南海》一诗中,对陈献章的这种悟道之法提出了反对意见。他说:"人言义皇初,其道本简易。卦爻二三画,天地露精秘。达磨自西来,亦颇领此意。面壁坐九载,未尝立文字。辞繁道理晦,辞毁道何寄。天地有日月,六经未可

---

[1]《白沙先生全集》,明嘉靖三十年萧世延刻本,卷三,第260页。
[2] 同上书,第385页。
[3]《白沙先生至言》,明嘉靖二十六年陈大伦刻本,卷二,第28页。

国士丘濬

弃。"①意思是，中国古代哲学讲究的是以小见大、以简驭繁，强调文以载道，正如天地有日月作为载体一样，六经是道的载体，怎么能弃六经不读，如参禅一样做学问呢？

批评他的，除了他的好友，还有官方文献。《明宪宗实录》是其中的典型代表，其措辞几乎尽是讽刺。《明宪宗实录》卷二百四十四言：

献章为人貌谨愿，为诗文有可取者，然于理学未究也。自领乡荐入太学，务自矜持以沽名。因会试不偶，家居海南，不复仕进，一时好事，妄加推尊，目为道学。自是从而和之，极其赞颂，形诸荐奏者不知其几。以其所居地名白沙，称为白沙先生。虽其乡里前辈素以德行文章自负者，亦疑之，谓献章不过如是之人耳。何其标榜者之多也？要之皆慕其名而不察其实者。及授官，称病不辞朝，而沿途拥驺从列又槊，扬扬得志而去，闻者莫不非笑云。

《明宪宗实录》认为，陈献章只是看似恭谨无所求。这批评当是基于他反复参加科举不中便表示不再应试却又再次应试的行为。《明宪宗实录》进而指出陈献章其实对理学的研究并不够深，只是身边好事者的吹捧抬高了他的声望，将其学"目为道学"而已。《明宪宗实录》这段话里，有一个非常重要的涉及丘濬的信息："虽其乡里前辈素以德行文章自负者，亦疑之，谓献章不过如是之人耳。何其标榜者之多也？要之皆慕其名而不察其实者。"这里质疑陈献章的学问的"乡里前辈"，极有可能指的是丘濬。这既符合丘濬在《朱子学的》中强调的要高度重视外在的学习，先实实在在地学习圣贤之书，再去谈内在修养的提升的主张，又

---

① 《翠渠摘稿》，明嘉靖七年林近龙刻清雍正十三年周成续刻本，卷六，第298页。

第五章　国子监风云

确实有史料可证程朱理学卫道士丘濬对陈献章治学悟道之法的不认同。丘濬曾说："有些自诩为道学者的人，他们表面上穿着宽袍大袖，举止庄重，互相标榜自己高于常人，但实际上却缺乏真正的道德修养和学问。他们往往闭目塞听，自以为得之于心，而实际上却对学问一知半解。他们甚至以读书穷理为戒，认为只要心中有道，便无须再去学习。这种浅薄的行为和态度，不仅误导了他人，也玷污了学问的纯洁性。"他还指出了这种流弊的严重后果："这些自诩为道学者的人，往往以虚伪的行为和言语来欺骗他人。他们互相推奖，传播自己的'高见'，但实际上却毫无实际价值。他们的行为不仅败坏了学问的名声，也误导了那些真正追求学问和道德修养的人。"

这段批评虽然没有指名道姓，但指向的应该是陈献章。客观来说，陈献章的"静坐悟道"也并非一无是处。我们也不能简单地认为陈献章的"静坐悟道"就是"弃书不读"。他所希望的通过静坐的方式去除杂念、回归内心，以寻求对"道"的直接体悟，也确实能促成个体内心的自我反省和领悟。然而，这种方法实在不值得推而广之，或者说并不适用于所有学者。首先，它过于强调个体的内心体验和领悟，容易忽视外部知识和经验的重要性。在任何时候，知识和信息的获取与理解，仅仅依靠内心的体验和领悟是远远不够的。其次，"静坐悟道"需要一定的天赋和条件，并不是每个人都能够轻易掌握和运用的。对于那些缺乏天赋和条件的人来说，这种方法可能会让他们感到困惑和无助。实际上，陈献章的这套方法确实给后世学者带来了一定程度的误导。

陈献章这一套与丘濬完全相左的治学悟道的理论和方法，受到丘濬的抨击自然是不难理解的。因为丘濬的抨击，后世认为《明宪宗实录》中对陈献章的挖苦和讽刺是出自其副总裁丘濬之手。其实，二人素不相识，也无恩怨，更何况丘濬只是《明宪宗实录》的副总裁，其上还有总裁刘吉、徐溥、刘健三人，顶多能算是当时一众朝臣的共识而已。再何况，纵是丘濬提出或要求如此评定的又如何？

不过，从陈献章为丘濬写的一篇文章来看，似乎《明宪宗实录》里对陈献章的讥讽确实不是出自丘濬之手。

奠丘阁老文[①]

陈献章

於乎，先生之志见于行事，先生之言存于著述。既大显于当年，必有闻于异代。某一病多年，老于林下，足不至先生之门，目不睹先生之书。比岁得所遗《琼台吟稿》才一编而已，而何足以知先生之大全哉！於乎，有言依乎教，有行概乎道。行由教宣，言以道传。没而有知，尚鉴斯言，尚飨！

从这篇陈献章在丘濬去世后写的悼文来看，他们之间是没有交恶的，相反，陈献章对丘濬是非常敬重的。他以未能亲自拜访丘濬为终生遗憾。他认为丘濬的思想必将在后世广为传播，产生积极的影响。

丘濬不遗余力地挽救程朱理学的颓势，试图通过纠正文风来完成对"文章，经国之大业""文以载道"等实学理念的传播，并期望学问能重新回归到"经世致用"的理想轨道上。这既是作为程朱理学卫道士的他所应尽的本分，也是他毕生致力的事业。虽然心学自陈献章起已呈燎原之势，但丘濬在挽救程朱理学颓势这条道上的努力并不会因此停歇。只是，在此期间，他又遭家难。

[①] 《白沙先生全集》，明嘉靖三十年萧世延刻本，卷七，第717页。

国子监

国士丘濬

三、蹉跎岁月徂

成化十四年（1478年），丘濬又遭家难。

吴夫人先后为丘濬生了三个儿子，分别是长子丘敦，次子丘昆，幼子丘仑。丘敦生于天顺四年（1460年），现年已十九岁；次子丘昆生于成化三年（1467年），现年十二岁；幼子丘仑于成化十一年（1475年），不幸早夭于京师。丘濬母亲去世后，丘敦和吴夫人便一直留在琼山，而丘昆和丘仑则和丘濬一起，住在京师的槐阴书屋。

成化十二年（1476年），丘濬父子三人抵达京师后第三年，丘源去世了。这位严格按照祖父丘普所期望的样子长成的临高医学训科于此年五月十六日逝于琼山县下田村丘宅内。丘源的一生极其简单，只两件事："承祖业"——和爷爷丘普一样成为一名医生，一生只做临高医学训科，"主宗祀"——父亲早逝，爷爷离世，弟弟丘濬早离家，琼山丘家内外大事小情全由其一人主持操办。丘源用一生践行爷爷丘普为他立下的目标——"尔主宗祀，承吾世业，隐而为良医，以济家乡可也"。丘源是一位好长子、好长孙、好长兄，他撑起了整个琼山丘家，是丘濬的坚实后盾；他努力做好一名医生，让生者有希望；他不忘祖训，和丘普一样在"丘公埋骨冢"收拣"孤魂"，让死者得其所。

说来也是颇令人感慨。在丘源去世的次日深夜，此时消息尚未传至京师，槐阴书屋里的丘濬却意外地整夜无眠，他侧躺着，看着自己的满头白发，为自己的壮志未酬暗自嗟叹，又想起和兄长丘源关于老来同住同游学士庄的约定，一时竟陷入迷茫。其实他对未来并没有把握，他已五十六岁，兄长丘源也已五十九岁，兄弟二人真的能如愿偕老故土吗？他爬起来，提笔写下了那首《闲中怀伯兄》，字里行间写满了深深的遗憾与无尽的担忧。到了九月，他才收到了兄长的死讯。

闲中怀伯兄[①]

丘濬

看看白发满头颅，心志蹉跎岁月徂。

半世多违同被约，九京未遂首丘图。

孔怀此日归心切，相见他年有命无。

最是不堪闻感处，霜天鸿雁夜相呼。

丘源对于丘濬，是旁的人无法比拟的。儿时，两人既是兄弟又是玩伴，一个喜静一个好动，是天生互补的一对。长大后，丘濬外出求学、入仕，丘源便一人撑起琼山丘家，独自奉养母亲。母亲去世后，丘源又帮丘濬教养丘敦长大成人。如果不是丘源如此这般，丘濬是断不能心无旁骛地在外追求自己的梦想的。收到兄长的死讯，丘濬充满愧疚——病时没能端汤送药，死时甚至都不能回乡凭吊，这种遗憾余生无补。更让丘濬无法释怀的是，家里人来告兄长死讯时说的那些关于丘源的话。家里人说，丘源临终时拉着丘敦的手，想要交代些什么给丘濬，可是还没能说出口，便没有了气息。[②]远隔万里，丘濬无法送别，只能拜托族人，卜墓葬兄于澄迈那蓬都墟场火烧坡之原。[③]如此，兄长便可离母亲近些，而他却只能写下祭文用以悼念。他还为丘源遗像慎重地写好像赞以寄托

[①]《丘濬集》，海南出版社，2006，第3904—3905页。

[②] "闻临终时，亟呼我子，意欲有言，嘱付于弟，口不能言，意已可知，我心默喻，敢不遵依。"《丘濬集》，2006，海南出版社，第4565页。

[③]《中华丘氏大宗谱·海南省海口分谱》，2009，第177页。

国士丘濬

哀思:"俨乎吾兄之容也,直乎吾兄之躬也。炯乎吾兄之瞳也,坦乎吾兄之胸也。然皆貌吾兄之外,而不能心吾兄之中。吾兄之中,其事亲也孝,其事君也忠,其爱弟也友,其处己也恭。虽吾兄不知其所以然,而况区区之画工也耶!"①

兄长丘源去世只两年,次子丘昆又病逝了,年仅十二岁。

至此,京师的丘濬成了孤家寡人。幼子丘仑成化十一年夭折,兄长丘源成化十二年去世,次子丘昆成化十四年病逝,四年内,三位至亲相继离世,丘濬哭了。他寻常极少落泪,只是这一连串的打击实在让人无法承受。关于丘昆,他有太多不平。这是一名麟儿,从小便天资异常,丘濬也很早就做了请盱江名士俞大有为他启蒙的打算,只是还没来得及,他便如流星般陨落了。

常怀壮志的丘濬,如今已成满头白发、整日叹息的老人了。

槐阴书屋,终只剩一宅一槐一人。唯一值得欣慰的是,丘濬于此年得了一名爱徒——蒋冕。蒋冕能拜入丘濬门下,得益于其父。蒋冕的父亲名良,字希玉,和丘濬是国子监的同学,二人在国子监求学期间颇有些旧谊。蒋良心疼刚经历丧子之痛的丘濬,同时也希望儿子蒋冕能得好友丘濬的教诲,于是这份旧谊在成化十四年(1478年)便成了刚经历丧子之痛的丘濬最大的慰藉。

初来槐阴书屋的蒋冕,是个少年郎。成化十三年(1477年),他高中广西乡试解元,成化十四年会试不中便进入国子监拜入丘濬门下,其时蒋冕才十六岁,比丘濬的长子丘敦小三岁。蒋冕在这个时候、这个年龄拜入丘濬门下,这二人便既是师生,亦是父子。

与蒋冕同时来到槐阴书屋的,还有他的兄长蒋昇。此二人都颇值得一说。

---

① 《丘濬集》,海南出版社,2006,第4478页。

第五章 国子监风云

蒋昇，字诚之，他于成化十七年（1481年）中进士，后历任南海知县、南京监察御史、四川左布政使、都察院右副都御史，后又升南京户部右侍郎，官终至南京户部尚书。他和弟弟蒋冕一同于成化十四年拜入丘濬门下，随丘濬学习了三年，在成化十七年中进士后踏入仕途，逐渐成长为一位清廉耿介的好官。

蒋冕与丘濬的关系相较于其兄与丘濬则要亲密得多。蒋冕的冠礼由丘濬在槐阴书屋内为其主持完成。加冠后，丘濬又为蒋冕赐字"敬之"，并为其写辞。在这篇字辞中，丘濬写尽了对蒋冕的疼爱和期望。颇有些神奇的是，蒋冕将来真的长成这篇字辞里丘濬所期望的样子，成为广西历史上唯一的一位内阁首辅，声名卓绝，史册流芳。

丘濬在这篇字辞的序里说："我老了，而你刚弱冠，我没法做到旦夕相教。你以后听到别人喊你'敬之'，就当作是我在喊你，你每读到我给你写的这篇字辞，你就自然会想起我对你的叮咛和告诫，就好像我在你身边那样。"字里行间写满了对这位亦生亦子的少年的疼爱。在字辞的正文里，他说："你既然叫'冕'，那便要明白做人要如这'冕'一样庄重，要站得直、行得正，这样头上的冕、冕上的旒才不会歪斜。'冕'是人的服饰中最为尊贵的一种，也是为约束礼仪而设计的，所以你要时刻牢记自己的责任和应遵循的礼制规范，无论何时身处何地，都不能有丝毫的懈怠。叫你'敬之'，是希望你能时刻对'天地君亲师'葆有敬畏之心。"[①]

蒋冕拜入丘濬门下后，丘濬便将自己所习得的"十八般武艺"——"性命道德之懿，文章学问之要，政治理乱之端，修为涵养之方"[②]倾囊授予蒋冕。他循循教诲、"委曲指示"，期望蒋冕日后能大有作为。其实，

---

① 丘濬为蒋冕所作字辞，详见《丘濬集》，海南出版社，2006，第4431—4432页。
② 同上书，第5157页。

这对于丘濬而言，又何尝不是对自己梦想未竟的一种补偿。他年近花甲，丘昆、丘仑两个伶俐的小儿又早夭，丘敦远在琼山又似乎不甚聪慧，蒋冕便自然成为丘濬选定的衣钵继承者。

一日，蒋冕在自己的书房挂上了"静学"二字，用于自勉。这二字，源于他和丘濬的一次对话。蒋冕和大多数少年一样，时常也会遇到学习上的困境，他曾试着通过躲至穷山深谷之中杜绝人事往来的方法避开世俗的纷扰与诱惑，以便专心向学。但实际上，要做到这一点并不容易，纵使做到了，也并不一定能达到预期的效果。这圣贤之学到底应该如何学？这个困惑，将由他的老师丘濬为其解开。丘濬说，所谓的"圣贤之学"，其核心便是修心，修心的关键又在于静。但静不是要躲进深山老林，也不是要做孤家寡人，它与外部环境无关，重点在于修心。只要内心保持平静，即使身处尘世，即使每天与人交往，也可以学有所成。

蒋冕深以为然，于是，他的书房便叫作"静学斋"。丘濬还为这间书斋题诗一首，希望他的爱徒能在此明白身心体认的实质。此诗曰："古人敬作所，日夕处其中。出入与起居，恒与此所同。居憩以为室，游寓以为邸。行于此中行，止向此中止。庄诵敬夫铭，服膺晦翁箴。非徒所其身，将以所其心。心心在此所，所至如戴天。惺惺重惺惺，白首相周旋。"[1]

不过，蒋冕和他的老师一样，乡试都拿了解元，会试却总是不顺。蒋冕先是在成化十四年会试落榜，后又于成化十七年会试不中。蒋冕心情很是低落，这槐阴书屋里，顿时又多了个叹息者。不过，丘濬对此很有经验，同时他劝人向来有一套。他写下一首诗，安慰他的爱徒。他说："落榜确实不是个值得开心的事。我们不向下比，我们比比杜牧，比比韩愈，前者才考了个第五，后者整整考了三次才中。你再看看老师

---

[1]《丘濬集》，海南出版社，2006，第3727页。

我，不也考了三次吗？青出于蓝而胜于蓝，你肯定比我强的，我等着你的佳音。"

敬之下第书此慰之[①]

丘濬

何事情中苦不堪，怜君失意我怀惭。阿房杜牧曾居五，礼部韩公也到三。自叹白头难再黑，极知青色过于蓝。老予不久归休去，遥听佳音播海南。

不过，蒋冕得回家了。他要和兄长蒋昇一同南归省母，师徒二人不得不就此暂别了。丘濬很舍不得，虽然最初他并不想收这名弟子，认为蒋冕不过是想拜入其门下以求能应付科举而得个一官半职罢了，但三年相处下来，丘濬竟有些离不开蒋冕了。人一旦上了年纪，便愈发容易对身边人产生依赖。四十多岁的差距让丘濬有些担忧自己难以看到蒋冕"胜于蓝"时的光景。不过，他忽又想到宋濂与方孝孺，他们之间还差近五十岁呢。于是丘濬便仿照《送门生方孝孺还乡诗并序》作《〈送蒋生归省诗〉序》，如宋濂视方孝孺为嫡传弟子一样，丘濬正式确认蒋冕为其传人。和宋濂一样，他也为蒋冕作了整整十四首诗。这十四首诗看似多谈作文，实则谈的是为人。诗中强调治学要勤，要如蜂酿蜜，如蚕吐丝，如勤织女；还要静，要内心平静才能洞察外物；不能急，急就无巨功，揠苗助长不可取；要时常回顾反思，不停校对修正，不要把预期定得太高，以免自己陷入困境。更重要的是，要君子如玉、一诺千金。末了，丘濬又叹年岁已老，怕难再见，盼着蒋冕看罢母亲，能早些回来。他说："我心日思归，后会难数遇。""高堂宁觐后，念我早从来。"[②]

[①]《丘濬集》，海南出版社，2006，第3908—3909页。
[②] 同上书，第4225页。

国士丘濬

蒋冕也巴不得能早些回来，除了记挂老师外，还因为他在槐阴书屋新结识的一位挚友，那便是从琼州重回京师的丘敦。蒋冕启程在即，只能匆匆告别，来日再见了。

成化十七年（1481年）六月四日，蒋冕与老师及挚友作别后，便与兄长自潞河登船，七月十一日抵达南京，九月二十一日终于到广西家中。成化十八年（1482年）正月，蒋冕娶陈氏为妻，随后便计划北归。这一年，他完成了一件有益自身并惠及后世的大事，那便是编撰完成了《琼台先生诗话》[1]。这本书，正是师徒俩双向奔赴的体现。丘濬视蒋冕为传人，蒋冕则以传人的身份为其所作诗词立"传"。蒋冕在返程途中的端午当日恭敬地写好序，又在回到槐阴书屋后将所编《琼台先生诗话》当面献给老师。这部书不只是将丘濬所作的诗词做简单收录，蒋冕还对所收录的诗词一一加以注说，并通过对比研究等方法衍发诗词中的奥义，这为后人理解丘濬诗词扫除了障碍。同时，蒋冕记载的那些跟诗词有关的逸事趣闻，也让后人所能想见的丘濬的形象更为饱满。于文学而言，最为重要的是，这部书使得后人对丘濬的文风有了清晰且全面的理解，那便是如丘濬对时人所要求的那样，他的诗词做到了简明易诵，并实践了"文以载道"。

---

[1]《琼台先生诗话》，也称《琼台诗话》。琼台先生即丘濬，但琼台并非丘濬的字或号，而是时人对丘濬的尊称。关于此书完成的时间，王国宪据《琼台先生诗话序》文末落款"是岁端阳日学生蒋冕自序"，在《丘文庄公年谱》中记为成化十七年五月。然而根据蒋冕在《琼台先生诗话序》后所附小文（本文无题，首句为"琼台先生执事"）中"时继仲夏，坐逆旅中"，可以判断此书是蒋冕在成化十八年由广西返回北京的途中完成的，而非王国宪所记之成化十七年。

丘源墓

国士丘濬

蒋冕于成化十八年返回京师，重回槐阴书屋。书屋里，他的老师丘濬和他的挚友丘敦正翘首以盼。丘敦还和从前一样，不大爱说话，但和从前不一样的是，他不再是那个看起来不太聪明的小儿了。

四、一成为敦丘

丘源和丘濬兄弟两人共生有六子，依出生先后顺序，分别是丘濬的长子丘敦，丘源的长子丘陶、次子丘融，丘濬的次子丘昆、三子丘仑，以及将在弘治元年（1488年）出生的丘濬四子丘京。这六子的名和字均由丘濬取自《尔雅·释丘》中关于丘的定义："丘，一成为敦丘，再成为陶丘，再成锐上为融丘，三成为昆仑丘。如乘者乘丘，如陼者陼丘。水潦所止，泥丘。方丘，胡丘。绝高为之京，非人为之丘。"于是，丘敦字一成，丘陶字再成，丘融字锐成，丘京字峻成。（丘昆、丘仑未及冠夭折，故无字）

成化十六年（1480年），丘敦来京城了。他其实不太想来，这次完全是因为丘濬的多次书信催促。丘濬之所以催促，是因为一则他已届花甲，身边无一儿半女做伴；二则丘昆、丘仑二子皆夭，总要有人继承家学；三则丘濬在丘源去世前的来信中听说这个看起来不太聪明的孩子其实颇有"隐德"。

丘源的丧事便是由丘敦主持完成的，一切仪程均依丘濬的《家礼仪节》执行，这既是他对家学的认可，也是他对父亲最大的尊重。免丧后，琼山丘家便交到了当时年仅十七岁的丘敦手中。丘敦性格上其实有些像他伯父丘源，不爱说话，喜静不好动。丘濬将丘敦留在琼山，其实也有让丘敦跟着伯父学习治家理事，以便像伯父一样承祖业的用意。只是，

第五章　国子监风云

似乎大家最初对丘敦的判断都有误,他似乎只是习惯保持缄默,而并非不慧。他确实有过在家塾中读百十言的短文数十遍仍不能流利背诵的过往,他甚至在丘濬免母丧北上时连字都识得不多。不过,他有他的绝技。每日,家中事务处理停当后,丘敦便会躲进父亲所建的藏书石室读书。字不太认得,他便通过拆字的方式意会,别人识字均是先识音后识义,而他则是通过意会字义倒推字音。至于读些什么,丘敦和他父亲一样博杂,经、史、子、集无不涉猎,又常三五日昼夜不停,不出石室半步,于是学问大进。不过,走出石室,遇到乡友高谈激辩,他又仍如木偶人般,一句话也不说。待回到家里,母亲问及,他便说:"大丈夫生天地间,当与天下豪杰角,何至从乡里小儿辈竞铢两毫末于颊舌之间哉!"[1]

丘敦并非不慧,实有"隐德"一事在琼山广为人知。这主要还是因为他的作风。身为丘濬的长子,丘敦在琼州自然会成为被攀附的对象。但丘敦并不好被攀附,他日常只在下田村和藏书石室内活动,"无故足不履城市",旁的官宦子弟出门总是乘马张盖,丘敦则不然,他总是穿得极为简朴,独自一人徐徐而行。有官至琼,他也从不主动去拜会;官府以公务相邀,他也总推托不就;婚后姻亲有事要他帮忙到官府走动,他也一概予以拒绝。不过想要结交丘濬的官员总会有旁门左道,他们见丘敦对当官没什么兴趣,便打算以利相诱。曾有一在任琼官遣其子至丘家跟丘敦说:"如有乡人打官司闹到府衙,给你五百金,你愿意出面帮着解决吗?这纠纷一解决,对全郡也是好事啊。"丘敦明白此人来意,便也没给他好脸色,反问道:"你这说的是什么话?如果你父亲能公正廉明,那才是对

---

[1] 本节中关于丘敦的部分,除另有注释外,均考自蒋冕《湘皋集》(明嘉靖三十三年刻本)之《太学生丘敦行状》《〈发冢论〉序》。

国士丘濬

全郡最大的好事。全郡人都将因此受惠,这不比让我一人受惠更好?"丘敦如此做派,公家人不喜欢,觉得他不谙世事,姻亲们也不喜欢,认为他薄情。不过,日子长了,公家觉得不受这官门子弟的侵扰挺好,姻亲们也觉得他这样不偏私也不错,毕竟人不患寡而患不均久矣。于是,琼州人多说:"这孩子跟他父亲最是相像。"

这些关于丘敦的逸事传至丘濬耳朵里,起初也没大引起丘濬的重视,毕竟已久不见,也不知其真假,也未知丘敦所学深浅。只一日,一封丘敦寄来的家书彻底改变了丘濬过往对丘敦的看法。这封家书有数万字,除谈及家事外,还重点谈到了丘濬正欲建议治理的处于高州和雷州之间的一条故河。是时,丘濬计划通此故河以便行舟往来。丘敦在信中提醒父亲,虽然治理河道有"无穷之利",但不能忘记元朝时治理方法不当、管理措施有失导致的民乱,应以史为鉴,杜绝可能出现的扰民致乱。丘濬将丘敦来信递给正造访槐阴书屋的他的门生谢迁。谢迁读罢,惊呼:"此子当世公家学,何可使之独学无友乎?"于是,丘濬便去信催促丘敦尽快赴京。

此时丘濬已由国子监祭酒"加礼部侍郎,掌国子监事",是堂堂的三品大员。丘敦若是寻常子弟,入国子监为监生后的他自然是可以结交到诸多好友,纵要"耀武扬威"也定不是难事。但丘敦毕竟不寻常,他还和在琼山时一样,出门从来都只是一人一书童,以至于数年竟无人知其为丘濬之子。有人问为何如此,丘敦说"近世大臣多子败",他不想因为自己影响父亲。他又说"肥马轻裘多桎梏,明窗棐几即山林",他把俗世富贵看得淡然,他所渴望的是内心的自由与平静。也正因此,他并不太善于应对科考,在一次落第后,便不再应试,转而投入经史法度、礼乐兵农、天文地形、律吕星历及医卜算数之学中,和他父亲一样成了一个博学之人。

第五章　国子监风云

丘敦的论作，后世常被名家引用，并奉为经典之作。这是因为丘敦的论作往往独辟蹊径。如《发冢论》开篇便"夸"宦官为"国之祯祥也"，接着列举秦、汉、唐各朝宦官乱政而致故国破、新国立的史例，论证宦官乃新朝之"祯祥"、本朝之"祸患"的道理。在大明皇帝亲信宦官的当时，丘敦发此文，其勇气实可与其父匹敌。而他对于宦官乱政的警觉和极力主张控制宦官乱政的思想，与丘濬更是高度一致。丘濬在其著作中就曾把宦官视为宫妾之辈，又举出唐中宗时宦官超迁七品以上者达千人、唐代宗时命宦官鱼朝恩判国子监事以及唐文宗时李德裕被宦官王守澄谗间罢相事等史例，极力劝阻皇帝警惕宦官。

若论丘敦之学问，最为出色的还得是医学。大概是家族基因和家庭氛围的缘故，自丘普起，琼山丘家在医学上代代不乏承袭者。丘敦更是其中的集大成者。他刻苦钻研《素问》，又对《读素问》进行批点增补，自成《医史》一书。只可惜《医史》尚未脱稿，三十一岁的丘敦便一病不起，终撒手人寰，今人只能从其好友蒋冕所作《〈发冢论〉序》《太学士丘敦行状》及海南的地方志中窥得其中的只字片语。[①]谈及海南，丘敦还有一个甚为伟大的梦想，他计划将古今典籍中与海南有关的人、事、物记载汇集成一书，以补家乡地方志之不足，以备家乡士子查考。只可惜，此事未了，他便早逝了。

弘治三年（1490年）五月十三日，丘敦逝于槐阴书屋。他的英年早逝，首先与他自少时便身体不好又嗜酒[②]有关，他一年当中竟往往有半年时间处于病中。其次与他的性格有一定的关系。家里请来的医生开的药，

[①] 丘敦《医史》及道光《琼州府志》、民国《琼山县志》、万历《粤大记》等均有摘引。

[②] 《太学生丘敦行状》言："每诗成辄饮，饮多至三十余觞不乱。"丘敦嗜酒，由此可见一斑。

他往往不愿服用，纵是丘濬逼着，他也只是象征性地喝上几口。此外，丘敦不爱说话，又酷爱读书，病中常常一人困于书屋内通夕不寐，如痴魔般，纵是难受至呻吟，也不愿踱出屋外暂歇。一旦入魔，一旦将外界完全屏蔽，对自身的消耗必然是巨大的。这事，读书人最是懂得。他这种不自觉的孤独，对身体产生的反噬是其自身无法察觉的。蒋冕也曾劝过他，但并不见效。蒋冕也知道，他的这位好友丘敦正以此为乐，苦心自若。加上母亲吴夫人又远在琼山，心爱的妻子韩氏又不在身侧，丘敦思乡成疾病难医。丘敦在寄给韩氏的一封信中曾叹息道："谁教尔我别离多，仰彼苍苍可奈何。浊酒一杯愁未解，唾壶击碎不成歌。"[①]最爱饮的酒都消不了的愁，大抵已入骨髓了。

丘敦的死，丘濬很自责。丘敦病重时，丘濬本答应送他回琼山的，丘敦还为此高兴了好几日，只是不承想其已病入膏肓，只留下一箱子书稿给古稀之年的丘濬。丘濬不忍打开儿子的这些遗作，将其尽数委托给了他的爱徒蒋冕。丘濬也做好了带着丘敦的两个幼子致仕返乡的打算，待他手上一件重要的事完成，他便要回去，回到最初的出发处。

蒋冕，这位丘敦最为亲近的挚友，负责将他的故事写进自己的文集，供后人悼念这颗一闪而过的流星。蒋冕在成化二十三年（1487年）中进士后，于弘治二年（1489年），和他的老师一样成为一名编修，未来他将拼命劝阻正德帝朱厚照的不务正业，诛杀奸佞江彬，在大礼议事件中扮演重要的角色，并成为嘉靖朝的内阁首辅。这位丘濬的爱徒、丘敦的挚友，终成为一位清忠鲠亮的名臣，一生无愧于其"敬之"之字。

[①]《正德琼台志》，海南出版社，2021，第745页。

第五章　国子监风云

五、著史匡正义

成化五年至成化十四年间，母亲、兄长及二子（丘昆、丘仑）均与丘濬诀别，这突然的、持续的打击，让他心境大变。往日那些壮志、激情，随着他的逐渐老去，以及在经历一场场摘胆剜心的离别之苦后，渐渐凋零。虽然他成化十三年（1477年）升了祭酒，成化十六年（1480年）成了礼部右侍郎，但他始终还只是做些文字上的功夫，"治天下"的梦想搁浅了，只能在"治文字""纠文风"的出发港打转。他的诗最是能看见他的凋零。他说："人生但得平平过，不用操辞更问天。"①他叹："可怜岁岁忙中过，年少功名异所期。"②他告诫自己："从今好闭雌黄口，再莫人前浪品题。"③似乎，他真的要消沉了。

如果就此沉沦，那他便不是丘濬了。虽然暂时不能如期望的那样通过最有效率的方式辅佐君主实现"以文治天下"的理想，但在其位谋其政，国子监也未尝不是一方建立理想国的"试验田"。

自正统十四年（1449年）起，土木之变便一直是国子监里从未停止过讨论的话题。那年恩师萧镃义愤填膺怒斥朝廷御边无能以致国威受辱的场景，丘濬仍历历在目。从恩师手中接过衣钵的那一刻，他便肩负起了这份沉甸甸的家国情怀。他希望以祭酒的身份，带领学生们从历史中吸取教训，构建起正统的儒家理念体系下的家国概念，时刻警惕"夷族"势力的复兴与反扑。

实际上，土木之变的结束，并没有从根本上解决明王朝与蒙古内部之

---

① 《丘濬集》，海南出版社，2006，第3905页。
② 同上。
③ 同上书，第3951页。

间的矛盾。成化年间（1465—1487年），蒙古内部分裂，明朝边境被袭扰导致的战争便时有发生：毛里孩成化二年犯固原，八月丁巳犯宁夏；成化三年三月犯大同；成化四年十一月犯辽东，十二月犯延绥；成化五年十一月，再犯延绥。成化八年，乩加思兰犯固原、平凉。亦思马成化十六年十二月犯大同，成化十七年四月犯宣府，成化十八年六月犯延绥。成化十九年到成化二十三年，蒙古小王子达延汗三次入侵，袭扰大同、兰州、甘州。

明朝本就是从元朝手上夺得的江山，宋朝灭亡的教训，一直镌刻在以儒家正统身份自居的众多明代官员、学者的心底，丘濬自然也不会例外。"不能重蹈覆辙"，这是他每次在国子监与众学子讨论结束时都要反复强调的一句话。他的著作《世史正纲》便是在这样的背景下创作完成的。

其实，《世史正纲》的创作还与他参与修订并于成化十二年（1476年）完成的《续资治通鉴纲目》一书有关。这次修订，让他这位朱子学说的卫道士得以更为深入地钻研朱熹所作的《资治通鉴纲目》，也让他发现了该书中存在的问题和弊端——"用意深而立例严，非贤人君子不能知也，是以知之者恒鲜"[1]。圣贤之书，往往难读，若没有一定的学问修养，读起来确实费劲得很，这也导致传播非常之弱，终只限于一小部分人之间传读。很显然，这与"经世济用"的著书目的相悖。任何思想要作用于社会治理、国家治理，首先要做到的便是普及，继而才能赢得充分的群众基础。丘濬所要做的便是普及工作。无论是《朱子学的》《家礼仪节》，还是日常所作诗文，他所期望的佳作都是既保证儒家学说的正统性，又能兼顾其在传播上的普及性。

《世史正纲》这部写给学者的史书，自然也不例外。他说："愚为此书，直述其事，显明其义，使凡有目者所共睹，有耳者所共闻，粗知文

---

[1] 《世史正纲校注本》，海南出版社，2005，第10页。

义者，不待讲明思索，皆可与知也。"①因此，这部《世史正纲》在后世得以反复刊印，甚至传播至日本、韩国等国，成为一部具有国际影响力的史学著作。根据现存版本统计，成化十七年（可能早于成化十七年），《世史正纲》书成，弘治元年（1488年），丘濬门人费訚为其作后序并刊行。在明代，《世史正纲》又有嘉靖三十二年（1553年）、嘉靖四十二年（1563年）和隆庆二年（1568年）的三种刻本。至近代，现存有民国二十五年（1936年）文昌郭氏家塾仿明刊本校印版。在国外，日本公文书馆藏有江户写本（明弘治元年刊本）10册；万历年间朝鲜儒者柳希春在其日记中记载李朝使节赴京购买了8种书籍，其中便有《世史正纲》。②如此种种，不胜枚举。

仔细研究《世史正纲》的刊刻朝代及刊刻时间，会发现有两种很特别的现象。首先，并无清代刊印此书的记录，更无清代版本的留存记录；其次，在国内的每次刊刻，几乎都与当时的"国家动乱"有关。关于此两种现象，自然是与这部史书的主旨有关。丘濬在此书的序中采用其惯常使用的"问答式"，表明了这本书的"宏纲大旨"——"在严华夷之分，在立君臣之义，在原父子之心。"将此三条联系起来系统地看，这本书便是要明确"世、国、家"的正统观。这与儒家修齐治平的思想是一致的。如何分？如何立？如何原？丘濬认为，以疆域为界，华居界内、夷居界外，则世正；以朝廷为体统，君臣有义，君仁臣忠则国正；以传承为序，父子有纲则家正。如此则家正，家正则国正，国正则天下正。其中，君臣父子为众人所熟知之纲常，"华夷之分"则是这部史书的核心要旨。在《世史正纲》的序中，丘濬毫不避讳地将"夷狄"与"禽兽"

---

① 《世史正纲校注本》，海南出版社，2005，第10页。
② 关于《世史正纲》现存版本及流布情况的梳理，参见吴玘：《明中期学者丘濬〈世史正纲〉的史学思想及其影响》，硕士学位论文，华中科技大学，2021。

国士丘濬

画上等号。一代大儒为何有如此在今日看来过于狭隘的观念？其实，丘濬的"华夷之分"早在其少年时所写的《许文正公论》中便有所体现，而这部《世史正纲》中则有更为完整和系统的阐述。

丘濬在《世史正纲》的序里解释了他将"夷狄"与"禽兽"等同论之的原因。他说，天地育生物，生物中有动物，动物有三类，即人、夷狄、禽兽。他之所以将人和后两种区别开，是因为后两种会为害人，使人不得安生。于是，为使人得以安生，使家得以安宁，使国和天下得以安全，必须攘夷狄、驱禽兽。相关论述，主要集中在《世史正纲》中的"〇元世史"部分。丘濬以在年号前加空心圆圈的方式来强调元朝为非正统之世。[1]（正统之世则如是标注：㊙、㊈、㊐、㊕、㊗、㊚、㊛等）在此部分的前言中，丘濬将元与《世史正纲》中所记前朝一一对比，称元为"夷狄纯全之世"："是故，有华夏纯全之世，汉唐是也。有华夏割据之世，三国是也。有华夏分裂之世，南北朝及宋南渡是也。有华夷混乱之世，东晋及五代是也。若夫胡元入主中国，则又为夷狄纯全之世焉。"丘濬还为元代下了判语："噫！世道至此，坏乱极矣。"[2]

元之世道坏在哪儿？丘濬在"元世祖"条目下给出了说明："况鞑靼远在朔漠不毛之地，衣皮而不布帛，茹肉而不菽粟，无宫室之居，无彝伦之理。其去禽兽也者几希。"[3]按丘濬所言，即元之世道坏在无正统之

---

[1] 对此，《世史正纲》之凡例言："是书异于前史者，以规圆为圈，于甲子下年号上，而即其中以书国号也。然其所书之号，则有朱墨之异焉。自来刻本，凡朱书皆黑其地而白之。今分画为白字者以其圈之或白或黑各有取义，非但朱墨之也，盖寓太极阴阳之理。"《世史正纲·秦世史》言："若书有朱墨之殊者，则又以别其统之有偏全焉。无统之世，则虚其中不书。"均参见《世史正纲校注本》，海南出版社，2005。

[2] 同上书，第685页。

[3] 同上书，第686页。

第五章　国子监风云

伦理次序。在后文，丘濬对比了秦始皇修长城以御匈奴的必要和元世祖远征缅甸、占城、爪哇、日本为图珠贝宝石之无道，又列举了元右丞相讨论军机大事时勒令汉臣退避之事，还列举了胡人娶继母、庶母、伯叔母及嫂子为妻的恶俗，以证元之不正。

但对于元代不同的君主，丘濬又区别对待，如将元世祖之死书为"死"，而将元成宗之死写为"卒"。这是因为丘濬认为虽然夷狄不可主华夏，但既然得了，对于非处心积虑乱华者，应从轻处理。对待许衡，丘濬也颇为客观，他认为许衡能在将死之时认识到自己不应以汉人之身侍元，是"天理之在人心，未尝或泯也"①。

那该如何处置华与夷的关系呢？丘濬认为，最重要的是要认识到夷狄的危害之大，进而要让二者各居其所，互不侵扰："极乎一世之大，则华夏安乎中，夷狄卫乎边，各止其所而不相侵凌，则人之所以为人者，相生相养，各尽其性，各全其命，而一顺于道义之正而不恂于功利之私，是则所谓雍熙泰和之世也。"②

今日看来，丘濬所论之华夷之分是否过于狭隘呢？

当然，时至今日，丘濬所论之蒙古等游牧民族已是中华民族的一分子，再如此分别，便有分裂之嫌。但正如前文所言，我们不能忽略丘濬作此书的历史背景和动机。这本书是丘濬在明朝屡受边防之祸的情况下写给当时之人，用于警示时人、激发民族士气的。在这一点上，《世史正纲》显然是具备极高的时代价值的。再者，"尊华攘夷"之说在《春秋》中便已提出，不提《春秋》之华夷之别，而以今日之眼光批判数百年前《世史正纲》之史观，继而批评丘濬之华夷论为狭隘，既是无知，亦有厚此薄彼之嫌。同时，今日之大一统，其前提是不同民族的文化之一统，是

---

① 《世史正纲校注本》，海南出版社，2005，第687页。
② 同上书，第12页。

国士丘濬

价值观协同下的一统,而绝非口号式的形式上的大一统,远非昔日所能比。

不过,我们倒是可以用今日之眼光回看前文所提到的《世史正纲》的刊印情况,以窥见这部书在不同历史时期所发挥的现实价值。书成后,明代有四次刊印。其中,在嘉靖朝的两次刊印均与蒙古频繁侵犯边境有关:嘉靖二十九年"丁丑,俺答大举入寇,攻古北口",最后攻入北京;嘉靖二十九年之后的十几年间,俺答每年都入侵,严重威胁到明朝的统治。因此,在屡次被蒙古侵犯的现实背景下,嘉靖三十二年、嘉靖四十二年,《世史正纲》被刊印,以宣扬华夷之别论,激起明人对蒙古的敌对情绪,强化明朝的统治地位。隆庆二年的刊印同样如此。

清代,未见刊刻,当然与其主政之民族有关。虽然《世史正纲》的华夷之别论是在特殊历史背景下针对蒙古发出的,但清朝统治者仍将其视为"率臆妄作"之书,并列入禁毁书目。民国二十五年的刊印,则与九一八事变有关,其目的是要宣传民族主义思想,唤醒时人复仇明耻之志,鼓舞广大民众投身抗日救亡。

虽然,丘濬将此书视为应时之作,称只是为"示夫当世之学生小子"[①],但这部史书在中华民族各历史关键时期所起到的现实价值是不容忽视的。不过,丘濬似乎并没有想过凭这部书流芳千古,他的目的是要由此书出发,构建一个"理想国"。

---

① 《世史正纲校注本》,海南出版社,2005,第10—12页。

刻世史正綱序

作史者大要在明人心乎不能明
人心非史也何言明人心也天地
為萬物父母人得天地之心為人
靈於萬物人得天地之心在父子
為親在君臣為義在夫婦為別在
兄弟為序在朋友為信此中國所
有夷狄所無也何言中國有之夷
狄無之也夷狄禽獸類也天不能
治人人不能自治於是群五者之
所附屬必立之君然後統有統
有歸則必父父子子君君臣臣夫
夫婦婦兄兄弟弟各安各寧無有
姦慝然後統正統正然後夷狄不入
狄不陷禽獸不入夷狄不陷禽獸
然後可為中國主可為中國主然

《世史正綱》書影
（明嘉靖癸亥孫應鰲秦中刊本）

第六章

他的理想国

国士丘濬

一、治国济苍生

和大多数人不一样的是，丘濬不属于他的小家，他属于他的国。

他足够出色，家困不住他。他也足够健康，正如他的爱徒蒋冕说的那样："先生平生未尝一日卧病，或有病焉，不过心思冲冲而已。盖由先生不嗜欲，不饮酒，未病之先，既不无谨，或觉体之不宁也，又能和调安养，不致成疾，以故精力不倦，心神清爽，职务稍暇又有余功著书立言，以图不朽，岂吉人君子，天固赋以至健之资，而又默有以相之欤？"[1]他在自己的诗里也说："幸无热病兼寒病，免得花迷更酒迷。"[2]既是此等天选之子，自然便有他应当完成的天命。

足够好的身体，足够长的寿命，让丘濬经历了足够多的事。生于永乐年间，长于洪熙年间，于宣德、正统、景泰年间求学、入仕，经天顺至当下的成化，他已经历了七朝。虽然到了成化二十三年（1487年），他仍只是个礼部右侍郎，未能进入权力中枢，并无治天下的实际权力，但这并不会让这位阅尽沧桑且心思缜密的老人就此放下自己的抱负，他要用自己最擅长的方式去搭建他的"理想国"。毕竟，曲线救国也是救国。

这个"理想国"该是个什么样子？在回答这个问题之前，不妨先思考另一个问题：不理想的国是什么样子的？在丘濬心里，成化时期的明王朝，不是个理想国。

成化时期的明王朝，有个极其矛盾的现象，那便是经济不断发展，但国家财力衰微。这看起来似乎是件不可思议的事情。毕竟，通常情况下，在民间经济活跃、发展迅猛、财富不断积累之时，国家只要有效利

---

[1]《丘濬集》，海南出版社，2006，第5200页。
[2] 同上。

第六章　他的理想国

用税收征收、国有资产运营以及对外贸易等多种手段和措施，便自然能使国库充盈。但成化一朝就是这么不可思议，出人意表。

这份意外，还得从一株棉花说起。

我们通常会用"历史悠久"这个词来形容棉花这类具有悠久流布史及拥有广泛群众基础的东西。棉花确实历史悠久，史书中它又被叫作吉贝、木棉，据说在唐代以前便已从印度分南北两路传入了中国广西、广东、福建、云南等地。于是，大家慢慢地试着种植，慢慢地边打瞌睡边摇着纺车，并以极慢的速度直到南宋时期才传到未来的高产区——苏松地区，到元代才开始由一位叫黄道婆的女士和丘濬的老乡们一起开始琢磨技术的改良，以避免纺织的出品率太低。这段历程，自然使得棉花的历史悠久起来。毕竟即使从唐代算起，到技术改良的元，也有数百年了。等到"其种乃遍布于天下，地无南北皆宜之，人无贫富皆赖之，其利视丝、枲盖百倍焉"已是明代中期，即成化时期及以后了。缺乏敏锐性，是长久待在一个拥有固定模式的笼子里的动物区别于野兽的最显著的特征，棉花在中国的这段漫长的历程，便是这个国度在传统时代里反应迟钝的例证。

成化时期起，历史悠久的棉花终于在中国大地觉醒，其种植面积与生产总量都远超往日。量的变化必然引发质的变化，其种植与生产开始被划定在专业区域内进行，种植技术与生产技术由此得以改良，相关分工也更为专业、细致。种棉纺纱由原来的家庭副业拓展至手工业、商业，正式由解决温暖之需转变为必要且获利颇丰的贸易手段。同时，专业区域的划定和专业分工的设定，也让人员开始流动，农田里的农民摇身一变成了作坊里的技工，他们转而生活在逐渐兴起的新型集镇里。在这种集镇里，没有宗族的秩序与约束，利益让这些新居民们有时是共同体，有时是竞争者，于是商帮应运而生。

国士丘濬

"经济空前繁荣""资本主义开始萌芽""进入了鼎盛时代"……这些短句被后世的评论家们纷纷用来描述明中期的社会发展与变迁,但其实均言过其实。这个反应迟钝的帝国,根本没有做好应对的准备。她和她的前几个同样较为长寿的朝代一样,在运转了一百多年后便都迅速进入了老年期,开始由盛转衰,开始变得反应迟钝、步履蹒跚。她的臣民有了新的脑子,她却仍是那副老躯壳,基因里对自然经济的依赖,对"汗滴禾下土"这一场景的崇拜,让其对手工业和商业这些新玩意儿的兴趣并不会浓烈过对土地的占有欲。于是,由皇帝牵头,明王朝开始兼并农民的土地:洪熙时,那个被称为仁宗的皇帝建了一系列的皇家自有田庄——仁寿宫庄、清宁宫庄和未央宫庄;成化时,宪宗没收太监曹吉祥在顺天府顺义县强夺的军民土地作为宫中庄田。从此私有皇庄成为明王朝的惯例。上行下效,皇亲国戚自然也不会"袖手旁观":正统初年,驸马都尉赵辉在扬州奉诏烙马逼取民田3000余亩;成化时,宪宗王皇后弟弟王源占夺河间府静海县民产达2200余顷。[1]皇家如此,官僚们自然也不会束手束脚,以至于出现"畿内八府,良田半属势要家,细民失业"[2]以及"郡多士大夫,其士大夫又多田产。民有产者无几耳,而徭则尽责之民"[3]"公私庄田逾乡跨邑,小民恒产岁朘月削"[4]等诸多变态现象,甚至连用于养兵戍边的屯田也难逃被兼并的厄运。于是,王国的土地被高度集中于统治者手中,失地农民日益增多,边防能力日渐虚弱。

---

[1] 吕东波:《〈大学衍义补〉与明中期社会变迁》,硕士学位论文,东北师范大学,2007。
[2] 《明史》,中华书局,2000,第2835页。
[3] 同上书,第3573页。
[4] 《名臣经济录》,明嘉靖三十年汪云程刻本,卷二十一,第1642页。

第六章 他的理想国

皇亲国戚、官僚豪绅们又利用优免特权将赋役以诡寄、挪移等非法手段转嫁到中小地主和尚有田可耕的自耕农头上。如此，王国的财富分配成了一个畸形的倒三角，藏富于民的儒家理想变成敛财于官的现实，农民变成流民，官僚成为富豪，边防羸弱、民不聊生的同时，国家安全面临严重危机，国家财政收入也因赋税被非法腾挪、额田数量锐减而遭受重创。

这个王朝，在成化时期就这样陷入两个极端：塔尖的那一部分人拥有了巨额的财富，底层的百姓则陷入极端贫困。当时的两则记载让这个不理想的时代，丑态尽显。

国初宫室尚朴，服不锦绮，器用陶瓦。成化以后，富居华丽，器用金银，陶以翠白，市井有十金之产，辄矜耀者有之。①

在外州县饥荒尤甚，村落人家有四五日不举烟火闭门困卧待尽者，有食树皮草根及因饥疫病死者，有寡妻只夫卖儿卖女卖身者。②

只是，尚有一些问题需要思考。中国棉的觉醒，为什么没有带来大明王朝的觉醒？为什么没有带来工业革命？如果中国棉因种植面积的不断扩大和加工生产技术的不断改进，不仅满足了王朝所需，还通过出口成功进入国际市场，进而由国际市场的订单需求和外汇的流入反向推动种植技术和加工生产技术的不断革新，会不会由此催生蒸汽织布机，继而引发工业革命？与此同时，会不会因国际贸易的出现与发展，由中国来开启大航海时代，而不是仅仅由中国的指南针作为代表出席？如果都

---

① 万历《兖州府志》，明万历刻本，卷三十一，第2446页。
② 《大明宪宗纯皇帝实录》，北平图书馆红格本，卷八十六，第3页。

会，这个世界的格局又会是怎样？

可惜没有如果，这个王朝不喜欢远航，仅有的七次，也只是为了耀武扬威。

这个王朝的缔造者朱元璋和这个王朝大部分的人一样，对陆地有着与生俱来的亲切感，对海洋却只有恐惧。但这种骨子里的恐惧，又与中国人的"天下"的概念形成了一种新的矛盾。天下，总不能只限于目之所及的陆地范围吧？想要真正地拥有天下，又不想被恐惧支配，怎么办？智慧的大明帝国缔造者朱元璋"发明"了一种新的朝贡方式。洪武元年（1368年）十二月，朱元璋便遣使诏谕邻国安南，宣布由明朝继承大统，在对外关系中奉行朝贡政策。在争取到安南、占城、高丽等周边国家对大明奉行朝贡外交后，他又不遗余力地遣使诏谕现在位于东南亚、南亚的西洋诸番，甚至派人到达欧洲，扩大推广朝贡体系。[1]这样做的目的，是要明确他是天下共主，但实际上这一操作形式大于意义。虽然后世的学者会在"明朝朝贡"这四个字后加上"贸易"二字，但实际上这种朝贡体系下的经济要素所产生的经济价值略等于零，甚至往往是负数。"厚往薄来"的经济杠杆让这个帝国成了外交和生意场上最大的笑话。

既然"允许"海那边的藩属国跨海来朝贡，那朱元璋为什么要实施"海禁"？诡异的是，"海禁"和朝贡，这二者之间看似相悖，但前者其实是后者的保障。"海禁"肩负着一个重要的使命，那便是避免民间海盗与王国争利，确保朝贡船队的往来安全。至于不与民争利，这种理念在人治的帝国，实在太不切实际了。

底层困苦不堪，上层奢靡至极，皇家通过自定特权"自给自足"；内部矛盾重重，北边危机四伏，"片板不入海"的强压政策下反弹的南部

---

[1] 王冬青：《明朝朝贡体系与十六世纪西人入华策略》，博士学位论文，复旦大学，2005。

第六章　他的理想国

海域骚乱不止；土地兼并的同时，额田数量和税赋收入锐减，以中国棉为代表的手工业、商业被掐着脖子在指定范围内艰难发展，民无利、国无财。这就是"成化景象"，这时候的大明帝国自然不是丘濬心中的理想国。

如何建立一个理想国？古希腊柏拉图有一套他认为理想的机制。他在《理想国》中，讨论了公道正义、教育、政体和艺术，尝试建立一个他理想中的王国。他认为最重要的是，这个理想国的王应该是个"哲学王"，"哲学王"不一定要懂哲学，但要有哲人的智慧。中国先贤也早就设计了一套自己的机制，设计师是商朝的箕子，又或是某个时代的大儒，和柏拉图的《理想国》一样，采用的也是对话体，其试图用一篇一千多字的《洪范》来讲清楚"统治大法"。中国自古以"九"为尊，这篇文章当中最重要的核心便叫作"九畴"，分别是：五行、五事、八政、五纪、皇极、三德、稽疑、庶征、五福和六极。与《洪范》差不多时期的还有一篇"统治之法"，那便是《大学》。《大学》讲的是"修身齐家治国平天下"的途径及方法。差不多在同一个世纪里出炉的中国和古希腊关于"理想国"的这三种著作，无一例外都是从"帝王教育"入手，谈"统治之法"和理想国的建设。

丘濬，也有自己的理想国。成化二十三年（1487年），皇帝朱见濡生命中的最后一年。这一年的八月二十二日，他驾崩于大明后宫，终年四十一岁。九月，继任者朱祐樘为父亲朱见濡确定庙号。自此，成化帝成为明宪宗。皇位顺利地在这对父子之间完成了交接，新皇朱祐樘自然不会亏待旧臣，但旧臣不能认为这是应得的礼遇。于是，当年九月，六部、都察院、大理寺、太常寺、鸿胪寺等部门的一、二把手纷纷递上辞呈请求辞职，皇帝再下谕称初登大宝不能缺其辅助，一来一回，算是又完成了帝国各核心部门的权力交接。丘濬自不能例外，在九月递上辞呈后，十一月丘濬被升为礼部尚书，并掌詹事府事。礼部尚书和詹事府詹事均为正三品，此时的丘濬已正式成为朝廷重臣，只不过这一年的他，已六

国士丘濬

十七岁。

就在丘濬升职的当月,他把他的理想国方略呈到了新皇朱祐樘御前。这是他毕生的心血,更是他这位大儒的终极理想。相较于《理想国》《洪范》《大学》的"统治之法",丘濬的这部《大学衍义补》显得诚意更足,这本书共一百六十卷、一百四十余万字。这部巨作里的理想国,能建成吗?

二、黎民自可为

丘濬为搭建理想国而撰写的这部巨作《大学衍义补》是真德秀所作《大学衍义》的"补",而《大学衍义》则是对《大学》的衍义。《大学》由朱熹从《礼记》中抽出独立成章,并被其列为"四书"之首;真德秀是朱熹的再传弟子,丘濬是朱子学说的卫道士。所以,丘濬理想国体系的搭建,是以朱子理学为理论基础的。真德秀之所以要将《大学》进行衍义,是因为《洪范》《大学》这类的先秦经典既简短至极又晦涩难懂,且随着时间的流逝、世事的变迁,已逐渐变得不合时宜。丘濬之所以要"补"真德秀的《大学衍义》,是要补其不足。形式上,丘濬所补的是《大学衍义》中缺少的《大学》八条目中的"治国""平天下";本质上,他是要补真德秀《大学衍义》中所缺的"全体大用"的"用"。简单来说,真德秀认为,君主只要修好一人之身、齐一人之家,便可由此实现治国、平天下;丘濬认为这样是不够的,君主要想建立理想国,还要切实地了解实际的社会问题,并预先规划,提前制定系统的方略。这是丘濬这样一位实学家的基本自觉。故而,解决国家当下存在的实际问题,是《大学衍义补》的宗旨,根据当下的实际问题提出解决方案,是《大

第六章　他的理想国

学衍义补》的核心内容。

通览《大学衍义补》全书，正文"治国平天下之要"共十二目，分别为：正朝廷、正百官、固邦本、制国用、明礼乐、秩祭祀、崇教化、备规制、慎刑宪、严武备、驭夷狄、成功化。从其名便可知"正朝廷""正百官""固邦本"讲的是君、臣、民的管理及三者之间的关系。同时，"固邦本"和"制国用"又重点讨论了国家经济问题。文化教育问题则集中在"明礼乐""秩祭祀""崇教化""备规制"中，法律与国家安全的讨论则在"慎刑宪""严武备""驭夷狄"中展开。因此书所讨论的内容涉及政治、经济、文化、军事等诸多方面，故而后世它成了国家管理的"百科全书"。

丘濬想要呈现的倒不是大而全，他关注的是这个帝国的过去、现在和未来。

正如前文所述，大明王朝行至成化，已然出现衰退的迹象，君、臣、民矛盾激化，国家财力衰微，武备松弛，边防危急。内部危机可以通过组织优化和变革来实现，在这一点上，前代及与丘濬同时代的大儒其实有过非常丰富且颇有见识的论见，属于"老生常谈"的内容。作为这个帝国重要的一分子，作为一个博览群书、阅尽沧桑且见识超乎常人的智者，丘濬把更多的精力放在思考如何突围上。譬如，中国棉有没有可能真的"衣被天下"，即"衣被"那个真正意义上的更大的"天下"，从而缓冲内部矛盾、增强国家财力，进而使帝国有能力解决民生、边防等方面的危机。

要让中国棉真正觉醒，首先还得从君主的认知升级入手。

首先，要正确认识人性。丘濬说："人之所以为人，资财以生，不可一日无焉者也。"[1]这是说，物质财富是人类生存的基础，为了生存，逐

---

[1]《丘濬集》，海南出版社，2006，第385页。

国士丘濬

利自然便成必然。他又说："财者,人之所同欲也。""人心好利无有纪极。"[1]他认为,极力追求财富是人的天性,只要加以正确的引导和必要的规范,使逐利的行为合德合规,便无须谈利色变。

其次,要承认贫富差距存在的必然性和必要性。丘濬认为,"天生众民,有贫有富",君主只需要"省力役、薄税敛、平物价,使富者安其富,贫者不至于贫"便可。[2]他主张安富,认为在特殊时候,富户是小民及国家所要依赖的:"富家巨室,小民之所依赖……非独小民赖之;而国家亦将有赖焉。"[3]因此,他极力反对"抑富",反对"摧抑商贾",他认为"富能夺,贫能与,乃可以为天下"[4]的说法是荒谬的。

认识到逐利是人性、承认贫富差距存在的必然性和必要性后,便要在国家经济治理上注重"听民自为"。举棉业为例,要允许民间私有经济参与到生产和贸易之中,取消国家过往和正在采取的种种针对商业的控制和禁限,给商人充分的经营自由。此外,"听民自为"之策还有一个重要前提,那便是包括棉花在内的盐、铁、茶等民生经济产业都不应该由国家政府垄断经营。因为"听民自为"相较于政府垄断和政府过度干预下的经济政策,不仅顺乎人性,能激活国家经济活力,而且能使行业经济形成竞争之势,在繁荣工商业经济的同时,实现对物价上涨的限制。因为市场本身能使"物之良恶,钱之多少,易以通融,准折取舍"[5],从而使商品的质量和价格相适应,起到以质论价的作用。丘濬认为政府过度干预市场,甚至采取垄断经营等手段与小民、商贾争利的行为是极丑

---

[1]《丘濬集》,海南出版社,2006,第391页。
[2] 同上书,第466页。
[3] 同上书,第255—256页。
[4] 同上书,第466页。
[5] 同上书,第465页。

第六章　他的理想国

陋的——"以人君而争商贾之利，可丑之甚也"①。

为补充论证"听民自为"的合理性，丘濬在《大学衍义补》中梳理了历朝历代对工商业所制定的不当政策，尤其对汉武帝时的官商经济行为表达了明确的否定。他认为，桑弘羊所提出的"均输""平准"之策，置所谓"均输官于郡国，尽笼天下之货，贵则卖之，贱则买之。使富商大贾亡所牟大利，而物价不得腾跃"②的做法是可笑的。既然认为商业是末流，既然不想让"富商大贾"有利可图，却又让廷上君王以万乘之尊去牟商贾之利，岂不是自相矛盾？

丘濬所提出的在经济领域内的"民自为之"，还不只限于国内，他还主张开放"海禁"，实行真正意义上的国际贸易。

丘濬说，国际贸易"互市"起源于汉代和南越的通商，到宋熙宁（1068—1077年）时"创立市舶以通货物"，算是开启了海上贸易。元代承袭宋制，与海外番邦交易珠翠、香货等物。但到了明代，海上贸易逐渐变成了怀远之策，并无任何贸易利润的产生。丘濬认为，"海禁"并不能杜绝非官方的"私通溢出"，因为虽然有严格的政策与律法，但"利之所在，民不畏死"③，逐利的本性并不会因此而泯灭，越是采用"堵"的方法，越会有更多人选择铤而走险，犯法之事则常有。如此一来，国家无利可得，却又受其害，得不偿失。如果开放"海禁"，让民众可以合法地从事国际贸易，既可以从中获取税收，又能减少"堵"导致的民乱，通过外贸获得的外邦之物还可以满足国家之用，何乐而不为。

但丘濬的"民自为之"的经济发展主张，并不是"任民为之"。

---

① 《丘濬集》，海南出版社，2006，第466页。
② 同上书，第461页。
③ 同上书，第467页。

国士丘濬

对于国内市场的管理，丘濬认为需要注意的是国家对谷物的控制不能放松。他认为粮食为最急之物，万万不能出现短缺的情况。所以政府要储备足够多的粮食，以控制和调节粮食价格，以确保国家粮食安全。为此，他还主张建立谷物价格上报制度，以便政府能及时了解谷价，并及时采取调节措施。至于谷物之外，丘濬认为，完全可以放手交给市场，由市场完成自我调节，这些不关乎生计的"生意"，均不足为虑。

此外，对于海外市场的管理，丘濬提出三条具体的建议：第一，恢复市舶司，确立其海外市场交易官方机构的身份。第二，海外贸易须受国家严格管控，从业者须将产品的种类、数量、价格报市舶司，经审查合格后方可出海交易。同时，从者业还须报备前往之处、途经之国及返回时间。第三，对外贸易的物品在出口和进口时，须接受官府的检查，并抽取相应税费。此外，丘濬还为对外贸易设立了贸易国"黑名单"。经过他的考证，除去日本国"人工巧而国贫窘，屡为沿海之寇"[1]，应遵祖训不与之互市通商外，其他海上外邦历史上没有出现过犯边为寇的先例的，完全可以开放"海禁"，彼此互为商市。

当然，以上所举仅为《大学衍义补》之一目，并不能完全解构丘濬的治国理念，但由此一目仍足以窥见他的理想国的一隅。

成化二十三年（1487年）十一月十八日，丘濬写好《进〈大学衍义补〉表》，将他的这部理想国方略进呈新登基的弘治帝朱祐樘。丘濬在该进表的末段写满了一位年近古稀的朝堂老臣的拳拳报国之心：

臣濬下愚陋质，荒陬孤生。生世无寸长，颇留心于扶世；读书有一

---

[1]《丘濬集》，海南出版社，2006，第467页。

第六章　他的理想国

得，辄妄意以著书。固非虞卿之穷愁，亦匪真氏之去位。猥以官居三品，惭厚禄以何裨；年近七旬，惜余龄之无几。一年仕宦，不出国门，六转官阶，皆司文墨，莫试莅政临民之技，徒怀爱君忧国之心，竭平生之精力，始克成编。恐无用之陈言，终将覆瓿，幸际朝廷更化，中外肃清，总揽权纲，一新政务，倘得彻九重之听，取以备乙夜之观，采于十百之中，用其二三之策，未必无补于当世，亦或有取于后人。民物于是乎一新，世道兹焉乎复古，好所好，恶所恶，一人永子育乎兆民；贤其贤，亲其亲，四海咸尊戴于万世。臣干冒天威，无任激切屏营之至。臣所撰《大学衍义补》一百六十卷，补前书一卷，并目录三卷，共成四十帙，谨奉表随进以闻。

成化二十三年十一月十八日，国子监掌监事、礼部右侍郎臣丘濬谨上表①

四日后，皇帝下圣旨予以褒奖并要求刊印发行："览卿所纂书，考据精详，论述该博，有补于政治。朕甚嘉之，赏银二十两。纻丝二表里。书誊副本，发福建布政司著书坊刊行，礼部知道钦此。"②弘治元年（1488年）正月二十五日，太子少保、礼部尚书周洪谟率右侍郎倪岳、张悦及祠祭清吏司郎中王沂等奏报：刊刻完成。③这部巨作的命运将如何？新登基的弘治帝会不会听取丘濬的意见带领大明完成突围？

---

① 《丘濬集》，海南出版社，2006，第10—11页。
② 同上书，第3957页。
③ 《大学衍义补》，明弘治元年建宁府刊本，卷首。

国士丘濬

三、将老入阁臣

在人治的帝国，掌握治理政策最终裁定权的那个"人"如何，是这个国家能否得治的关键。具体到王朝来说，那便是能臣得遇到明君才能尽其能、治其国。创作完成《大学衍义补》的丘濬自然是能臣，他的"能"还不单是能发现别人也可以发现的现实问题并提出对策，更"能"的是他可以根据时局预测未来的发展趋势，并制定出严密周详的策划案，故而后世有人称丘濬为"穿越者"。那收到能臣所制定的治国方略的朱祐樘是明君吗？

成化二十三年（1487年），朱见濡驾崩成为明宪宗，皇太子朱祐樘登基成为新皇。次年，即1488年，朱祐樘改年号为弘治。弘治帝是明君吗？他会接受丘濬在《大学衍义补》中提出的治国方略，进而使得大明王朝进入中兴时代，使自己成为真正意义上的"天下共主"吗？

若真要求弘治帝如此，那着实是有些为难他了，这也太过忽略了童年遭遇对一个人的人生的影响力了。若干年后，病逝的弘治帝的庙号被其子——"著名"的明武宗朱厚照定为"孝宗"，这个庙号定得既准确也令人惋惜。作为人子，"孝"自然是值得推崇的，但作为一国之主，"孝"成了最终的定论，便算不得什么至上的荣光了。

弘治帝的童年，就一个字——惨，惨到他差点活不到长大成人。这当然和他的出生直接相关。

他不是朱见濡的长子，他的母亲纪氏只是成化初从大藤峡掳来的一名俘虏。若不是成化帝朱见濡不小心在皇宫的储藏库遇到正在此处打杂的朱祐樘的母亲纪氏，并临幸于她，朱祐樘根本就没机会来到这个世界。

若论常理，朱见濡临幸了纪氏，纪氏怀上了孩子，接着封个妃子，

第六章　他的理想国

纪氏和她的孩子便铁定能过上富贵日子了，何况生的还是个皇子。可常理并不总是常在。朱见濡后宫的"常理"被掌握在那位早夭的皇长子的母亲万氏手中。这位万贵妃比她的男人朱见濡大十七岁，起先只是他的侍女，朱见濡登基后她便一跃成为后宫的"女主人"。她身份低微，侍女出身的她，在成化二年怀上皇长子后才被封为贵妃，到死都没成为朱见濡的皇后。但天顺八年（1464年）被废的吴皇后和之后新立的王皇后，通通都不是她的对手，她们通通都得不到皇帝的宠幸。实际上，吴皇后被废、二皇子早夭都是她一手操控的。显然，在万氏独掌后宫的局势下，怀上龙种的纪氏想要荣华富贵必是奢望，保自己和孩子的命才是她当下最要紧的事。可纵使纪氏再小心，她怀孕的事实终究还是被只手遮天、耳目众多的万贵妃发现了。幸好朱见濡护子心切，他谎称纪氏得了传染病，将其送入北安门外的停尸房安乐堂隔离，才使得纪氏得以活命并顺利产下一子，即朱祐樘。直到朱祐樘躲在外长至六岁，被一众内官鼓动并说服的万贵妃才把这对母子迎入永寿宫，母子二人这才过上了正常人的日子。恰巧，此时的皇位的几位顺位继承人都遭了厄运，这才留出了空当给朱祐樘：朱祐樘同父异母的长兄为万贵妃所生，但朱见濡的这位可怜的长子，名字都还没来得及取便早夭了；同父异母的二哥朱祐极于成化五年（1469年）四月出生，三岁时被立为皇太子，但刚成为太子没多久便突然夭折了。

在这种极端残酷的宫廷斗争中活下来的朱祐樘，他的童年是不堪回首的，这也让他自小便养成了"寡言笑，慎举止""深自潜晦，弗自炫露"的小心谨慎的性格。他在停尸房出生，在停尸房长大，躲躲藏藏地活到六岁，刚进宫没几个月，母亲纪氏就莫名其妙地病死了，这让他不得不成了一个"孝子"。同时，他还是一众老师们口中的好学生。讲官每次为他授完课，他都会礼貌地说："先生吃茶。"如果发现某个讲官当日没在，他便会询问缘由，当知道此讲官当日不当值时，他便会表示很遗

国士丘濬

憾。若是讲官讲解朱见濡撰写的《文华大训》，他"必令左右撤案，降座立听"，待讲完后才敢落座，表现出对其父极度的尊重。

这种环境下成长起来的朱祐樘，成了一位非常认真的"孝子"。终其一生，他给世人留下的印象便是"天性诚笃，简言慎动，涵养充实，而未尝自耀，渊然莫测也"。他"敬天事神，夙夜不怠"，行事必以朱元璋的《皇明祖训》为准则，常挂在嘴边的话便是："吾为祖宗守得法度在，惟恐有失。"期待这样一位"至孝守成"的皇帝突破限制、革故鼎新，恐有些难。

不过，收到丘濬《大学衍义补》的弘治帝朱祐樘，其接下来的一系列举动还是颇令人兴奋的。他先是对丘濬一顿夸赞，认为此书确实对政治有用。由于丘濬前不久已升为尚书，所以朱祐樘改奖励丘濬银两、绸缎，并要求立即将书刊刻发行。但了解朱祐樘的人都知道，这只是他的习惯做法而已，他在朝臣心中一直都是个懂礼仪且很会尊重人的皇帝，这一次，也不例外。

不过，这样一部既能应对当下困境，又能指导未来发展的巨作，自然也不会就这样被湮灭。作为作者，丘濬当然也不会任其被漠视而坐视不管，这既不符合他的性格，也有悖于他的理想。其实，朱祐樘也从中看到了王朝的希望，只不过这涉及整个国家的各个层面的变革，确实也需要一步步来，毕竟他还是要以"守成"为主，毕竟对于皇帝个人而言，皇位稳定是压倒一切的大事。

再说，这部书确实也太大了，一百六十卷、一百四十多万字，读起来都不是一件特别容易的事。于是，弘治帝让丘濬挑选其中的要章分别上奏，原则便是急事、要事先办。

于是，递上《大学衍义补》的当年，即成化二十三年（1487年），丘濬先上《漕运议》，其内容取自《大学衍义补》卷三十三、三十四"制国用"之"漕挽之宜"。漕挽，是水运和陆运的合称，是王朝宫廷和文武百

第六章　他的理想国

官的日常用度及军需物资运输的两大主要运输方式。其中的水运，自然包括河运和海运。只不过，永乐十三年（1415年）会通河工程才完成，朝廷出于对海运安全性的质疑，便将海运停罢了。但陆运成本巨大，河运也存在常要疏浚、枯水期易停运等现实问题。因此，丘濬力谏恢复海运。

丘濬从经济与人力学的角度进行分析，并将陆运、河运与海运进行优劣势对比，得出："河漕视陆运之费省什三四，海运视陆运之费省什七八。"①至于历来所担心的海运安全，丘濬从海运路线设计、海运人员选择、海运船只改造等三个方面提出了自己的建议，认为海运的安全完全是可以通过这些措施得到保障的。

丘濬的高明之处，还在于他的战略眼光。他认为，海运之于国家安全具有非常重要的意义。明王朝都城设置于北京，虽然有其政治、军事上的考量，但也带来了经济上的挑战，因为南方才是国家的经济中心，国家财政收入的主要来源也是南方。为了维持国都及北方地区的政治、军事、经济等各方面的运转，需要源源不断地从东南地区调运粮食、布匹、税银等物资。如果依赖于运河，则一旦运河受阻遇险，那便如被人扼住了咽喉，将直接影响到国家安全。同时，他还提出，在海运的同时，加强运兵的水战能力，这样便可以东制朝鲜、南制交趾。如此，则兵食两足，而国家有水战之备，实在是有万世之利。

举凡丘濬如《漕运议》这样的奏章被递上，朱祐樘都会采取"选择性吸收"的方式进行温和的变革。在他的理念里，治国需徐徐图之。所以，我们今日回头来看，丘濬所提漕运改革一事及海运的开通还需经历漫长的岁月才最终得以逐步实现。不过，丘濬的《大学衍义补》刊行后，

---

① 《明臣奏议》，清乾隆武英殿木活字印武英殿聚珍版书本，卷五，第25页。

国士丘濬

在朝堂众官员中广受好评，成了朝臣日常论政的主要讨论材料。这在一定程度上提升了丘濬在朝中的威望，也使得其治国理念有了更多实现的路径。如盐政一事，弘治五年（1492年），户部尚书叶淇结合丘濬在《大学衍义补》中对盐政"开中法"弊病的分析，提出了"折色法"。明代，商人通过输送米粮等至边塞而获取食盐运销权，此即"开中法"。折色法实施后，商人可以通过直接向国库缴纳银两的方式换取盐引。这一做法简化了盐商的运营流程，缩短了营运周期，增加了盐商的经营收益，从而有效地调动了盐商的积极性。改革后，盐商们争相到运司纳银换盐引，国库因此迅速得到充实，每年为国家增加的收入在百万两白银以上。这在一定程度上缓解了明政府国库空虚导致的财政危机。

在《大学衍义补》刊行的弘治元年（1488年），丘濬成为《宪宗实录》的副总裁，他和老同事刘吉、徐溥、刘健一起，再次为国修史。这几位老朋友，也将携手开启弘治朝前期的政治新纪元。

这一年，丘濬迎来了他的第四个儿子丘京。丘京的母亲是琼山名族唐氏之女，成化十六年时（1480年）和丘敦一起到北京，至丘京出生时已嫁给丘濬九年。此时得一子，之于丘濬而言，心情是极为复杂的。毕竟，他已整整六十八岁。此生对于他而言，做学问也好，为官也罢，或许也都到了尽头了。自己的两个孩子先后死去，自己的弟子蒋冕也已于去年中了进士，入了翰林院做了庶吉士，余了也没太多牵挂了。递交完《大学衍义补》的那一刻起，他心底里其实已经做好了"闭门袖手"的准备，巴望着能早早归去。不承想，却在这个时候又得一麟儿，或许是上天在垂怜这位折腾了一生的老人吧。又或许，是不想这一门之学后继无人吧。

第六章　他的理想国

戊申岁次韵二首（其一）[①]

丘濬

辛苦钻研老一经，闭门袖手百无营。

归心急似逢春雁，交契稀如既晓星。

黄籍自甘当落甲，白头谁料又添丁。

老夫有意应怜我，何幸衰年得馨宁。

　　太阳每日照常升起，日子也不太会管你怎么想，照常一天天地过。弘治三年（1490年）三月，丘濬再次成为廷试的读卷官；弘治四年（1491年）八月二十四日，《宪宗实录》修成，担任副总裁的丘濬被加封太子太保，成为三公之一，官居正一品。这还不够，当年十月二十四日，丘濬又被升为文渊阁大学士。第二天，丘濬便上表辞任，他说："顾臣何人，敢膺此任。方臣强壮之时，反躬自省，尚不敢受此重任，况当衰老之年、垂死之日，屡陈求退，反得超升进之密勿之地，委以机务之重，力小任大，必至颠覆。"[②]这次辞任确实已不是他的第一次，前一年长子丘敦去世时他便三次上疏请求致仕，升太子太保时他也多次请求退归。和前几次一样，这一次也未被批准。一次不成，再请，再请不成，则三请，这次丘濬似乎铁了心要离开。

　　被请入阁后的三次辞任表中，丘濬详细地说明了原委，也说出了自己的委屈。

　　他辞任的主要原因，是年纪太大了，七十一岁确实已是日暮途穷、钟鸣漏尽之时，他说时不待人，自己已是死期将至。令人遗憾的是，他的右眼已经失明，左眼也已视线模糊，以至于"视物不辨黑白，行步不

[①]《丘濬集》，海南出版社，2006，第3914页。

[②] 同上书，第3957页。

国士丘濬

知重轻。拜起艰难，时忽倾跌"[1]。此外，他心底里对自己此时才被选入阁是很失望的。当然，这不是刚登基的弘治帝的问题，叹只叹他时运不济。他说，用人要当其少壮之时、强力之日，年力精壮、耳聪目明之时，人才才能最大程度地发挥辅弼之才。何况内阁不同别处，"一言失当，或以贻四海之忧，一事误处，或以为无穷之害"[2]，"须得第一流人物，然后可以当此任"[3]。丘濬说，阁臣年纪过大，难免昏聩，难以保证不出错，若出错在内阁，则实在是祸国殃民。他说："或许有人要说我这样做是为获得一个谦让的好名声，但一则实在是力所不能及，二则我所呈上的《大学衍义补》里已将自己的治国方略尽数写入，皇上不用我身而能用我言，是比赐我以高官厚禄更有益的做法。"

古人之辞，以三为节，初辞为礼辞，再辞为固辞，三辞为终辞。丘濬的三次辞任虽然情真意切，但这并不能改变皇帝朱祐樘的决定。朱祐樘的每次回复都简要而决绝，他说丘濬历任年深、学行老成，有资格入阁，眼睛若是有疾，今后大风和雨雪天气，就不用来上早朝。皇帝如此，丘濬也没有办法了。弘治四年（1491年），他正式进入大明王朝的内阁，成为这个已经一百二十多岁的王国的顶级大脑，成为这位二十多岁的弘治帝最为依仗的公卿之一。不过，说实在的，这时的大明内阁，还是挺迷人的，阁臣都是老熟人，也都是大能人。皇帝也正年轻，又对臣下恭敬有加。丘濬这把年纪能在此内阁有所为吗？丘老尚能饭否？

---

[1]《丘濬集》，海南出版社，2006，第3958页。
[2] 同上书，第3961页。
[3] 同上书，第3959页。

第六章　他的理想国

四、厘革时政对

正如前文所说，弘治四年（1491年）的内阁，是有些让人羡慕的。

四年前，即成化二十三年（1487年），弘治帝组建了第一套自己的班子。当时内阁共三人，分别是刘吉、徐溥、刘健。弘治四年，丘濬加入。了解这套新老结合的班子，我们不妨从此四人的简历入手。

刘吉（1427—1493年），字祐之，号约庵。河北博野人。正统十三年（1448年）进士，授编修。成化十一年（1475年）四月，以礼部左侍郎兼翰林学士入阁，官至少师兼太子太师、吏部尚书、华盖殿大学士。弘治五年（1492年）八月致仕。

徐溥（1428—1499年），字时用，号谦斋。江苏宜兴人。景泰五年（1454年）榜眼，授编修。成化二十三年（1487年）十月，以吏部右侍郎兼翰林学士入阁，官至少师兼太子太师、吏部尚书、华盖殿大学士。弘治十一年（1498年）七月致仕。

刘健（1434—1527年），字希贤，号晦庵。河南洛阳人。天顺四年（1460年）进士，选庶吉士，散馆授编修。成化二十三年（1487年）十一月，以礼部右侍郎兼翰林学士入阁，官至少师兼太子太师、吏部尚书、华盖殿大学士。正德元年（1506年）十月致仕。

丘濬（1421—1495年），字仲深，号深庵。广东琼山人。景泰五年（1454年）进士，选翰林院庶吉士。弘治四年（1491年）十月，以礼部尚书加太子太保入阁，官至少师兼太子太保、户部尚书、武英殿大学士。弘治八年（1495年）二月卒于任。

这四位阁老中，刘吉入阁时间最早（1475年），是前朝遗留下的阁老。他资格最老，于是在弘治元年（1488年）新建内阁班子时便成了内阁首辅，弘治四年丘濬入阁时他六十五岁。徐溥和刘健是弘治元年新班

国士丘濬

子组建时同时入的阁，徐溥是以吏部右侍郎兼翰林学士的身份入阁，弘治四年时六十四岁；刘健是以礼部左侍郎兼翰林学士的身份入的阁，弘治四年时五十八岁。丘濬入阁最晚，是以礼部尚书兼太子太保的身份入的阁，弘治四年时七十一岁，在四人中年纪最长。

在丘濬之前，以六部长官身份入内阁的比例很小，仅有王文、徐有贞两例（前者于景泰四年以吏部尚书兼翰林学士身份入阁，后者于天顺元年以兵部尚书兼翰林学士身份入阁）。丘濬以礼部尚书身份入阁后，以六部长官身份入阁的人数有所增加，但以六部侍郎（非尚书）入内阁仍为主流，而直接从翰林院或詹事府入阁的仅占整个明王朝阁臣总数的十分之一左右，这与通常我们所以为的内阁主要从翰林院中选拔是不一样的。这种认知，到如今应更正为更准确的说法——入内阁的大多都有翰林院的经历。

说回弘治四年时的这个内阁班子。这四人有过相同的轨迹，都有在翰林院和某部工作的经历，都参与过修史修志，都有过主持国家考试的经历。徐溥自不必说，他与丘濬之前的往来，前文已经有过详细的叙述。刘吉和刘健，则分别有一个很有趣的外号。刘吉，因为数经弹劾而不倒，被人称为"刘棉花"，加之他是成化年间"纸糊三阁老"之一，名声一向不大好。刘健是丘濬的门生，后人叫他"木头"，但这个外号并未影响他的名声。他以善断著称，后来成了内阁首辅，是有明一代的名臣。

于是，这四位就组成了一个非常有意思的组合。刘吉八面玲珑，而作为朱祐樘的老师，他非常善于捕捉这位皇帝的心思，不然他也不会从前朝内阁顺利过渡到本朝，还一跃成为首辅。善于钻营的小人也有他的用处，刘吉最大的价值便是有一套自己的人际关系网，能很好地帮着新内阁完成与各部、各院、各寺及各府的对接工作。所谓首辅，不过是在这样一个特殊的过渡时期里，弘治帝挂上的一块招牌而已，只要新内阁一稳定，必然有充分的理由让他出阁。徐溥则是"凝重有度"的相才，

第六章　他的理想国

他既有治国的能力，又能容人，是内阁内外的黏合剂。刘健，虽然前面说后人叫他"木头"，但这可不是一块普通的木头，众人所见的沉默实则是他在深思熟虑，他的善断便是建立在深思熟虑的基础之上的。丘濬自不必多说，一个善论博学且有一整套治国方略的策划师，他在这个内阁中年纪最长，加上入阁前已加封太子太保，综合品级为众人中最高，自然也便在内阁中拥有相当重的话语权。于是，出乎丘濬意料的，原本以为无望实现的"理想国"，竟然在这个特别的内阁班子中渐渐看到了实现的可能。

入阁初年，丘濬便把厚得实在是啃不动的《大学衍义补》进行了缩写，将其中最为紧急、重要的部分进行了摘选，把所引用的部分删除，分别制成奏章，依紧要程度依次上奏。皇帝很同意这种做法，回复道："卿欲有言，具奏来看。"①

接着，善断的刘健成了善于策划的丘濬的好帮手，他帮助丘濬将《大学衍义补》中的各类改革措施依国家实际需要进行分门别类，区分出先后顺序。田赋改革、漕运改革、盐政改革，便是在这样的合作下逐步在弘治初年推行开来的。

弘治五年（1492年）四月十日，丘濬又择《大学衍义补》中关于时政弊病治理的要务形成《论厘革时政奏》，同年五月十二日，上《请访求遗书奏》；弘治七年，先后上《请昧爽视朝奏》《乞免撰〈玉枢〉〈北斗〉二经序文奏》《乞严禁自宫人犯奏》《乞免李兴死彭程成边奏》《奏再乞免李兴死彭程充军》《乞储养贤才奏》《弭灾疏》《请区别纳粟监生奏》。进入内阁的丘濬不以年老体衰为托，纵使两只眼睛都已几乎失明，纵使上朝时腿脚都已不听使唤，他仍一心扑在朝政上，勤勉地奔着他在《大学衍义补》中搭建的理想国艰难地小步跑着，吃力却又深感欣慰。在内阁

---

① 《广东文选》，清康熙二十六年三间书院刻本，卷二，第87页。

的所有时间里,他只有一封议事奏疏与自己有关,准确地说是与他的家乡有关,那便是他希望皇帝能准许他在家乡建一座奇甸书院。

在这些议国事的奏章中,被后世广为传颂的便是《论厘革时政奏》[①]。这封长达六千八百多字的奏疏,列举了二十二种当前及以后奸臣小人们已经存在和可能出现的祸乱,并采用模拟问答的方式,为弘治帝朱祐樘拟好了应对之策。

他说,从今以后,若有任何朝臣认为佛、道能保佑皇朝长久、社稷太平,请皇帝如此驳斥:历史上信奉佛教的,没人能超过梁武帝;崇信道教的,无人能出宋徽宗之右。然而,梁武帝饿死于台城,后代子孙互相残杀;宋徽宗被金兵俘虏,死在五国城,宋室的亲王公主同时被掳而死在北方者四十余人。这两位的皇朝怎么长久?怎么太平?

他说,若有人认为通过修炼金丹能达到长寿永生,请皇上如此呵斥:后汉魏伯阳作《参同契》,宋代张平叔作《悟真篇》,两人都是著书教人炼丹以求长生的,那他们自己应该是得道高人,应该能长生不死才对吧?可是他们两位现在在哪呢?如果他们自身都难保,这样的人说能长寿永生,能信吗?

他说,若有人认为建佛寺和修道观可积福积德,皇上您请这样说:大明两京有众多雄伟的佛寺,如天界寺、大报恩寺、大兴隆寺,道教宫庙则有朝天宫、大德宫、灵济宫等,而且前朝所建的无数寺院宫庙也都还在。因此,对于佛道二教来说,是完全足够的了,那又何必再建造更多的寺庙?当前国家的经费开支已经是祖宗时的百倍之多,民众生活困苦,财富几乎耗尽。如果此时再大兴土木,耗费大量的人力物力,不仅会加重百姓的负担,还会引发民怨,而国家的资财也因此而消耗殆尽,国家将愈加贫困。如果佛天尊等神灵真的存在,并且看到人们因为建造

[①]《丘濬集》,海南出版社,2006,第3968—3983页。

第六章 他的理想国

他们的居所而遭受穷苦和怨愤，那么他们必然不会愿意住在这样的地方。那些只知道为自己祈福而不顾及民众疾苦和国家利益的"神"，又怎么值得我们去崇奉呢？

他说，若有人建议刊印经忏以求弘法，实为获利，请皇上如此批评：本朝佛教有藏经十二部，共计五千零四十八卷；道教有藏经七部，共计四千四百三十一卷。这些藏经都已有版本印刷发行以供信徒学习和供奉。此外，还有经厂所刻和书肆所售的各类经书，可以说在刻印佛道二教经典方面已经做得非常充分了，无须再额外刻印新的版本。更何况刊印一部梵夹所需的木板，其费用足以耗尽十户中等人家的家产，而且，工匠的劳役、纸张和墨水的使用等都不可避免地要耗费大量的人力物力，导致民众负担加重，甚至引发怨言。如果佛天尊等神灵真的存在，并且具有灵性，那么他们看到人们为了印刷他们的经典而如此劳民伤财，心中也必然不会感到高兴。因为真正的宗教信仰应该是以慈悲为怀，以众生的福祉为重，而不是仅仅为了个人的功德或利益。

他说，若有人认为斋醮必须丰盛，请皇上如此回复：古时候的人祭天享帝，以匏、陶为祭祀器皿，以清水为奠，讲求的是诚敬，而不是祭品是否丰富美观。此外，佛道二教主张清净慈悲，如果佛天尊只关心信徒的祭品以满足私欲而漠视百姓疾苦，那根本就不配为佛天尊。

他说，若有人认为，诵经持咒可以禳度，我恳请皇上如此纠正：古人著书垂教，让后人诵读学习，以为身心家国之用。然而，古人从未认为念诵经卷多少遍便能够得功果，就连佛祖和老子的传世经文也没有这样的记载。这都是后人的伪造，他们假佛天尊之名，宣称诵经念佛就能祈福消灾，他们甚至称雇用他人为自己诵经也可达到这种效果，这种徒事口舌、无益身心的事，真的能够消灾解难吗？

他说，若有人认为，我们应该崇敬西僧以求秘术，我请皇上如此指正：自唐宋以来，西番常常成为边境的忧患。然而到了元朝，由于元朝

国士丘濬

皇帝崇重番僧，每当边境有患时，便派遣番僧前去劝谕，往往能够迅速平息事态，恢复安宁。但这里需要明确的是，元朝之所以这样做，并非因为番僧拥有什么神秘的法术或技术，而是出于政治和外交的考虑。本朝沿袭元朝的旧制，对西番的首领进行册封，赐予王爵，这是出于地方治理的考虑，而非因为相信他们拥有什么秘密之术或祛邪之法。册封王爵所带来的经济负担已经很重，何况现在的番僧中，很多并非真正的西番人，他们往往利用身份之便作奸犯科，成为国家的蠹虫。因此，对于番僧的册封和供养应当严格按照旧例执行，不必再有所增加。

他说，若有人建议祀神以祈求福祐，我恳请皇上指正他们：首先，《周礼》"八则"中的第一则便是祭祀以驭鬼神。要注意其中的这个"驭"字，它是管理而不是臣服。哪有向自己所驭使的鬼神祈求的道理？这既不合乎逻辑，也有悖于君主的身份和职责。同样，从神明的角度来看，他们也不敢接受这样的祈求，因为这可能会破坏天地间的秩序和法则。祭祀是一种表达敬意和感恩的方式，是人与神之间的一种和谐共处的体现。孔子所说的"非其鬼而祭之，谄也"，则是对那种为了个人私利而祭祀的行为的严厉批评，并非说祭祀要区分鬼神。

他说，若有人认为宴飨物及祭品必须丰侈，我恳请皇上指正他们：古人宴飨是为了表达慈惠和恭俭，不为排场和饮食观美。后来人们的祭品却是愈来愈奢侈和浪费，甚至一日的宴飨等于一户普通百姓的十年支出。这是在暴殄天物、靡费民财，不是为了惜福。

他说，若有人认为必须按照旧例进行赏赐和分配，请皇上如此驳斥：古人赐予的初衷，是为了报答功勋和施予恩惠。这些赐予的等差多寡，都是有一定的常数和标准的，主要目的是激励人心，而非仅仅为了满足个人的私利。洪武盛世时期，国库充盈，而人员相对较少，因此当时的赏赐和分配能够相对慷慨。然而到了现在，情况已经大不相同。国家所储备的物资比过去少了，但需要赏赐和分配的人却比过去多了。因此，

第六章　他的理想国

虽然从个人所得的角度来看，每个人所得到的可能会比过去少，但从国家总体的支出来看，却已经是过去的数倍之多。无论是君主还是臣下，都应该意识到国资匮乏的现实，并为此节约开支。

他说，若有人建议将宝石作为服装的饰品以供赏玩，请皇上如此回复：宝石色不如玉、质不如金，不过是有些光泽的细碎砂石而已，称不上是什么珍宝。在朝廷推崇或需求旺盛时，宝石价格飙升；而在需求萎缩或经济不景气时，其价格则可能大幅下跌，甚至影响普通民众的生活。这些所谓的宝石最是耗费国库钱财，我们要以史为鉴。

他说，如果有人仗着为朝廷购置所需在街市赊账，让小贩自行去国库领钱，请您下旨杜绝：唐朝的宫市制度被史官批评，说朝廷公然在市集上抢夺百姓财物。国家如此富有却向小民赊账，这名声可不好听。市井小贩靠微薄利润养家糊口，一天不赚钱，全家就一天没饭吃。他们往往还向富人借贷，还需按日计息偿还。现在官府虽非直接抢夺，但让小贩去国库领钱，公文往来一等就是十天半个月，最后到手的钱还不够弥补损失，小民怎么活！买卖，就得是现钱现货，公平交易才行。

他说，对于那些想要谋求空闲的田地作为自己产业的人，请告诫他们：君主治理国家的根本在于民众，而民众赖以生存的基础则是田地。民众通过耕种田地来缴纳赋税，以此供养君主和国家。君主则将这些民众缴纳的赋税分配给各级官员作为俸禄。既然官员们拿着国家给的俸禄，就不应该再去侵犯民众的利益，更何况那些身居高位、与皇室关系亲近的官员，他们的命运与国家的兴衰是紧密相连的。现在，京城附近地区的人口日益增长，赋役沉重使得民众生活贫困，几乎每一寸土地都已被开垦耕种，哪里还有无主的田地呢？即使真的有闲置的田地，也应该优先用来救济急需的民众，而不是让富人继续兼并土地以扩大财富。君臣之间应当视为一体，同甘共苦，如果只知道为了个人利益而谋取私利，却不考虑如何为国家保护民众，这样做怎么可以呢？

国士丘濬

他说，如果有人提议派遣官员到外地去织造绸缎、筹备物品，请您告诫他们：如今百姓生活艰难，国家公私财物都匮乏，如果我们在各方面都力求节俭和减少不必要的开支，那么国家的财政自然会变得充裕起来。再者，织造锦缎、纱罗，筹备各种器皿和物品，这些所需的人工和材料都来源于百姓。如果官府发现现有的物资还能勉强使用，国库也还有一定的储备，眼前并没有到完全匮乏的地步，那么就应该暂且节省使用。如果真的到了物资即将耗尽的时候，也应该等到五谷丰登、百姓有余力时再进行这些活动。

他说，如果有人献上珍贵奇异的器物以求赏赐，请您如此斥责：器物之所以为器物，不过是为了满足实用的需求罢了。如果为了制作一件器物而耗费了能制作一百件器物的材料，或者为了完成一项工作而耗费了百倍于正常所需的人力，那么这就是在浪费国家的财富和民力，于国于民都没有益处。人们之所以会收藏那些奇巧华美的物品，无非是为了向他人炫耀。但是，作为君主，已经身居至高无上的地位，拥有天下四海的财富，尊贵和富有都无与伦比了，更何况宫廷深邃严密，门禁森严，外人无法轻易窥见，又向谁去炫耀这些器物呢？

他说，如果有人说宫殿房屋损坏了，必须重新修建，请皇上告诉他们：前人留下的建筑都极其朴素且坚固耐用，后人改建后的新建筑在坚固程度上反而不如旧的。如果宫殿房屋还没有到倒塌毁坏的地步，那么我们还是应该遵循旧有的格局，对倾斜的部分进行扶正，对破损漏雨的地方进行修补就可以了。如果以宫殿房屋空间窄小不便居住为由扩建，那么前人又是如何在这样小的空间里居住的呢？因此，除非万不得已，否则不应该轻易动土修建，因为这样的工程不仅会耗费民财，还会动用军力。现在国家公私财物都匮乏，士兵们也已经非常疲劳了，一旦发生紧急情况，我们从哪里获取物资？我们又靠谁来抵御外侮呢？

他说，如果工部有人想要预留一些款项来购买颜料装饰宫殿房屋，

第六章　他的理想国

请您告诉他们：户部的钱粮每年都有固定的数额，一年的收入仅仅能够满足一年的支出。如果稍有盈余，也应该留下来以备荒年或战时之需。而工部所需的颜料，不过是宫殿房屋和服饰器物的装饰之用。人如果不吃饭就会饿死，国家如果没有粮食就会陷入困境。对于旧的宫殿房屋，我们可以修补以供居住；对于破旧的服饰器物，我们也可以缝补继续使用。怎么能轻易消耗户部的经费来用于工部的营造呢？一旦不幸发生意外或重大灾难，我们又从哪里筹集资金来应对呢？

他说，如果有人说工匠们劳作辛苦，希望给予他们升迁和奖赏，请皇上告诉他们：国家对于各行各业的工匠，有官职的给予俸禄，无官职的也有粮食补助。他们努力工作并取得成效，这是他们应尽的职责和义务。对于他们的辛勤付出，我们可以根据具体情况适时给予奖赏，或者在他们的职务期满时按照资历进行升迁。但他们不能奢望每完成一次工作就给予一次升赏，国家哪有那么多官职和钱粮来满足这样的要求？

他说，如果有人说某个部门人手不足，想要额外增加人员，请皇上如此驳斥：既然设立了这个部门，就必然有相应的事务需要处理，也就会有相应的人员来负责这些事务。现在这些人都在哪里呢？必然有相关记录可以查询。我们应该通知相关的部门去查找并召集他们回来工作，以满足工作需要。如果其中确实有人已遭变故而使职位空缺的情况，就可以按照名额进行补充。现在国家和百姓都面临困境，凡事都应该节俭。因此，我们还是应该按照旧有的方式来安排工作。实际上，这类问题往往是管事和监工的人比过去多了，每个人都想占用更多的助手来为自己服务而导致的。

他说，如果有人推荐擅长工艺技巧的人，希望授予其官职，请皇上如此纠正他们：《礼记》中说不要制作过分奇巧的东西来迷惑君主的心志，因为君主的心志是万物变化的根本，天下的安危、百姓的福祸都取决于此。如果君主的心志被奇巧之物所迷惑，那么他就会不惜民财、不

国士丘濬

惜民力去追求华丽精致的东西，从而给国家和百姓带来危害。对于这样的人及这样的作风，我们应该坚决抵制并拒绝，怎么能引荐他们并授予官职，让他们待在君主身边呢？

他说，如果有从事技艺或杂业的人想要得到文武要职，请皇上告诉他们：官职和爵位之所以尊贵，是因为它们不是轻易能够得到的。自古以来，帝王都用爵位和俸禄来激励世间的贤能之士。帝王不仅应审慎地授予官职，还应注重区分不同人的品行和能力。如此，得到官职的人才会感到无比荣耀，而没有得到的人也不敢有非分之想。那些从事技艺的人，他们各自都有适合自己的官职，只要根据他们所从事的行业来授予相应的官职就可以了。

他说，如果有人为了给没有正式出身的人谋得职位而请求增设编制外的岗位，请皇上这样回复：官职的设立是有固定数量的，每年的财政开支也是有限度的。设立官职是为了治理国家事务，每有一项事务就设立一个相应的官职；而俸禄则是用来支付给官员的，有一个官职就对应一份俸禄。现在如果无缘无故地要在常设职位之外增加官员数量，那么每增加一个官职，就意味着要增加一份俸禄。国家每年的财政收入和支出都是有一定限度的。如果收入没有增加，而支出却成倍增长，那么国家的财政如何能够支撑？国家的实力又怎能不衰退？更何况，这样做还会导致官职的尊贵性降低，官职对品行和能力的要求也会因此混乱。这样一来，求官的门路就会大开，捷径也会层出不穷。有钱的人可以用钱买官，有权势的人可以凭借权势得到官职，而那些在选拔中等待机会的人可能老死也等不到机会，真正有功绩的人也可能因这种混乱而无法得到应有的回报。这样一来，公道就无法彰显，廉耻之心也会丧失殆尽，想要治理好国家就难上加难了。

不难看出，这封长长的奏疏囊括了宗教信仰管理、官员职位管理、民风民生治理、土地管理、工程管理等多个关乎国家命运的朝政治理，其中有九条涉及宗教管理，而每条都涉及国家财政。这些正是《大学衍义补》中重点关注的内容，正是对明中期暴露出的土地兼并、尚奢好逸之风横行，以及国家财政紧缺、官员管理混乱等弊端所开出的药方。尤其是其中关于宗教信仰的九条，可谓是为明王朝敲响了警钟。不得不说，在今日看来，丘濬的预判能力实在是相当惊人。

不过，这封奏疏还不只是极具有预见性这么简单，更重要的是，丘濬这位阁老的勇敢直率在这封奏疏中表露无遗，那些质疑丘濬"尚能饭否？"的言论，在这封奏疏面前，显得不堪一击。

五、残年木难春

丘濬在《论厘革时政奏》中所说的试图迷惑弘治帝、扰乱朝政的人，并非虚指，而是确有其人，且此人此时正当红："四月十日，因太监李广渐进左道亲近用事。公上《论厘革时政奏》，其略云……盖广所欲请于上，而公先发者。"[①]

明朝始终有个绕不开的话题，那便是宦官。直接引发土木之变的王振、南宫复辟主谋之一的曹吉祥等，无一不是恶贯满盈，罪恶滔天，几乎令国家颠覆。但这并不能引起后代皇帝的重视，他们对宦官的青睐看似荒唐，实则仍与"家天下"的皇帝梦有关。这一点，从宦官被发明并专门放置于女性众多的宫廷之内这一初始动机中便能窥见——只有没有性需求的他们才不会影响这个"家"血统的纯正。因为是自己家，且家

---

① 《明代琼崖名贤年谱五种》，海南出版社，2020，第108—109页。

国士丘濬

大业大，便又得提防着贼人，千防万防，家贼难防，那些皇亲国戚，那些朝堂众臣，在皇帝看来，哪个都是居心叵测。于是，太监便成了一个很称手的好工具，又便于拿捏，又能完成对外廷势力的制衡，加上无性需求、无生育后代的能力这两点，自然便深得君心。

被后世誉为中兴明君的弘治帝朱祐樘也未能免俗，他初登大宝时所宠幸的太监，有个响当当的名字——李广。李广在《明孝宗实录》中的首次登场是弘治四年（1491年），当时的他因督修王府向户部请求增加参与修建的官军的口粮和食盐，不料却被户部和弘治帝否了，但这并不影响李广和皇帝之后的感情升温。很快李广便掌握了"密钥"，从太监李广变成了"大神"李广，他用画符求仙逐渐赢得弘治帝的信赖，成为皇帝近臣。[1]

丘濬在《论厘革时政奏》中所列的，便是这太监李广已经或将要向弘治帝提出的"宝贵"建议，如佛道保国运、炼丹修长生以及兴建宫室等。得益于丘濬的及时干预，李广没有和他的前辈王振那样抵达一人擅政的"高度"。弘治十一年（1498年），李广劝朱祐樘在万岁山上修成毓秀亭不久，"幼公主殇，未几，清宁宫灾"，这一连串的事故，终于让这个太监退出了历史的舞台。[2]

关于太监，丘濬还有话要说。这是因为弘治朝出现了一个极为变态的事件，那便是一帮人自己把自己给阉割了。

---

[1] "以符箓祷祀蛊帝，因为奸弊，矫旨授传奉官，如成化间故事，四方争纳贿赂……给事叶绅、御史张缙等交章论劾，帝不问。"《明史》，清乾隆四年武英殿刻本，卷三〇四，第12969页。

[2] "十一年，广劝帝建毓秀亭于万岁山。亭成，幼公主殇，未几，清宁宫灾。日者言广建亭犯岁忌……广惧自杀。"同上书，第12970页。

第六章　他的理想国

其实，自宫并非弘治朝所独有，变态的也不是这帮自宫人，而是这个体制。在专制、世袭的框架内，想要出人头地，无非两条路：生在贵族人家和苦读登上皇榜。若这两条路都走不通，在明代还有一条路，那便是成为太监。

虽然不是每个太监都能如王振等人一样位极人臣，或如张让和赵忠一样成为皇帝的"爸妈"，但一旦成为太监进得内宫，便能享受各种豁免、各类特权，且又能频繁得些赏赐，虽尊严被践踏，但既得的现实利益还是让很多人放弃了性和繁衍的需求。但皇宫里的太监是有数额限定的，且做太监也是有相关规定的，不是想成为太监便能成为的。你得想办法送礼，或是聚众阉割倒逼政府。

弘治五年（1492年）三月二十三日，一千多个顺利完成自我阉割的人，手持棍棒砖块，横冲直撞地自长安左门而入，聚集在礼部后门外。一千多人乌泱泱地把礼部围了个水泄不通。礼部尚书耿裕被围在了人群中，他被逼为这些目前还不能称为太监的阉人安排工作——他们要求进宫为王国服务，要求获得一个报效国家的机会。

耿裕自然是没有能力解决这个问题的，他是个耿直刚正的人。可是此时越是耿直刚正，应对起来越是手足无措。处理这种突发事件，锦衣卫最是在行，弘治帝一声令下，自我阉割者们便很快被收监。

类似这样的事件，在永乐、洪熙、正统、成化年间都发生过，处置的方式也由放逐边疆升级至判以死刑。不过很显然，这并不能阻止这股"自阉以求报国"的热潮。当今这位"仁心为质"的皇帝又会如何处置呢？他会不会怜悯地为这群"走投无路"的可怜人安排工作或是发些抚恤？

丘濬不会允许这种事发生："既然我在内阁，我便应站出来为这个王国将此事处理干净。我的理想国不允许有这种变态的事情发生。"事发

国士丘濬

后，丘濬便递上《乞严禁自宫人犯奏》[1]，力谏弘治帝根治此乱象，以免贻害后世。丘濬在奏疏中强调此风绝不可助长，一旦以宽仁之心让他们获得想要的结果，那么这些人和他们二十三日那天的作为便会成为极坏的"榜样"。当一个王国里的男人们争相自我阉割，这不仅会贻笑万年，更会导致国家劳动力丧失、宫廷支出激增，殃及其他百姓及整个王国的安全。那如何处置？丘濬给出了处理方案：自今日起，若有自行阉割者，其父母及户首（即家庭户主或族长）将一并获罪，全家被判处戍边。若邻居或保长（地方基层组织负责人）知情而不报，将受到更重的处罚。对于那些阉割施行者，鼓励民众进行举告，一旦查实，将给予举报人奖赏，施行者则会被处以死刑，首级将被悬挂示众，以儆效尤。对于年龄确实在十五岁以下且缺乏判断能力的主动或被动自宫者，根据其具体情况考虑是否保留其作为备选（指作为宫廷或其他机构的内官备选人），而年龄超过十五岁的自宫者，则将被分配到藩府（地方官府或王府）服役。如果这些人在服役期间不服从命令或私自逃走，将追究引诱或窝藏他们的人的责任。同时，地方官府和巡检司（负责地方治安的机构）需严格盘查，以防止他们逃脱。此外，对于那些在追捕过程中表现突出的官员或士兵，如果他们成功捉获了逃犯，并且在考核期满后表现优异，将有机会获得晋升。

丘濬在此奏疏中所提出的这一系列的追责和检举、监督制度，虽未见史料有记载朱祐樘是否采纳，但在一定程度上确实对皇室亲近宦官这一"传统"产生了震慑力，间接限制了宫中太监数量的扩充。毕竟，刚登大位不久的皇帝还是有着一股让寰宇澄澈的爆发力的，但可惜他不是一个有韧劲的皇帝，也缺乏长跑的耐力。

---

[1]《丘濬集》，海南出版社，2006，第3993—3995页。

第六章　他的理想国

弘治帝登基后，在内阁徐溥、刘健、丘濬等人的辅佐下，他在大明王朝的政治、经济、司法、国防等方面确实采取了一系列有效的措施进行改革，这也为他赢得了不错的名声。但好景不长，朱祐樘很快就变成了众人不认识的样子。弘治初年被叫停的迷信活动重新死灰复燃，朱祐樘成了炼丹修道的爱好者；弘治初年虚心纳谏、广开言路的皇帝不见了，他甚至连早朝都不能如从前那样准时了，以前都是天还没亮的寅时君臣便已集于殿中，但从弘治七年（1494年）开始，皇帝总要拖到七点钟才临朝，丘濬为此递上过《请昧爽视朝奏》，规劝君王不要荒废政务。只是，这并没有阻止朱祐樘走上他祖辈们走过的老路。这种在明朝二百多年间反复上演的周而复始的事，这种人治帝国体系下合理的荒唐，朱祐樘承袭得很完全。毕竟，他是以"守成法祖"为使命的。

不过，丘濬已经无能为力了。他的身体，已经不允许他再继续为这个王国效力了。

他常把自己比作蚕，说自己"好似一春蚕作茧，缠来缠去自缠身"[1]。缠住他的正是他未竟的梦想和对这个国家的赤诚，还有那日夜惦念却回不去的故乡——"心志时时思报国，神魂夜夜梦归田"[2]。确实来不及了，他这一生走得顺利却也辛酸——"未当死日儿先死，正好归时我不归"[3]。他总说，人生最苦老来忙。他确实有些无力了。他的右眼已盲，左眼也快了。人们总能在午门落轿处看到一位身材高大，但行动不便的白须老者，被人搀扶着，一深一浅地艰难地挪向奉天殿。关于退休，他请求过很多次。每次被拒绝，他都理解为他对这个王国还有用。只是，他实在无法坚持了。皇帝批准了他风雪天可以不用上朝，毕竟从槐阴书

---

[1] 《丘濬集》，海南出版社，2006，第3920页。

[2] 同上书，第3918—3919页。

[3] 同上书，第3921页。

国士丘濬

屋到奉天殿的路程对于一个已七十多岁的老人来说实在是有些远了。每次凌晨走在风中，他便能感觉到烛火摇摆的无力。皇帝想扮演好他的角色，一次次地通过简洁到极致的文字，以不容商量的口吻，扮演成敬重恭敬老臣的样子，熟练且从容地拒绝一个老人无奈的请求。弘治七年，皇帝又为丘濬加官至少保兼太子太保、户部尚书、武英殿大学士。这位皇帝把这些工作都做得很好。

丘濬也想扮演好他的角色，他也确实为此不停地努力着。虽然，这一切看起来都没什么实际意义，但丘濬所不知道的是，他所思考的和所做的那些，都将在不久的将来发出光。

第七章 总有归去时

国士丘濬

一、老臣遽长逝

弘治八年（1495年）正月，患病卧床已三个月的丘濬向皇帝上奏，请求朝廷按规定停发他的俸禄。弘治帝拒绝了，派来御医为他的这位老臣诊治，叮嘱丘濬好好调理。

二月初四日，丘濬卒于槐阴书屋，享年七十五岁。

他用这七十五个春秋，从一名家在离京师万里之外的海南小子，一步一步地成长为一个泱泱大国的辅政之臣；从一名"临高医学训科"的小孙子成长为太子太保、户部尚书兼文渊阁大学士、武英殿大学士；从一名志在"以文治天下"的琼州府学子，成长为策划出一部伟大的治国方略的中国"第一流人物"。弘治八年的那个二月，不只是琼山丘家失去了一个足以惠泽丘氏万代的长者，不只是琼州失去了一颗足以令整座宝岛与有荣焉的启明星，丘濬的去世之于当时的整个大明帝国，都是巨大的损失。

对于弘治帝而言，则是失去了一个可以完全信任和依仗的规划师和敲钟人。得知丘濬病逝，弘治帝宣布辍朝一日，赐赠宝钞一万贯，派礼部尚书倪岳前往槐阴书屋谕祭。谕祭文写道："惟卿早擢高科，历事累朝。博学能文，名闻允昭。简在朕心，置卿近密。入告谋猷，每多裨益。胡为婴疾，竟尔告终。爱念往劳，深恻予衷。特颁恤典，有赠有谥。给驿还丧，并赐葬祭。君臣义笃，终始克全。卿灵如在，其歆鉴焉。"[1]皇帝感谢他的出谋划策，哀痛他的辞世，以最高规格赐以祭葬，封赠他的祖先及后人（丘濬之长孙，即丘敦之长子丘礜蒙荫为尚宝司司丞），准许

---

[1]《丘文庄公年谱》，清光绪二十四年琼山研经书院刻本，第100页。

第七章　总有归去时

他归葬故土。

三月十二日，弘治帝为丘濬赐赠谥号："奉天承运皇帝制曰：朕惟赞斡化机，必资考寿，讦谋治道，须借博闻。故既优其请老之期，而复厚以恤终之典。故光禄大夫、柱国少保兼太子太保、户部尚书、武英殿大学士丘濬，海邦间气，翰苑名流，绩学群经，留心庶务，久居清秘，晚佐钧衡，官八转而至三孤，于今为重，寿七旬而加五岁，在古尤稀。方深倚任之怀，弗听归休之请，逾年赐告，一旦云亡，天不慭遗，朕殊伤悼。兹特赠太傅，进左柱国，谥文庄。於戏！朝以爵，乡以年，并系一时之望；官有赠，行有谥，永贻百世之荣，不朽者存，尚其祗服。"①自此，琼山丘濬，便是太傅丘濬、左柱国丘濬、丘文庄公。弘治帝以此举褒奖他的这位老臣学行持重、辅国有方。

二十四日，丘濬"三七"之日，弘治帝又遣礼部左侍郎徐琼前往槐阴书屋诵读谕祭文："卿以文学擢居重任，方切倚毗，遽云长逝，中心悼伤，其何能已！兹临三七，特用遣祭，卿灵不昧，庶其歆享。"②同时，弘治帝命行人司行人宋恺择吉日护送丘濬回归海南。

最后一次回家的丘濬并无太多身外物需要家人收拾，除其生前收藏的数万卷图书外，仅有历代皇帝所赐之物。这个把全部精力都投入到读书写字、治国救民上的正一品重臣，对于其他身外之物确实没有太多的兴趣。就连他所住的这座槐阴书屋，他也只舍得修修补补，一住便是四十一年。③

朝中好友的吊唁，自是少不了的。众人回忆丘濬生前的那些片段，关于读书，关于理学，关于他的著作，关于他的理想国，总难免唏嘘。

---

① 《丘文庄公年谱》，清光绪二十四年琼山研经书院刻本，第101页。
② 同上书，第102页。
③ "行装自钦赐白金绮币外，惟图书数万卷而已。"同上书，第102页。

· 225 ·

国士丘濬

内阁的老同事徐溥、刘健,即将要入阁的门生辈李东阳、谢迁等,都来吊唁。已升任翰林院编修的蒋冕则陪着唐夫人和丘京在槐阴书屋里收拣丘濬的遗物、照顾往来的宾客。不过,有一日,槐阴书屋迎来了一位不速之客。

他常来槐阴书屋,这与他的身份有关。他叫刘文泰,是太医院的二把手——院判,相当于太医院的副院长。丘濬病重期间,弘治帝派御医定期为其诊治,身为院判的刘文泰便也常随御医同至。除了随同诊治,刘文泰的频繁到访还有别的原因。出身医学世家的丘濬,对医学也颇有研究,他生前已经完成了《重刻明堂经络前图》《重刻明堂经络后图》及《群书钞方》三本医书的编纂,并着手编订《本草格式》。关于《本草格式》,丘濬在自序中说:"医书之有《本草》如儒家之有字书也。不识字义者,断不能为文,不识药性者,又安能治病哉。"[1]他非常赞赏宋代哲学家邵雍的观物说,并打算以《周礼》"五药"为目,拟定《本草格式》及采取条例一编。刘文泰身为太医院院判,自然对此颇为挂心,每次带御医到访,都要向丘濬讨教一二。不过这本书尚未完成,丘濬便去世了。最终,这本书将由弘治帝交至刘文泰手中,以《御制本草品汇精要》之名传于后世。这是后话。此时来吊唁的刘文泰,确实是槐阴书屋的不速之客。唐夫人见刘文泰前来吊唁,便呵斥道:"由于你的缘故,相公与王公闹僵,竟背上不义的名声,你还来吊什么丧!"

唐夫人所说的"王公"便是时任吏部尚书王恕。丘濬与他的纠葛,还得说回弘治六年(1493年)的一次吏部考核。这年正月,吏部呈上前一年的官员考核结果。根据王恕所领导的吏部所提交的结果,朝廷需罢

---

[1]《丘濬集》,海南出版社,2006,第4048页。

第七章　总有归去时

黜官员一千四百人、杂职一千一百三十五人，共计两千五百三十五人。①身为内阁大学士的丘濬认为此举不妥，他认为，唐虞时，官员的政绩通常都是每三年考核一次，结合三次考核的结果决定是罢免或是提拔。这次吏部所请罢黜的几千人中有的任职还未满半年，有的评定仅是听信了别人的言论，这种做法既不符合祖制，也过于草率。②吏部和内阁意见不统一，此事便交由弘治帝定夺。弘治帝采纳了丘濬的意见，并在回复吏部的公文中劝诫吏部要懂得珍惜人才，要求让任职未满三年的官员复职留任，只经过一次考核且并无确凿贪暴证据的一律不准罢黜。王恕难以接受这个结果，数次上奏疏，与弘治帝多次交锋，但结果仍是败下阵来。弘治帝最终仍是采纳了丘濬的建议，并颁布了以丘濬在《大学衍义补》的"正百官"中提出的相应要义为内核的官员管理办法。至此，王恕认为自己已不被重视，且认为是丘濬有意为难他，让他难堪。

吏部考核一事落定的三个月后，刘文泰登场了。他因为在之前被王恕阻挡了晋升之路，便一直记恨在心，见王恕在与丘濬的"较量"中败下阵来，便马上落井下石上了一封弹劾王恕的奏章。

（弘治六年四月）癸丑，太医院院判刘文泰奏：吏部尚书王恕立心矫诈、强悍自专，先帝洞察其奸，放归田里，而恕托人荐举，骤居吏部，年老昏耄，权归下人。外虽称疾引年，内实贪权恋位，姑举一二言之。如本院御医升用、吏目补缺，具有祖宗旧制，而恕妄行选补，不厌人心，其变乱成法，一也；恕托人作传，刻板传播，题曰《大司马三原王公

---

① "己丑，吏部都察院会同考察天下，布按二司及府州县等官年老有疾，并罢软不谨、贪酷、才力不及者，共一千四百员，又杂职一千一百三十五员，请如例罢黜并调用。"《明孝宗敬皇帝实录》，北平图书馆红格本，卷七十一，第7页。
② 《丘文庄公年谱》，清光绪二十四年琼山研经书院刻本，第95页。

国士丘濬

传》，历数朝廷之失，自比伊周之佐，至不准者皆书不报，以彰先帝拒谏之失迹，此奸欺不臣可见，此其沽直谤君，二也；至如滥升官员擅作威福，其事尤多，不足以当冢宰之任。乞明正其罪而斥罢之，并以所刊传附进。①

刘文泰弹劾王恕时举了王恕的两大罪状：一为滥用职权左右官吏升用、补缺。这一条便是他弹劾王恕的主要原因。二为王恕私自为自己立传，且传中有贬低诽谤先帝的言论。刘文泰认为这是王恕在用诽谤君王的手段达到为自己谋取好名声的目的。刘文泰在列这条罪状时，用了一个不太常见的词"沽直谤君"。正是这个看起来很"厉害"的词，让王恕认为刘文泰背后站着的人是丘濬。

五月，王恕上奏自辩。他说，"沽直谤君"这样的词不是刘文泰这种水平的人可以想出来的，想来一定是有"老于文学、阴谋诡计"的人的指点。他请求查出此幕后指使者，并与刘文泰一同处理。

前有与丘濬在考核一事上的"较量"，现又有"沽直谤君"这种词出现在罪状之中的"实证"，王恕内心已经非常确定了，他认为幕后之人必是丘濬。弘治帝派锦衣卫调查，很快便得出了结论。锦衣卫镇抚司在调查报告中说，刘文泰的奏疏是与后军都督府带俸都事关昶商议草成，并由御史吴祯代为润饰而成。至于涉及丘濬的部分，刘文泰供称他与丘濬二人确实谈到过王恕所作的自传，也称丘濬说过王恕的这种做法所犯的不是小罪。同时，刘文泰供认"沽直谤君"这一词出自丘濬之口。但锦衣卫补充说，这些都是刘文泰单方面的供词，请安排丘濬与王恕对质。

---

① 《明孝宗敬皇帝实录》，北平图书馆红格本，卷七十四，第19—20页。

第七章　总有归去时

弘治帝没有采纳锦衣卫提出的丘、王二人对质的意见，他给出了自己的判决："刘文泰诬奏及妄攀大臣，甚是刁泼，宜重罪。且从轻降太医院御医。王恕作传卖直沽名，本当究治，宥之，传并板即令焚毁。丘濬罢，其余悉免问。"[1]弘治帝将刘文泰降为御医，认为王恕给自己立传是"卖直沽名"，虽不予追责，但要将刻本和印本悉数焚毁。至于丘濬，不予追究。

弘治帝的处置，王恕很不满，他提出告老还乡，不承想皇帝竟批准了。于是，朝中便有人认为是丘濬导致了这样一位身居高位的朝堂重臣的离开，如此一来，丘濬便也遭到不少的非议。不过，到这里我们尚不能将此事画上句号，因为我们尚未听到丘濬自己怎么说。

针对此事，丘濬上奏说："臣与王恕素无间隙，朝班之中，惟臣二人最老，班列序立，每相推让。且官皆极品，文学政事，各有所司，于名于利，皆无所争。虽其职任不同，而皆叨居百僚之首，嗾人攻讦大臣，独不为自己地乎？臣虽愚痴，决不为此。盖恕见臣自办事内阁以来，与之并列，不交一谈，疑臣或有所不足。殊不知密勿之地，不当与外诸司交通，理所当然，非有他也。臣性识迂僻，不识忌讳，每与人言，好举祖宗典故，见行吏部行事有非立法初意，言论之际，不无波及。斯盖公是公非之清议，意欲使之闻之自行追改，盖以古道望之，不意反成仇恨。及见刘文泰所上奏词，颇成文理，料非稚笔所能。又因今年朝觐，黜退官吏，旨意与臣所进《大学衍义补》书中所论偶合，由是致疑而专归咎于臣。故因文泰之奏，访知其人素与臣往来，此本必是臣主使，对众明说传播于人。法司审勘之际，不免因人言略及，文泰畏惧加刑，因而就假臣言以觊，或宽其罪。止凭一口单词，别无实迹旁证。况臣平生所恶

---

[1]《明孝宗敬皇帝实录》，北平图书馆红格本，卷七十五，第36页。

者，矫激好名与喜事告讦之人，每每形之于言，著之于书，而躬自蹈之，则臣乃反复小人之尤者也，何以当朝廷委任之重哉？"[1]丘濬认为，王恕认为他是刘文泰弹劾一事的幕后主使的主要原因有三个：一是他平日为避嫌不与王恕交流，因而王恕对他产生敌意。二是吏部考核结果被否确实是因为他提出了异议，且皇上之后颁行的官吏管理条例确实与《大学衍义补》中所论偶合。这让王恕以为是他在故意为难自己，让自己难堪。三是"沽直谤君"一词的出现导致王恕认为此定是出自他这个文人之手，使得王恕更为恼怒。至于刘文泰的供述，大概率是因为害怕受刑，所以口诬他以求宽罪。加上近日刘文泰确实常来他的住处，便难免王恕认为此事与他有关。只是，丘濬平生最是厌恶矫激好名与喜事告讦之人，如果他是如此反复之小人，又如何能当朝廷所委之重任？

事情发展到这儿，也便画上了句号。次年，丘濬病重不再上朝，再一年，丘濬便故去了。刘文泰的吊唁，自然便遭到了唐夫人的斥责。只是，这些之于丘濬，已然毫无意义。他的棺椁已启程，他将最后一次重走来时路，经金陵过广东回琼州，回到他日思夜想的故乡，永远安息。

二、归葬五龙池

弘治九年（1496年）十二月，丘濬归葬于琼州府琼山县五原都五龙池之原。

---

[1]《丘濬评传》，南京大学出版社，2005，第89—90页。

第七章　总有归去时

此墓地是丘濬生前托人为自己选的。丘濬所托之人，名曰徐豹。徐豹，乃徽州歙县人，字文蔚，号曲全。他得丘濬生前好友、时任侍讲学士张元祯（字廷祥，号东白）举荐，在丘濬生前便在琼州为丘濬寻好了墓地。弘治九年，丘濬棺椁回到琼州举行御葬仪式时，他再次受张元祯所请前往堪舆。①

这"五龙池之原"，离琼州府城不远，离丘濬的家下田村丘宅及学士庄也很近。墓地在一片平畴之中，四周围有高坡，前有一池，池中有泉五眼，泉流清冽有声，常年不竭，池水向东流入海。②

今日所见之丘濬墓园，入口处是一座影壁，上绘有"麒麟奔日"图案，背面则刻有"太儒之首"四个大字。此"太儒之首"四字并无出处，"太儒"二字也属生造词。过影壁，便是一座石坊，正面刻"理学名臣"。此四字称号，见于《明名臣言行录》。在此书"后集"的第四卷，收录有与丘濬同年中进士的后官至刑部尚书的何乔新为丘濬所撰之墓志铭。墓志铭中有关于丘濬在理学方面的造诣及成就的论述："岭南人物，自张文献公有声于唐，余襄公、崔清献公有声于宋，迨公四人焉。公晚登政府，疾病半之，故见于功业者，仅若此。然《大学衍义补》一书，其经济可见矣；《朱子学的》一书，其为理学亦可知矣。理学、经济兼而有之，使得久其位尽行其言，相业岂三君子可及哉。"③

"理学名臣"石坊背面则题有"冠绝一时"四字，此称源于清朝时修

---

① 《鸡肋集》，海南出版社，2004，第170—172页。
② "五龙池，在县西十二里五原都。四面高坎，中平畴，周围几十里。内泉五眼，涌出清冽，有声，不竭。潴成池，为丘深庵墓明堂。溢经滨涯，转湳茂桥出海。"正德《琼台志》，明正德十六年刻本，卷五，第230页。
③ 《明名臣言行录》，明嘉靖二十八年施渐刻本，后集卷四，第389页。

国士丘濬

成的《四库全书总目》中对丘濬的一段评价。此书称丘濬"记诵淹洽，冠绝一时。故其文章尔雅，终胜于游谈无根。在有明一代，亦不得不置诸作者之列焉"[1]。其实，除去这些称号，明代及后世对丘濬尚有诸多赞誉。如明代吴伯与在其所撰《国朝内阁名臣事略》中称丘濬为"当代通儒"[2]，盛赞其学问之广博；明代凌迪知在《国朝名世类苑》一书中将其列为"中兴贤辅"[3]，盛赞其辅弼之功，肯定其之于"弘治中兴"的重要价值；清代广东巡抚彭鹏在《特建丘文庄公祠记》中称丘濬为"先明一代文臣之宗"[4]；民国史学四大家之一的钱穆更是称丘濬"不仅为琼岛一人物，乃中国史上之一第一流人物也"。过"理学名臣""冠绝一时"石坊，只见一对石望柱立于神道起始处，神道两侧则有石像生若干，行至神道中段，神道自此便又化作桥，五龙池水便自桥下流过。再往前，在神道末端、五龙池南岸，便见丘濬墓，墓前立有神道碑。按《明会典》的葬仪，身居正一品高位的丘濬所能享受的相关规格为：石望柱二，石人、石马、石羊、石虎各二；神道碑的规格则是"螭首高三尺，碑身高八尺五寸，阔三尺四寸，龟趺高三尺六寸"；墓的规格则是"茔地周围九十步，坟高一丈八尺，围墙高九尺"。

现今的丘濬墓为后世重建。这是因为这座墓园在历史上的某个特殊时期曾遭受过极为严重的破坏，据《中华丘氏大宗谱·海南省海口分谱》记载，1967年初夏，丘濬墓被人用炸药炸开、棺椁被撬开后，仅有的随

---

[1]《四库全书总目》，清乾隆五十四年武英殿刻本，卷一百七十，第13326页。
[2]《国朝内阁名臣事略》，明崇祯五年宣城李尚仁刻本，"小识"第12页。
[3]《国朝名世类苑》，明万历间刻本，卷二，第18页。
[4] 康熙《琼山县志》，清康熙四十七年刻本，卷十，第782页。

第七章　总有归去时

葬品环形玉佩一串、玉簪一根均被强行抢走。"皇明赐葬碑"及神道碑、石坊、石望柱、石像生等均被破坏，有的被扔进墓旁的五龙池内，有的被用作路基桥面，整个墓园一片狼藉。更触目惊心的是，丘濬的骸骨和盛着吴夫人遗骨的小坛子都被这伙人从棺椁中取出，胡乱扔在被炸开的墓旁。①

这座墓在历史上经历过多次修缮。清光绪十五年（1889年），雷琼道朱采进行过一次重修，将已被掩埋的神道碑重新竖立于墓前②；1962年，丘濬墓被公布为"广东省文物保护单位"，5年后便遭遇那场历史大浩劫；1986年，海口市政府拨款修复；1996年，国务院批准丘濬墓成为全国重点文物保护单位；2012年，海口市正式启动丘濬墓修缮及其周边环境整治工程；2014年，在完成修缮和环境整治工程后，丘濬墓园重新对外开放。

历经数百年沧桑变迁，如今所见之丘濬墓神道碑正文为"皇明敕葬光禄大夫柱国少保兼太子太保户部尚书武英殿大学士赠特进左柱国太傅谥文庄丘公诰封正一品夫人吴氏墓"③。两旁分别撰有"钦差督造坟茔工

---

① 《中华丘氏大宗谱·海南省海口分谱》，2009，第91页。
② "文庄公神道碑，府县志不载，公家谱亦失传。光绪十四、五年间，朱亮生观察重修公墓，开坟前神道碑始出土，修墓完仍旧安置，不为树立墓庭，又无人录出原文，叹惜久之。及宪辑公年谱始，从同宗慎斋孝廉老先生家得旧时钞稿四页，急为补辑存之。"民国《琼山县志》，民国六年刻本，卷十四，第1579页。
③ 1937年由陈沅发表在《广州学报》上的《丘海里墓记》所记其当时所见之碑文与现在所见存在较大差异。陈沅所记为碑上为"右柱国"而非现在所见之"左柱国"。根据为丘濬墓撰写墓志铭的何乔新所撰《赠特进左柱国太傅谥文庄丘公墓志铭》（《椒丘集》，明嘉靖元年余嶸刻本，卷三十，第1332页）可知，陈沅所见或所记为错。

国士丘濬

部进士陈元,钦差护丧行人司行人宋恺,钦差赍文行人司行人奚自,钦差书册太仆寺卿姜立纲"和"弘治丁巳年三月清明日立"字两行。神道碑后,丘濬与吴夫人合葬墓为石砌圆顶丘形,高约六米,坐南向北。

和丘濬合葬于此的吴夫人,自成化五年(1469年)因丘母去世从京师返回琼州守丧后,便一直留在家中,只在弘治三年(1490年)丘敦去世时为接回在京师的两个幼孙去过一趟槐阴书屋。吴夫人接回的两幼孙均为丘敦所生,一名丘螯,一名丘甸,均为丘敦侧室徐氏所生[①]。丘螯当时仅两岁,丘甸刚出生未满周岁,作为奶奶的吴夫人非常心疼这两个孩子,便只身从琼山出发赶往京师接回抚养。往返途中,各沿途藩臬郡县争相宴请馈赠,均被吴夫人一一谢绝。作为丘濬的夫人,她陪着丈夫在京师槐阴书屋度过十五年的时光,她当然知道丈夫想要的是什么,自然也便知道自己不能要什么。她为他所育的三个儿子均不幸早逝,这趟旅程,她只求能平安地带着两个宝贝孙子回到琼州的家里,旁的,既无兴趣也无心情。吴夫人生卒年不详,但琼山人都知道她的好。正德《琼台志》里记她:"性资端静,尤克尽妇道。文庄多年官禁近,夫人持家井井有条,门户清肃,家属无敢擅扰官司、横邻里者,乡人大德之。"[②]她与丈夫生曾同屋,死后同穴,吴夫人就这样陪着丘濬,走过了数百个春秋。

[①] 丘濬三位夫人,原配金氏,无出;续配吴氏,育有三子丘敦(1460—1490年)、丘昆(早夭)、丘仑(早夭);侧室唐氏,育有一子丘京(1488—1547年),二女(长适进士冯颙,次适举人岑英)。其中,丘敦育有二子丘螯(1486—1513年)、丘甸(1488—1526年)。详见《中华丘氏大宗谱·海南省海口分谱》,2009,第481—482页。

[②] 正德《琼台志》,明正德十六年刻本,卷四十,第1846页。

第七章　总有归去时

　　墓园右侧，便是丘濬陈列馆，内置丘濬雕像，陈有丘濬生平，兼藏部分明代、光绪、民国时期的文物。较为遗憾的是，丘濬申请建立的一座书院和明代官方设立祭祀丘濬的祠堂却不见了踪迹。据史料记载，正德十年（1515年），礼部尚书刘春上书，认为丘濬"以经世宰物、忠君报国为心"，所著《朱子学的》《世史正纲》能启发后之学者明纲常、端本源，所著《大学衍义补》则以治国平天下之要，"酌古准今，随事制用，期于应天下之变，以成天下之务，诚用世之学，于世教非小补也"；入阁后，辅佐孝宗皇帝，所作所为又均与其所言所志一致。因此，刘春奏请在丘濬所请建的奇甸书院内设神位以祀，以表彰于过往，激励于将来。正德帝朱厚照准奏，从此，琼州便又多了一处纪念丘濬的场所。

　　这奇甸书院，原本是丘濬打算在致仕后向皇帝请求在其家乡设立的。在成化二十三年（1487年）成为礼部尚书后，他便写好了《拟致仕后请立奇甸书院奏》。在这封请奏中，丘濬制定了书院的一系列规划：他计划将自家户下的两百亩地用作书院田，再将在琼山及澄迈的田地租金所得用于供应书院日常支出。他还计划在书院内设祠以祭祀有功于琼州文风的苏轼，并对书院的教师聘用、课程设置做好了安排。只是自此后的数十次请辞都未被批准，这封奏疏及建立书院一事也便被一直搁置。不过，琼州有心人偕同丘濬后人在他去世后，帮他完成了这桩遗愿，在琼州府北门市社稷坛旁建成了这座奇甸书院，并如丘濬所愿在书院中设立了景贤祠专祀苏轼。正德十年（1515年），刘春奏请将丘濬请入景贤祠，与苏轼并祀。之后这座书院和其内的景贤祠经多次重修、迁建，如今竟不见踪迹了。

丘濬墓

三、梦魂下田村

离丘濬的墓园不远,便是他的家,两地之间直线距离不超过10公里。这个被唤作下田村的村落,在现存史料上的第一次出现,便是在丘濬参与编撰的、于天顺五年(1461年)成书的《大明一统志》中。在此书中,关于下田村的描述仅一句话:"第一水,在府城西。其水弯环绕下田村,入于海。"再到正德十六年(1521年)修成并刊行的正德《琼台志》中,下田村便成了丘濬故里。而对于丘濬自己而言,此处一直是他人生中最重要的所在。他从这里出发,在这里接受爷爷和母亲的教诲,和哥哥一起长大,并在离家不远的"第一水"旁安葬"孤魂",同时种下"以文治天下"的梦想。虽然他在此处生活的时间并不比在外地长,但他其实从未真正意义上离开过这片土地,纵使身体因故远行,下田村也时常以出现在梦中的这种方式陪伴着他。他把自己所获得的,包括学问、修养、仕途在内的一切的功劳,都归于下田村,归于下田村的家。他说:"乡人问我缘何得,世积阴功子读书。"[1]他以他的家乡为荣,那里地暖无冬春、四时气和温,花开不必应候,村酿家家有,是个值得留恋的地方。[2]

他笔下"有人问我家居处,朱橘金花满下田"[3]所表露的自豪和满足,与"不堪老去思归切,清梦时时到海南"[4]所流露的无奈与悲凉,几乎成了他离家日子里全部的心情写照。确实,下田村是值得他如此挂念的。这里的一切都和他有关,学士庄中景,瞻玉堂前竹,野花亭下荫,

---

[1]《丘濬集》,海南出版社,2006,第3857页。
[2] 同上书,第4206页。
[3] 同上书,第3874页。
[4] 同上书,第3908页。

国士丘濬

可继堂中人，都值得他留恋。

他的家乡也以他为荣，也挂念他。旧时，下田村及府城内外有为他立的解元坊、廷魁坊、学士坊、大司成坊、少宗伯坊，以及为他母亲所立的贞节坊，为他和好友薛远、邢宥、林杰所共立的表贤亭，刻有他的《南溟奇甸赋》的南溟奇甸亭，等等。

只是，这些在1937年尚在的坊亭，如今却已全无影踪了。

不过，如今唤作丘濬故居的他的家宅还尚存，此宅也便成为众人追忆他的必到之处。

这座宅子很普通，门楼极简陋，中庭极窄小，如今仅剩前堂、可继堂两进，均为单檐硬山式，与普通的民居并无二致。这组建筑，由丘濬的曾祖父、丘氏入琼始祖丘均禄于洪武二年（1369年）创建完成。[①]丘濬的爷爷、父亲先后在此祖屋出生。后随着丘濬、丘源的出生及子孙后辈人数的增加，尤其是随着丘濬的政治地位的不断提高，祖屋被进行过多次扩建，一度达到如今丘氏后人所称的"丘氏十八屋"的规模。这十八屋，包括了现存的前堂、可继堂，还包括现已不存的宝敕楼、愿丰轩及一众厢房。宝敕楼的位置在可继堂后，它的创建与丘濬的《大学衍义补》有关。此书成书后，皇帝下令刊行，并准许丘濬在故居新建一楼专门用于收藏此书。[②]万历年间，此楼尚在，时任南京礼部尚书的王弘诲便曾在此楼下饮酒并赋诗一首，其诗曰："尊闻此海湛流霞，宝敕楼前学士家。

[①]《海南丘濬故居修缮工程报告》，文物出版社，2003，第27页。
[②] 正德《琼台志》："凡吾庐之所有，若宝敕楼，若可继堂，若愿丰轩，皆隐约可指示也。"又万历《琼州府志》有记："宝敕楼，在下田丘文庄公可继堂后，公为大学士时进《大学衍义补》，上留一部□览，发一部刊行，以一部敕公建楼藏之，故以此名，今基犹存。"

第七章　总有归去时

载酒尚疑天禄阁，传玄空自愧侯芭。"[1]和宝敕楼一样消失于历史长河中的愿丰轩则更有来头，它本是丘濬为京师槐阴书屋内一小屋所命的名，"愿丰"二字取自杜甫《吾宗》诗中的"忧国愿年丰"[2]，后来，他在扩建祖屋时，又将此名赋予了一间新建的小屋。于是，一南一北，相互守望，倒也稍稍解了些思乡之苦，表了些报国之心。

和这两栋有着特殊意义的楼屋一起消失的，便是离下田村一里地的学士庄。这座落成于成化九年（1473年）的庄园，丘濬自成化十年返京后便再也不曾入住过了，不过它倒成了琼州文人宴集论诗之所。于是，丘濬之学士庄便如王羲之的兰亭，成了文人墨客的"理想国"。与丘濬为同科进士，自成化五年便任职于广东的胡荣[3]便是学士庄的常客，他在《学士庄宴集》中写道："村田卜筑喜初成，北望红云绕帝京。玉署文章多旧稿，青山泉石有新盟。开尊尚忆黄封酝，欹枕如闻禁漏声。暇日偶逢林叟说，琼台胜地即蓬瀛。"这自然令丘濬倍感欣慰，他本就打算将此处当作枕石漱流之所，本就想着退养后在此庄内偶作耕种以不废农事，常与众友于酒醉饭饱之余鼓腹而歌。如丘濬所愿，慢慢地，学士庄内的文人墨客来得多了，这里竟由一座庄园逐渐扩展成一个村落，村名便叫墨客。

学士庄和墨客村在历史上的再次现身，是学士庄落成后的第七十一年，即嘉靖二十三年（1544年）。这一年年初，墨客村的学士庄前新

---

[1]《天池草》，海南出版社，2004，第606页。
[2]《琼台会稿》，明万历四十一年丘尔毂刻本，卷二，第140—144页。
[3]《明英宗睿皇帝实录》卷六十八言"甲子，复除按察司佥事胡荣于广东仍提调学校"，卷一百四十言"广东佥事胡荣为浙江副使仍提调学校"。可见，学士庄建成的前后数年，胡荣均在广东任上。

国士丘濬

落成了一座亭子，唤作乐耕亭。亭子落成当日，当地就传出来了一些不好的议论，乡人纷纷指责建亭之人，说他不务正业，有辱祖风，是大不孝之人。

这建亭子的是何人？为什么会招致乡人如此的指责与非议？

建亭子的叫丘郊，是丘濬的曾孙。他在父亲丘鄯去世后，便蒙荫承袭了尚宝司司丞一职。乡人们见身为名门之后的丘郊居然做这种毫无实际意义的事，自然不理解，也就开始议论纷纷。在这种舆论环境下，丘郊竟然还找当时正在琼山求学、后素有刚直耿介之称的海瑞来给他的这座亭子写记。如此一来，故事便变得有趣起来了。

海瑞家与丘家是同村，住得很近，自然也听到许多关于丘郊的闲言碎语，可海瑞还是为这座亭子写了记，这倒是让乡人们有些摸不着头脑了。他当然知道众人也会有非议，便在记中道出了其中原委。他说，在没正式与丘郊往来的时候，确实听过很多关于此人的议论，也以为他是个游手好闲的"豢养之人"。可交往了几年后，却羡慕起他来了，甚至有些想成为他。丘郊到底是个怎样的人呢？海瑞说，他仁厚节俭，是个行动派。他其实不只是建个亭子而已，还将在此处带领众人一起耕种劳作，以承袭曾祖丘濬不废农事之志；他虽然世代享受祖上的荣禄，却不以名门之后自居，没有让自己成为游手好闲之辈，这其实很难得。当然，向来对自己和身边的人都要求严格的海瑞还是有提醒丘郊，他在记中写道：如果丘郊你建此亭是为了流连光景，以此亭为游聚之地，那么就有违你曾祖丘濬建此学士庄的深意了，那就真的不是孝了。[①]

[①] "乐耕亭"部分见《海忠介公全集》（明天启五年梁子璠刻本）卷六和《海瑞传》（海南出版社2024年版）第二章。

国子监『圜桥教泽』坊

国士丘濬

亭子落成五年后，海瑞中举，离开琼州，独自走出一条孤勇之路，成为与丘濬齐名的琼州名士。只是，这学士庄自这一次出现后，便再无踪迹了，墨客村已融进今天的海口市，乐耕亭也只以仿制品的形态被建在海瑞的故居之内。

四、清名身后事

到底应该如何评价丘濬，这其实并不只是后人所关注的，丘濬自己也很在意。任何一个对自己有要求的人，都不会对他人的评价漠不关心。实际上，敏感本身就是一种强大的创造力，毕竟，敏感的人才有可能成为深刻的人，而迟钝则往往让人陷入浅薄的境地。对于名声，丘濬曾说："眼前得丧俱尘土，赢得清名身后多。"可见，身后名，是丘濬所在意的。

"理学名臣""中兴贤辅""当代通儒""先明一代文臣之宗""中国史上之一第一流人物"……透过这些身后名，其实很容易在丘濬身上看到其作为一个中国文人的底色。

不过，在论底色之前，需先把丘濬的名字的正确写法论定了。

关于丘濬名字的写法，目前出现了四种，分别是丘濬、丘浚、邱濬、邱浚，异常紊乱，须单开一篇论定，是因为这些写法出现在丘濬故居、丘濬墓园的各类标识上和近现代一些文史类资料中。虽有人认为名字只是一个符号，有错字也无伤大雅，但历史人物的名字在本质上已成为历史的一部分，错便是错，是伤大雅的。何况，叫错或写错名字，在我们这个国度，本身就是一种极不尊重人的表现。因此，论定"丘濬"二字的写法，既是对这位先贤的尊重，也是对历史的尊重。往小了说，论定后统一了写法也便于传播。

其实，论定"丘濬"二字到底如何写，有一个很基本的原则，那便

是看他自己如何写。遍查其所有著作、墨宝，无一例外，都写作"丘
濬"。若还要再进一步，那便是他自己的墓志铭、神道碑、弘治帝谕祭碑
以及其母李夫人的墓志铭中都写作"丘濬"，而非其他。再进一步，明代
与他有关的官方古籍，如《明实录》《翰林记》《皇明太学志》《国朝名臣
事略》以及与其同朝为官的众人文集中，无一不写作"丘濬"。所以结论
便很明确，他的名字应写作"丘濬"，而非其他。

那为何又有人把"丘"写作"邱"，把"濬"写作了"浚"？

先说"丘"如何被写作了"邱"。

要解决这个问题，只需将尚存的海南地方志进行系统梳理，便可找
到问题所在。

现存海南府志有正德《琼台志》、万历《琼州府志》、乾隆《琼州府
志》、道光《琼州府志》共四种；现存琼山县志有康熙《琼山县志》、乾
隆《琼山县志》、咸丰《琼山县志》、民国《琼山县志》共四种。府志中，
明代正德和万历两个时期的都写作"丘"，清代乾隆和道光的则都写作
"邱"；县志中，康熙时期的写作"丘"，乾隆、咸丰、民国时期的则都写
作"邱"。

通过以上梳理，我们可以很容易地发现，"丘濬"的"丘"改写为
"邱"发生在康熙后、乾隆前或乾隆朝初，那这段时间，发生了什么？为
什么要给历史人物改姓？查询史料，发现在康熙与乾隆朝之间的雍正朝，
雍正帝爱新觉罗·胤禛确实发过一道命令改"丘"为"邱"的谕旨。

雍正三年（1725年）八月初八，雍正帝发起了一项讨论，他说臣民
都只避他的名讳，却不避孔子的，这让他感到不安，要求内阁好好开会
讨论下涉及孔子名字"丘"字时，该如何避。①

---

① 《大清世宗宪皇帝实录》卷三十五："古有讳名之礼……凡直省地名有同圣讳
者，或改读某音，或另易他字，至于常用之际于此字作何回避，一并详议
具奏。"

国士丘濬

内阁讨论数日，拿出了意见，认为应将全国所有"丘"姓加"阝"，生造为一个"邱"字，全天下"丘"姓都改姓这个生造的"邱"。地名中有"丘"字的则改为别的字，日常书写时写到"丘"则改为"㐀"（音qiū）。雍正帝对内阁的意见作出了最终批示：除四书五经外，凡遇到"丘"则加"阝"改为"邱"[①]。

经过清朝皇帝和内阁们这么一折腾，以"丘"为姓传承了数千年的丘氏一族，在雍正三年彻底地变成了"邱"氏一族，再到清朝灭亡，丘与邱混杂使用的现象便开始出现了。

将丘濬的"濬"改写为"浚"，则是现当代的事，因为自明代到民国的所有史料中都不曾出现过"丘浚"这种写法。改写的原因，大概是前者不好写，而这两字又同音同义，但这种做法却忽略了"人名为专有名词"这个基本常识。

故而，无论是从尊重名字所有者的角度，还是从恪守"人名为专有名词"这个基本常识的角度出发，他的名字都应该统一写作"丘濬"，而非"丘浚"或其他。

论定了丘濬名字的正确写法后，我们再系统地梳理下丘濬的"生前身后名"。

关于丘濬的名声，我们不妨先从黄瑜《双槐岁钞》中的《丘文庄公言行》一文着手。

广东人黄瑜，曾于天顺、成化初年在太学就读，是丘濬的晚辈好友。他的长子在京师出生时，初名为"都生"，丘濬为其改名为"都得"。由

---

① "嗣后，除四书五经外，凡遇此字并加'阝'为邱，地名亦不必改易，但加'阝'旁读作期音，庶乎允协，足副朕尊崇先师至圣之意。"《雍正上谕内阁》，清雍正九年内府刻乾隆六年增刻本，第1001页。

第七章　总有归去时

此可见二人关系较为亲近，彼此也应较为了解。又，黄瑜所著《双槐岁钞》成书于丘濬去世的当月，即弘治八年二月，故相对可信度略高。

黄瑜在《丘文庄公言行》中对丘濬做了多方面的评价。

首先，他认为丘濬有三个方面是别人比不了的。

第一点，"自少至老，手不释卷，其好学一也"。

这一点毋庸置疑，在他右眼已盲、左眼视线模糊时，他仍是披览不辍[①]，坚持每日阅读至深夜，从未间断。

我们不妨做个假设，如果拿出一沓写好了身份的标签，请丘濬挑出其中他自己最为看重的，他会选出哪个身份呢？我想大概率会是"读书人"。实际上，无论是当时还是后世，在评价丘濬时，首先提到的也是他的这一身份。代表明朝官方态度的《明实录》称他"博洽多闻，虽僻事俚语多谙晓"。同朝为官的何乔新说他"自六经诸史九流笺疏之书，古今词人之诗文，下至医卜老释之说，靡不探究"。这也是丘濬之所以能成为"先明一代文学之宗""一世巨儒""一代文宗"的关键原因。

读得多，读得博杂，使得丘濬的学问得以渊博，其见解也往往出人意料。读得好，则使得他读有所获，读后而有所为。于是，丘濬便能信口纵笔若不经意，便能在与其他人论辩时"以辩博济其说"。雷礼在《国朝列卿纪》中把丘濬与人论辩的场景写得很生动，说他"对人语，滚滚不休，人无敢难者"[②]。这自然是因为他胸中有锦绣，腹内藏乾坤。

黄瑜认为丘濬无人能及的第二点则是他的"介慎"，黄瑜说丘濬"诗文满天下，绝不为中官作，其介慎二也"。

[①] "濬……既老，右目失明犹披览不辍。"《明通鉴》，清同治十二年宜黄官廨刻本，卷三十八，第3645页。

[②] 《国朝列卿纪》，明万历四十六年徐鉴刻本，卷十一，第756页。

国士丘濬

所谓"介慎",即耿直、审慎,"中官"便专指宦官。

丘濬不是一个好说话的人,尤其是面对他不认可的事和不喜欢的人时,这一点则表现得更为明显,对宦官,尤甚。在国子监读书时,他一针见血地指出土木之变的祸根在宦官;入阁后上《论厘革时政奏》二十二条,条条针对大宦官李广,后又上《乞严禁自宫人犯奏》直击宦官之害。丘濬对宦官乱政现象深恶痛绝,他自然不会为这样一群人赋诗作文。事实上,拒绝这样一群人,并不是一件容易的事,"内阁票拟、司礼监批红"的双轨辅政制度下,宦官被皇帝用于制衡朝臣权力后,便不只是简单的中官、内官了,他们实际上已然是"内相"。

丘濬的"介慎"在当时是出了名的,甚至也因此引发了一部分人的怨怼。向来对丘濬不太友好的清人所修的《明史》便记录了他和刘健之间的日常争执,说他二人曾因讨论政事时意见不合而产生争执,二人吵起来时,丘濬气极了便把帽子扔在了地上。《明史》据此便称丘濬"性褊隘"[1],其实,此二人关系并不差,正如前文所说,丘濬是这个国家的"规划师",刘健则是顶级的"执行者",二人又是座师与门生的关系,合作也还算是非常紧密。黄瑜在《双槐岁钞》中用一个小故事将二人之间的关系说得很生动。刘健对丘濬说:"你有一屋子散钱,但缺一个串起来的绳子。"丘濬则回应道:"你倒是有一屋子绳子,但却没有需要串的散钱。"[2]虽是个小故事,不排除有刻意编排的可能,倒也清楚地说明了他二人之间的组合关系。黄瑜在故事的结尾说刘健听完丘濬的话后"默然甚愧",这倒也不必,意见不合则争辩,毕竟真理不辩不明,"耿介"比

---

[1]《明史》,清乾隆四年武英殿刻本,卷一百八十一,第7449页。
[2]《双槐岁钞》,清道光十一年至同治二年南海伍氏粤雅堂文字欢娱室刻《岭南遗书》本,卷十,第49页。

第七章　总有归去时

"和稀泥"还是好太多的。丘濬去世后，刘健第一时间便到槐阴书屋悼念，彼时的他大概对失去这样一位能与之激烈争执的"规划师"前辈兼座师的离去是颇有些遗憾和不舍的。

旁人比不上丘濬的第三点，便是"廉静"。黄瑜如是说：丘濬"历官四十载，俸禄所入，惟得指挥张淮一园而已，京师城东私第，始终不易，其廉静三也"。

黄瑜所说的位于京师城东的丘濬的私宅指的便是槐荫书屋。关于它，史料上的记载并不丰富。丘濬自己所写的《槐阴书屋记》也只提供了两条有效信息：一是说明了位置在"城之东偏"，二是指出屋子的窗户旁有"古槐一"。但北京的城东实在是个过于大的区域，不确定在城东何处，找到槐树也没有意义。幸好，正德《琼台志》有更为明确的相关记载——"濬自初仕至位极人臣，凡四十余年，而自处无异韦布，产业仅仅第宅，不逾齐民。在都城，市屋于苏州巷南之委巷中，规模卑陋，聊庇风雨，自为编修至终未始稍增其旧"[①]。由此记载可知，槐阴书屋应当是在苏州巷南的一条偏僻的小巷之中。

苏州巷不难找，其便是今日北京之苏州胡同。这条胡同位于北京东城区建国门街道，东西走向，东起邮通街，西止八宝楼胡同，全长442米，据《首都功能核心区传统地名保护名录（街巷胡同类　第一批）》记载，这条胡同出现的年代确实是在明代。但时移世易，已经不再有人记得这条胡同曾有一个叫作丘濬的明朝人在此住过，整个苏州巷也已见不到任何一座老点儿的房子。根据正德《琼台志》所记的"市屋于苏州巷南之委巷中"这一信息，由苏州巷拐入西侧南面的一条窄胡同，果见有

---

① 《正德琼台志》，海南出版社，2021，第676—677页。

国士丘濬

一株参天古槐从一座老院落中伸出，入得院门，便见其姿态确如丘濬在《槐阴书屋记》里写的一样——"其阴半覆于阶，半盖于瓦，而牖户几案赖以庇焉"。

槐树和它的院落所在的这条小胡同现在叫作"南八宝胡同"，胡同名起于清朝，丘濬居住于此时，它还只是被记作"苏州巷南之委巷"，并没有自己的名字。胡同里的住户也不知道丘濬这样一位人物曾在此居住过。如今的"槐阴书屋"也被分成了很多户，院子里挨挨挤挤的，很无序的，像是随意搁了些平房，只槐树下有些间隙可以站三两个人。

黄瑜所说的丘濬的"廉静"，当然不只是说他住在这槐阴书屋四十余年"始终不易"。丘濬连上朝被赏赐的酒肉等，都会分享给部下和随从。[1]丘濬去世时，除了自己收藏的万卷图书，也便只有皇帝赏赐的那些不能变卖或转赠的物件了。

丘濬的生前身后名，也不尽是褒奖，也有人提出了一些非议。除去前文所提及的他与王恕之间的"恩怨"及清朝对其"华夷论"的否定外，关于他影响最大、传播最广的非议便是说他曾试图为秦桧翻案。之所以这则非议流传较广，是因为它出自丘濬的门生王鏊。

王鏊在其晚年所著《震泽纪闻》中的"丘濬传"中，如是说道：（丘濬）"论秦桧曰宋家至是亦不得不与虏和，南宋再造，桧之力也"[2]。王鏊此论一出，便被后来的《国朝名臣事略》《国朝列卿纪》《国朝献徵录》

---

[1] "濬自初仕至位极人臣，凡四十余年……所得俸余即费于官。晚年在阁尤严，虽微至日供赢剩酒肉即散惠舆从，不入私家。"《正德琼台志》，海南出版社，2021，第676—677页。

[2] 《震泽纪闻》，清嘉庆十一至十七年虞山张氏刻《借月山房汇钞》增修本，第71页。

第七章 总有归去时

《明书》等一字不改地抄录进了它们为丘濬所立的传记中，由明传至清再传至近现代。

王鏊身为丘濬的门生，为何会做此评论？他说的是事实吗？

要弄清楚这个问题，首先要了解王鏊这个人，其次要了解他俩之间的关系。

王鏊，科举一路顺畅，乡试、会试均是第一，殿试得了探花，但仕途却并不通达。他于成化十年（1474年）入翰林院，先任编修，后升侍讲、侍读学士，直到弘治十三年（1500年）才得以进入吏部成为侍郎，他在翰林院一待便是二十六年。正德元年（1506年），他被明武宗朱厚照召入内阁，但此时朝中大权尽在太监刘瑾之手，王鏊委曲求全了三年后，于正德四年（1509年）请求致仕返乡。

王鏊的名声很好。何乔新赞他为"贤相"，王阳明称其为"完人"。但他跟朝中大臣的关系大多不算融洽，为人也并非一以贯之的耿直，或如他自己所说的"愚戆"。

徐溥和丘濬一样，也是王鏊的座师，曾在其仕途中出手相助。但王鏊在《震泽纪闻》中如此评价徐溥："溥尝希范仲淹作义田以赡其宗族，其子不肖，多夺乡人田以给之。溥没未久，争讼纷纭。"他在此处所批评的徐溥所作之义田，正是他曾在《保义堂记》中大肆吹捧过的"庶保吾义于无穷"之义田。

但他对另外一位名声不佳的座师彭华的态度则完全不同。彭华为人阴险狡诈，《明实录》记他"为人佥谲用数，深机莫测"，《明史》则说他"深刻多计数，善阴伺人短"。同时，彭华还是驱逐王鏊十分尊重的恩人尹旻的幕后主使之一，而这一点王鏊也是知情的。但王鏊与彭华仍保持着密切的关系，彭华因中风致仕还乡时，王鏊专门作诗送行；彭华去世之后，王鏊又专门撰写祭文表示哀悼。王鏊此般作为，只是因为彭华是

国士丘濬

他的座师。

王鏊与座师丘濬之间，几乎没有来往。二人不见任何诗文上的互动，丘濬去世也不见关于王鏊凭吊的记载。其实，二人关系较淡，但不曾交恶。成化年间，王鏊还与刘健、谢迁一起到槐阴书屋赏过梅。王鏊在自己的书中恶评丘濬的关键原因是，他非常崇拜王恕。他为王恕写祝寿词，追和王恕所作《谒陵诗》，在写给王恕的信中称其有难得一见的古人卓绝之风。弘治初，王恕升任尚书，王鏊本以为自己颇为坎坷的仕途终于要见到曙光了，却不承想弘治帝借着王恕和丘濬之间的矛盾顺水推舟地让王恕退休了。

如此一来，在丘濬去世后，来槐阴书屋吊唁的名单中便不见这位昔日的门生王鏊了。不过，若仅从此二人的感情关系来否定王鏊对丘濬的恶评，认为其是有意构陷，进而否定王鏊这个人，这便显得狭隘了。我们不妨看看丘濬到底是如何评价秦桧的，是否如王鏊在其晚年所著《震泽纪闻》中所说。毕竟，找到可靠的证据，才有可能接近真相。

丘濬对秦桧的评价，只出现在其所著《世史正纲》中。"秦桧"二字，在这本书中共出现三十一次，多为其生平的记录，其中丘濬直接评价秦桧的言论仅三条。我们把这三条逐条做个粗略了解，看看丘濬是否有为秦桧翻案。

第一条[①]

按：岳飞之死，世皆以为秦桧矫诏杀之。而此特笔帝下飞于狱何？高宗非幼弱昏昧之主，桧非承其意决不敢杀其大将。借使桧矫其诏以杀飞，则必高宗之为君可以欺而蔽也。《春秋》于其臣不能讨贼，而又不越境而还归之，以杀逆之狱。然则高宗之于飞，既不知桧之矫诏，又不能

---

① 《世史正纲校注本》，海南出版社，2005，第615页。

第七章　总有归去时

正其擅诛之罪，准以赵盾之诛，又安能逃杀戮功臣之罪哉？况《宋史·何铸传》明言铸白飞冤，而桧答以此上意也哉！

这一条主要讨论岳飞到底是死于秦桧还是宋高宗之手。丘濬认为，世人通常所认为的"秦桧矫诏杀之"是站不住脚的。首先，史料中特别提到皇帝下令将岳飞投入监狱，便说明皇帝在岳飞之死中起到了关键作用，而宋高宗并非幼弱昏昧之主，秦桧又怎敢擅自杀他的功臣呢？其次，假设确实是秦桧私自修改了诏书杀害了岳飞，那皇帝既未察觉，事后也没有追究秦桧擅杀功臣之罪，那么皇帝也难逃杀害功臣的罪名。最后，《宋史·何铸传》中记载何铸为岳飞申冤时，秦桧以"此上意也"作为回应。这一记载表明秦桧的行为很可能是在宋高宗的授意或默许下进行的。

不难发现，此条是关于岳飞死因的严谨的逻辑推导，并未提及"南宋再造，桧之力也"，更不存在为秦桧翻案的言辞。

第二条[1]

呜呼！帝者，中国所自立，上受天命而下应人心者也。所传者，二帝三王之统，所践者，祖宗列圣之祚。况高宗被衮冕即皇帝位，郊天绘庙，君国子民，至是已十有六年矣，乃始受金人之封册，被其衮冕，以为大宋皇帝。抑不知自此以前，所被者何等服，所称者何等号邪？呜呼！夷狄之祸，至是极矣。天理人伦于是乎扫地，天冠地屦于是乎倒置。秦桧之罪上通乎天矣。或曰此非特高宗之创始，前此石晋固已行之矣。呜呼！敬塘一武夫尔，事出于救死，非得已也，君子犹不之与焉。况高宗继体之君，而启有宋一代中兴之业者乎？或曰高宗亦为亲而屈，有不得已焉耳。呜呼！高宗救亲之道亦多端矣，而必为此者，由其心术不明，

---

[1]《世史正纲校注本》，海南出版社，2005，第615—616页。

国士丘濬

怵于秦桧之邪说。所谓秦桧之罪上通于天者，此也。

此条论秦桧之罪。核心观点是：秦桧唆使宋高宗接受金人册封为"大宋皇帝"，是秦桧犯下的通天大罪。很显然，这条不曾表扬秦桧，也并没有要为秦桧翻案的意思。

第三条[①]

呜呼！宋自南渡以后，论国大计者，莫不以雪仇耻，复土疆为言切切然。以时君不从其言为恨。往往咎汪黄，而惜李纲，罪秦桧，而痛岳飞，非史浩，而是张浚。侂胄此举，其心虽非，其事则未必不是也。彼有罪焉，朝廷自诛之可也。乃至函首房庭，是何与平昔正人君子所论者之不同哉？昔人有言，譬则人家子孙，其祖父为人所杀，其田宅为人所有。一狂仆不量力，欲为之复仇，谋疏计浅，迄不能遂。乃归罪此仆，送之仇家使甘心，焉可乎哉？

此条是对宋室南渡后朝堂关于复仇一事的讨论。丘濬所要表达的是对南宋皇帝将北伐不成的韩侂胄的头颅送给金国以求和这一举动的强烈反对，此条虽出现秦桧，但只是捎带，并未表达任何情绪。

由此可见，王鏊对丘濬的责难应该是带有个人情绪的，是不足信的。而后世不加考证，便复制照搬王鏊带有个人情绪的评语，自然便不值一提。倒是近代钱穆对丘濬的评价——"乃中国史上之一第一流人物也"，既准确又具有高度的概括性。第一流人物，当有第一流的学问、第一流的德行、第一流的功业。立德、立功、立言之丘濬，既是学者的榜样，亦是官员的榜样，当不朽。

[①]《世史正纲校注本》，海南出版社，2005，第641页。

五、寰宇拜先生

一艘日本的商船

丘濬一生著作颇丰，治国方略类的有《大学衍义补》及其衍生著作《盐法考略》《钱法纂要》《元海运志》，诗文类有《琼台吟稿》《琼台类稿》《琼台会稿》《重编琼台会稿》《琼台诗话》（均由其门人或后人汇编），史学类有《世史正纲》《平定交南录》，理学类有《朱子学的》《家礼仪节》，医学类有《本草格式》《重刻明堂经络前图》《重刻明堂经络后图》《群书钞方》，传奇类有《五伦全备记》《投笔记》《罗囊记》《举鼎记》，蒙学类有《成语考》，参与编撰的有《寰宇通志》《大明一统志》《英宗睿皇帝实录》《宪宗纯皇帝实录》《续资治通鉴纲目》，等等。这还不包括未被收录在上述专著中的佚文，如《鼎新兴造记》《送程学谕之平山》《太平府儒学记》《平蛮遗迹记》《题介亭》《赠太子少保谥襄毅诰命》《程襄毅公像赞》《寿致政大司马休宁程公》《重修学庙记》《岭南事宜》《弘治三年庚戌科进士钱福等三百名题名记》等。这些佚文散见于各志书，如成化《杭州府志》，弘治《休宁志》《易州志》，嘉靖《湖广图经志书》《皇明太学志》《南宁府志》《建阳县志》，万历《青阳县志》《太平府志》《高州府志》，等等。

更为重要的是，丘濬的著作及其思想不仅在国内被广为传播且经久不衰，在国外亦是产生了深远的影响。前文说到的《五伦全备记》曾在明时被朝鲜采为译官教科书只是其中一例。单是日本内阁文库，就收有丘濬的《琼台类稿》一种、《琼台诗文会稿》两种、《丘文庄公集》一种、《世史正纲》一种、《大学衍义补》四种、《家礼仪节》一种、《朱子学的》两种、《群书钞方》三种。另日本东京大学文学部图书馆、仙台东北大学图书馆、东京东洋文库、东京大学东洋文化研究所图书馆、京都大学文

国士丘濬

学部图书馆、东京尊经阁文库、名古屋蓬左文库、东京静嘉堂文库，美国加利福尼亚大学伯克利分校斯塔尔东亚图书馆、芝加哥大学远东图书馆、哈佛燕京学社、斯坦福大学胡佛研究所、普林斯顿大学葛思德东方图书馆、密歇根大学亚洲图书馆，加拿大不列颠哥伦比亚大学图书馆，英国伦敦大学亚非学院，以及韩国国立中央图书馆、启明大学图书馆、奎章阁图书馆，均藏有丘濬著作一种或多种。国外刊刻、抄写丘濬的著作的版本也非常丰富。[①]

我们不妨以《大学衍义补》在日本的流行为例，说明丘濬著作在海外的影响力之深远。

1711年，一艘从南京出发的商船抵达日本长崎。这艘商船上除去一些常见的货物外，另有大量的中国书籍。这并不是什么稀奇的事，日本自古以来便是通过类似途径借鉴和学习中国文化，并在此基础上发展起来的。在此之前的奈良时代，遣唐使、留学生、往来僧人便是他们从中国获取书籍的主要媒介。日本人对于学习中国文化的渴望异常浓烈且从不遮掩，《由写经所见奈良朝佛教之研究》一书便记载了开元初跟随第八次遣唐使访唐的僧人玄昉回日本时曾带走佛教经典五千卷这样令人瞠目结舌的案例；《新唐书·日本传》中记载的与玄昉同时期到中国的遣唐使吉备真备则一到中国便将"所得锡赉，尽市文籍"，而他如此疯狂地购书，自然是为带回日本。[②]

1711年这艘开往日本的商船上，便有丘濬的《大学衍义补》。

此时，距离这本书成书已经过去了二百二十四年，丘濬也已去世二

[①] 关于丘濬著作在海外的收藏情况，详见李焯然著《丘濬评传》（南京大学出版社2005年版）和熊展钊著《〈大学衍义补〉版本考述》（《历史文献与传统文化》2022年第1期 ）。

[②] 大庭脩：《关于中国书籍传入日本的研究》，蒋非非译，《北大史学》1994年。

第七章　总有归去时

百一十六年。这部书被选择进入日本，自是与它刊印后在中国所产生的巨大影响有关。

成化二十三年（1487年）十一月十八日，丘濬进书，次年首个版本即弘治元年建宁府原刻本正式出炉。实际上，在首刻本刊刻完成前便已有抄本流行（1487年钞本，现藏英国哥伦比亚大学图书馆）。正德元年（1506年），据弘治元年建宁府刻本重印的宗文堂刻本完成；嘉靖十四年（1535年），刻书家吉澄所刻《大学衍义补》完成。宗文堂刻本和吉澄刻本后均有多次重印记录。在此之后，便发生了著名的万历帝为《大学衍义补》赐序一事。

《明神宗显皇帝实录》卷四百一十六记载了这次事件的全过程："［万历三十三年（1605年）］十二月）己未，谕内阁：朕思孔夫子继往圣开来学，笔削鲁史《春秋》，明善恶顺阴阳，百王不易大法，万世君臣所当诵法者也。已有旨，卿等传示讲官，日每撰写讲章进览。又，朕阅先臣丘濬纂述《大学衍义补》书，古今事理备具考论，节目精详有裨政治，嘉悦无惓。已命该监重刊传布，俾天下家喻户晓，用臻治平。卿等撰一文来序于首，简昭示朝廷明德新民图治至意，谕卿等知。"万历帝朱翊钧说他自己读《大学衍义补》入了迷，竟不知疲倦。他认为这部书"古今事理备具考论，节目精详有裨政治"，于是便命令重新刊印，以广为传布。此外，他还要求内阁代他写一篇序，用来置于重刊本卷首。同月，内阁便呈上《御制重刊〈大学衍义补〉序》。万历帝甚是满意，对内阁首辅、次辅均有奖赏："赐元辅银四十两，彩段三表里；次辅每银三十两，彩段二表里，仍各赐酒饭有差。"于是，次年，《大学衍义补》万历官刻本面世。在此之后又有多个版本面世，且各版本又均被多次重印。

不只如此，丘濬的《大学衍义补》还被后世学者通过摘选、提要、补删等方式生产出一系列的衍生品，如凌遇之的《衍义补英华》等。至近现代，又有成都采薇阁、京华出版社、江苏大学出版社、中州古籍出

国士丘濬

版社等多个出版社刊印了《大学衍义补》。另外，海南出版社出版的《丘濬集》也收录了此书全本。

现存《大学衍义补》及其衍生书之版本及收藏地简表[①]

书名	卷数	版本	年份	收藏地	册数	备注
大学衍义补	160	钞本	1487	加拿大不列颠哥伦比亚大学图书馆	40	
	160		1488	日本内阁文库	20	周洪谟等校刊本
	160	建宁府	1488	台北"中央图书馆"	32	《四库全书》《四库全书珍本》《四库荟要》收
	160	建宁府	1488	斯坦福大学胡佛研究所	15	
	160	建宁府	1488	普林斯顿大学葛思德东方图书馆	60	
	160	宗文堂	1506	东京大学东洋文化研究所图书馆	64	据弘治间刊本重印
	160	吉澄	1535	杭州大学图书馆	64	
	160		1556	芝加哥大学远东图书馆	32	
	160	吉澄	1559	台北"中央图书馆"、台北"故宫博物院"	35	
	160	吉澄	1559	日本内阁文库、东京大学东洋文化研究所图书馆	40	
	160			美国国会图书馆、中国香港大学冯平山图书馆	40	明隆庆、万历间刊本

[①] 本表据"现存丘濬著作之版本及收藏地简表"整理。详见《丘濬评传》，南京大学出版社，2005，第307—317页。

续表

书名	卷数	版本	年份	收藏地	册数	备注
大学衍义补	160	乔应甲	1606	中国国家图书馆、南京大学图书馆	24	扬州府官学员校本
	160	内府	1606	台北"中央图书馆"、台湾东海大学图书馆、台湾大学图书馆	40	
	160		万历	中国上海图书馆、日本静嘉堂文库	32	
	160		万历	中国台北"故宫博物院"、台湾东海大学图书馆、香港大学冯平山图书馆和美国国会图书馆	48	
	160		明刊	南京大学图书馆	24	
	160		明刊	中国国家图书馆	36	
	160		明刊	日本静嘉堂文库	30	
	160		明刊	中国国家图书馆	40	
	160	建安宗文堂	明刊	台北"中央图书馆"	30	
	160	陈仁锡	1632	中国国家图书馆、台北"中央图书馆"	28	陈仁锡评刊本
	160	陈仁锡	1632	日本内阁文库、美国普林斯顿大学葛思德东方图书馆	36	
	160	陈仁锡	1632	台北"故宫博物院"	32	
	160	陈仁锡	1632	日本尊经阁文库	60	
	160	石渠阁	明刊	美国密歇根大学亚洲图书馆、日本东京大学东洋文化研究所图书馆	32	

· 257 ·

国士丘濬

续表

书名	卷数	版本	年份	收藏地	册数	备注
大学衍义补	160		明刊	台北"中央图书馆"	28	闽刊黑口大字本
	160		明刊	台北"中央图书馆"	17	小字十二行本，缺卷一至卷九
	160		1792	日本内阁文库、仙台东北大学图书馆和中国台湾大学图书馆	60	日本重刊本
	160		1793	大阪	60	日本宽政四年福井敬斋序刊本
	160		1837	台北"故宫博物院"	40	
	160	云邑郭氏家塾	1874	中国国家图书馆	36	
	160		清刊	广东省立中山图书馆	30	
	160		清刊	美国国会图书馆	40	据明刊本重录
	160	桂垣书局	1895	东京东洋文库		
	160	海南书局	1931	中国香港大学冯平山图书馆、日本东洋文库	20	据陈仁锡刊本重印
衍义补英华	18	凌遇之	万历	南京图书馆	4	
大学衍义补纂要	6	明钞本		台北"中央图书馆"	6	
	6	徐栻	隆庆	中国国家图书馆、南京大学图书馆、南京图书馆	6	张应治等校正本
	6	赣州府学	1572	美国国会图书馆	6	黄学海等校正本
	6	袁州府学	明刊	东京大学东洋文化研究所图书馆	6	程文著校正本

第七章　总有归去时

续表

书名	卷数	版本	年份	收藏地	册数	备注
大学衍义补纂要	6	梅墅石渠阁	明刊	东京大学东洋文化研究所图书馆		陈可先校、聂明弼评
大学衍义补辑要	12	培远堂	1763	中国南京图书馆、南京大学图书馆和日本东京大学东洋文化研究所图书馆	6	陈弘谋《培远堂全集》本
	12	宝恕堂	1842	日本东京大学东洋文化研究所图书馆、中国国家图书馆	6	
	12	来鹿堂	1847	中国国家图书馆	12	
	12	赵培桂	1866	普林斯顿大学葛思德东方图书馆		
大学衍义补摘粹	12	查策	1567	东京大学东洋文化研究所图书馆	4	查铎校正本
	12	查策	1567	普林斯顿大学葛思德东方图书馆	6	
大学衍义补节略	21	王净	1562	中国国家图书馆	4	《大学衍义补通略》合刊本
大学衍义补删	30	张能麟	1656	东京大学东洋文化研究所图书馆	32	

说回1711年由南京驶往日本长崎的那艘商船。

这艘船被称为"卯五十一号南京船",这是这一年由中国开往长崎港的54艘商船之一。在这54艘商船中,载书船共6艘。这6艘船的载书情况分别是:十号宁波船2部,十五号南京船93箱,十九号宁波船4箱,二

国士丘濬

十五号南京船1箱，三十七号宁波船1箱，五十一号南京船40箱。①也就是说，单是1711年这一年，仅长崎港一港，日本从中国通过商船购入的中国书籍便有139箱又2部。日本人在这个时期，到底会选择什么样的中国书籍运入日本呢？这些书被运入日本后又将发挥怎样的作用？这或许是中日两国的研究者们都颇感兴趣并想要弄明白的事情。对此，我们不妨对运载有《大学衍义补》的这艘商船进行深入的解剖，也许能借此窥见一二。

这艘船的船头为程方城，乘员共34人。船上所载货物有："白丝六千四百八十斤，大白纱绫八百端，尺长中百缩棉七百二十端，中白纱绫七百四十端，小白纱绫八百端，色缎五百端，白纹罗纱一端，各类药种三百八十斤，丹四百五十斤，唐纸二束，书籍四十箱。"②

从上述清单来看，货物种类并不出人意料。丝织品历来都是中国主要的出口商品，人参、决明子等药材也是国外求购的稀罕物，我们探讨的重点自然便是这清单中的"书籍四十箱"。这四十箱书的具体情况如下：

卯五十一号南京船所载书籍一览表③

序号	书名	数量	序号	书名	数量
1	易经讲意去疑	二卷六册	4	唐诗正	二十六卷六册
2	全补发微历正通书	三十卷八册	5	集古印谱	六卷六册
3	先圣大训	六卷六册	6	谭友夏合集	二十三卷六册

---

① 《江户时代日中秘话》，中华书局，1997，第61页。
② 同上书，第65页。清单中提到的"丹"，指的是依据中药药方制成的药丸或药粉；"唐纸"专指中国宣纸。
③ 此表根据《江户时代日中秘话》（中华书局1997年版）第68—70页整理。

续表

序号	书名	数量	序号	书名	数量
7	江南通志	七十六卷二十六册	25	钝翁类藁	一百一十八卷二十二册
8	诗观初集	十二卷十二册	26	汪伯子善庵遗藁	一卷一册
9	易学义林	十卷十册	27	增定历朝古文必读	八卷四册
10	韩文起	十二卷六册	28	黄叶村庄诗集	八卷四册
11	李杜诗通	六十一卷八册	29	初谭集	三十卷四册
12	三苏文范	十八卷十册	30	苏子美全集	十六卷四册
13	唐宋八家文钞选	十二卷十册	31	词学全书	十五卷十册
14	星学正传	二十一卷十二册	32	诗舨	五十卷十册
15	历朝赋楷	九卷六册	33	遵生八笺	八卷八册
16	周忠毅公奏议	五卷四册	34	易解	十卷五册
17	韵府群玉	二十卷十册	35	诗经疑问	八卷六册
18	篇海类编	二十卷十册	36	麟指	四卷四册
19	战国策	十卷四册	37	李氏藏书	六十八卷十八册
20	伊川击壤集	二十卷四册	38	续藏书	二十卷八册
21	临川王介甫先生集	一百卷十六册	39	震川先生文集	二十卷六册
22	河洛理数	七卷八册	40	广治平略	四十四卷十二册
23	皇明奏议疏	六卷十册	41	大学衍义	四十三卷八册
24	寸碧堂诗集	三卷一册	42	大学衍义补	二百零三卷四十册

国士丘濬

续表

序号	书名	数量	序号	书名	数量
43	文选六臣注	六十卷三十二册	57	本草纲目	五十卷四十册
44	古今牍大全	八卷四册	58	四书备考	二十八卷二十册
45	治平略增定全书	三十二册	59	万首唐人绝句	二十册
46	四六全书	四十五卷十二册	60	袁了凡先生重订凤州纲鉴世史类编	六十五卷
47	四六全书	四十五卷二十册	61	纲鉴白眉	二十一卷十六册
48	帝乡戚氏家传四书大成心印		62	皇明通纪	二十七卷十六册
49	历代史纂左编	一百四十二卷一百册	63	诗经说约	二十八卷十六册
50	史记	一百三十卷二十册	64	理性大全	七十卷三十册
51	历朝纲鉴全史	七十卷三十册	65	删补颐生微论	六卷六册
52	古文汇钞	十卷十六册	66	五经旁训	二十一卷十二册
53	纲鉴会纂	七十卷四册（不全本）	67	新刊纂图牛马经类方大全	八卷四册
54	四书大全	二十八卷二十四册	68	西湖游览志	五十卷十六册
55	汇书详注	三十六卷二十四册	69	王文公文抄	十六卷六册
56	喻林	一百二十卷二十五册	70	五子近思录	十四卷四册

第七章　总有归去时

续表

序号	书名	数量	序号	书名	数量
71	寓林集	三十八卷十六册	79	合刻管子韩非子	十册
72	兼济堂文集	二十四卷二十册	80	泊如斋重修宣和博古图	三十二卷二十一册
73	今体台阁集	十卷四册	81	内经素问	十卷八册
74	幼科全集	二十卷八册	82	本草经疏	三十卷十二册
75	性理会通	一百一十二卷二十二册	83	医宗必读	十卷八册
76	左传文定	十二卷八册	84	图注难经脉诀	八卷四册
77	纲鉴会纂	四十卷二十册	85	医方考	八卷六册
78	三国志	六十五卷二十四册	86	医方集解	二十五卷六册

由上可知，这40箱书，共有86种1100多册。其中，经学类、文学类、史学类占比最大，医学也是其中大类。日本的这种选择，与当时的时代背景紧密相关。德川家康推翻丰臣秀吉政权后，于庆长八年（1603年）出任"征夷大将军"，并于江户（今东京）开创了江户幕府（1603—1867年）。这便是历史上的"德川时代"，其也被称为"江户时代"。德川家康成为日本实际的控制者后，吸取丰臣秀吉因无视儒学、重利轻义导致政权覆灭的教训，大力提倡并吸收中国文化，尊崇孔孟之道。于是，从中国引入书籍便自然就被德川家康视为治国要事。一个全新的王朝政权，百废待兴，文化思想及治理体系的重建是一个庞大且系统的工程。在奈良、平安时代便已通过遣唐使、留学生和往来僧人领教过中国传统文化实力的日本，在经历过南北朝时期的对立、战国时代的战

乱后，在吸取了丰臣秀吉轻视中国儒学的教训后，对中国书籍的渴望已至极致。夸张的是，我们甚至能在江户时代运往日本的书籍中发现游览志和某一姓家谱之类的偏门书籍。当然，主流的舶载书目仍是文治天下的必备类目，如经学类、史学类、文学类，以及应对瘟疫、灾荒的医学类。

丘濬的《大学衍义补》便是在这样的背景下于1711年抵达日本的。很快，这本书便被选进"御书库"，记入《御书物目录》，成为皇室必读政书。三年后的1714年，后来的德川家族两代将军（德川家宣、德川家继）的核心辅臣新井白石遇到了《大学衍义补》。他在日记中写明，日本正德四年（1714年），他从《御书物目录》中发现了《大学衍义补》，于十一月二十九日将书借出。此后，这本书便成为新井白石的研究标的之一。他这种身份的人的重视，自然对此书在日本高层及知识分子间的流布产生了积极且重大的影响。

日本宽政四年（1792年），日本筱山藩依据陈仁锡评刊本重刻《大学衍义补》（此版本亦被简称为"宽本"或"和刻本"）。该本半页10行，每行20字，小字双行同，白口，四周单边，单鱼尾。全书包含卷首和160卷正文；卷前依次为明神宗御赐序、丘濬序、陈仁锡序、平安福井轨序、丘濬《进〈大学衍义补〉表》，以及周洪谟等所上表、总目、目录。宽政五年（1793年），宽本正式出版流通。需要说明的是，此版本仅是目前所能见到的日本最早的《大学衍义补》的刻本，并不能就此认为该本就是日本实际上最早的此书刻本。

《大学衍义补》在日本的流行，并不只是体现在其被列为"御书物"或多次被刊刻、重印上，更为关键的是，这部书的学术思想在日本被广泛接受，甚至成为日本立法的核心依据，称之为日本法治思想的鼻祖也不为过。

18世纪中叶，一部重要的日本法治思想代表作《无刑录》正式问世。

第七章　总有归去时

它的作者是德川时代中期仙台著名学者芦东山（1696—1776年）。起初，这本书并未引起多大的轰动，甚至其成书后都没有立即被刊刻。直到八十年后的明治时期，即将出任大审院判事的县信缉发现了这本书，经过他本人及陆奥宗光、河野敏镰的多次辗转推荐，明治十年（1877年），《无刑录》才终被日本立法机构元老院以中文原貌刊行，这自然意味着这本书受到了日本官方的高度重视。昭和二年（1927年）、昭和五年（1930年），由佐伯复堂负责翻译的《无刊录》日文译本由刑务协会出版。平成十年（1998年），该书原本与日文译本又被收入《日本立法资料全集》，标志着其成为日本立法过程中不可或缺的参考。[1]

《无刑录》完全脱胎于流传至日本的丘濬的巨作《大学衍义补》中的"慎刑宪"。这一结论，我们可以通过对它的序及体例结构的分析，轻而易举地得出。

《无刑录》序

余之在大审院判事县信缉自宫城上等裁判所寄书曰："得旧仙台藩士芦东山《无刑录》，盖宝历年间东山幽囚中所著者，支那历代律例之沿革与当世显官达士用刑之判论奏札，搜罗弗遗，体例完具，可以供执法者之用。子请而刻之于院中乎，吾当邮致其书。"

回顾二十余季前，余方讲习支那律书，读斋藤馨所撰《芦东山传》，知有此书，求之仙台藩学及其藩藏书家。时私著律令之书，幕府概禁之，故秘而不出，以不得见为憾焉。及得信缉书，喜而不自禁，欲急遽为答

---

[1]《经世思想的传承与转折——以明代〈大学衍义补〉与德川〈无刑录〉的关系为中心》，《安徽史学》2019年第6期。

未果。而余迁职元老院，信绪则转任大审院，各以事繁不相见者数月。适本院干吏陆奥宗光、河野敏镰出一书示余曰："此书果可用则刊之于官以公于世，如何？"把而览之，则《无刑录》也。问其所由来，则信绪携而归者。余之望慕久而不得见者，一朝而得寓目，实信绪之赐，其喜幸果为何如？而两干事又欲刊而公之世之执法者，之喜幸又将何如哉？抑支那收录历代律例用刑之沿革论议者，元马端临《文献通考》内"刑考"，采摭宏富，典核精密，为大备矣。而论者曰："卷帙浩繁，未免取彼失此。况断自赵宋嘉定以前、宝庆以后，则缺而不录，至明王圻续而补之，历世始备。"然论者曰："王书体例糅杂，颠舛丛出，终属一部疏陋著作，而不能为马氏之续。"明丘濬学问该博，尤熟于明代掌故，其所著《大学衍义补》"慎刑宪"篇，可以接踵马书。然论者曰："明代律例详载之，其他则止采于《通考》，不的照于原书故事，或不能无差谬，则亦未可谓完全之书也。"东山此书采收博而精，密而不冗，而各条案语亦能贯穿和汉，古今折衷至当，可以补马丘二书之所不及，而其益于本邦执法者较于二书更切实矣。

东山氏芦野，名德林，东山别号也。当时以号配氏，称芦东山先生。在幽囚二十四年，遂能成此书云。其为人平生行事，则详于斋藤馨所撰传及《先哲丛谈后编》，故不复言。

明治十年八月
议官从四位水本成美撰

这是明治十年（1877年）八月日本国会议官水本成美为芦东山所撰的《无刑录》所作的序。序中表达了他对重新遇到此书的欣喜，并对此书所录内容的源头及其思想内核进行了系统的梳理。序中说，在中国收录历代律例和刑罚沿革论议的著作中，元朝马端临的《文献通考》中的

第七章　总有归去时

"刑考"部分，内容宏富、典核精密，堪称完备。但因涉及内容过多、所录内容时间跨度过大，难免存在详略失当的弊病。尤其是它只记录了赵宋嘉定以前和宝庆以后的部分，中间有所缺失。虽然后来明朝的王圻续补了缺失的部分，但他所补的部分体例混杂、错误百出，只能算作一部粗疏浅陋的著作。他认为，只有丘濬的《大学衍义补》中的"慎刑宪"篇才有资格接续马端临的《文献通考》，二书结合，便能成为日本立法的重要参考。

芦东山的《无刑录》，便是采选了马端临的《文献通考》中的"刑考"部分和丘濬《大学衍义补》中的"慎刑宪"部分的内容，并结合日本当时的法治实际而撰写完成的。1877年，身为日本国会议官的水本成美为这本书作序，日本立法机构元老院组织完成了这本书的刊刻。得以公开出版的《无刑录》，很快便成为明治政府制定近代刑法的重要参考。1927年日本刑务协会出版了法律学家佐伯复堂配以现代日语译注的《无刑录》，1998年信山社又将此书再版。日本近代司法界权威花井卓藏在为佐伯复堂译注的《无刑录》所作"序"中，将《无刑录》誉为"东洋唯一的刑事法典"。

这一切，便足以说明这本书之于日本的价值及意义。

再看《无刑录》与《大学衍义补·慎刑宪》的体例结构对比，《无刑录》共14个标题，《大学衍义补·慎刑宪》也是14个标题，且除《无刑录》自增小节"议刑"外，前者与后者的标题均呈现了一一对应的强关联关系。

国士丘濬

《无刑录》与《大学衍义补·慎刑宪》标题对比表[①]

《无刑录》	关系	《大学衍义补·慎刑宪》
"刑本"上、下	→	"总论制刑之义"上、下
"刑官"上、下	→	"简典狱之官"
"刑法"上、下	→	"定律令之制"上、下
"刑具"	→	"制刑狱之具"
"流赎"	→	"明流赎之意"
"赦宥"	→	"议当原之辟""顺天时之令"
"听断"	→	"详听断之法"
"详谳"	→	"谨详谳之议"
"议刑"		
"和难"上、下	→	"明复仇之议"
"伸理"	→	"伸冤抑之情"
"感召"	→	"慎眚灾之赦"
"钦恤"	→	"存钦恤之心"
"滥纵"	→	"戒滥纵之失"

至于内容，我们可以将两书同一节进行对比，便可了解这两本书之间更紧密的联系。

[①] 本表根据解扬的《经世思想的传承与转折——以明代〈大学衍义补〉与德川〈无刑录〉的关系为中心》(《安徽史学》2019年第6期) 一文和《大学衍义补》(明弘治元年建宁府刊本) 整理。"→"表示直接相关。

第七章　总有归去时

《无刑录》与《大学衍义补·慎刑宪》结构与内容对比表[①]

异同	《无刑录》	《大学衍义补·慎刑宪》
异	放勋钦明，如日如天。重华濬哲，乃圣乃神。爰制象刑，申命庭坚。辅德助教，天民是全。三代因之，王道平平。孔孟传之，百世炳焉。汉唐宋明，二千载间。英主显相，巨儒名臣。言刑义者，合为此篇。上下分卷，杂以所闻。寻本综末，以俟后贤。立刑本第一。	《大学衍义补》各卷均无引子。本节前部分为对《易经》之《噬嗑》《贲》《旅》《中孚》等的解读，采程颐、朱熹、吴澄、洪迈解卦之语，每卦解语后有作者按语。本部分内容为《无刑录》所阙。
同	《舜典》曰："象以典刑……钦哉钦哉！惟刑之恤哉。"	《书·舜典》："象以典刑……钦哉钦哉！惟刑之恤哉。"
同	朱子曰："象，如天之垂象以示人。而典者，常也，示人以常刑……则可可以见圣人好生之本心也。"	朱熹曰："象，如天之垂象以示人。而典者，常也，示人以常刑……则可以见圣人好生之本心也。"
同	又曰："'象以典刑'此一句，乃五句之纲领……圣人之心其不如是之残忍偏倚而失其正，亦已明矣。"	又曰："'象以典刑'此一句，乃五句之纲领……圣人之心，其不如是之残忍偏倚而失其正，亦已明矣。"
同（小异）	丘氏濬曰："《舜典》此章，万世论刑之祖。'象以典刑'以下七句，凡二十八字，万世圣人制刑之常典。"钦战钦哉！惟刑之恤哉"二句，凡九字，万世圣人恤刑之常心，圣贤之经典。其论刑者千言万语，不出乎此。帝王之治法，其制刑者千条万贯，亦不外乎此，后世帝王所当准则而体法焉者也。"	臣按：《舜典》此章，万世论刑之祖。"象以典刑"以下七句，凡二十八字，万世圣人制刑之常典。"钦战钦哉！惟刑之恤哉"二句，凡九字，万世圣人恤刑之常心，圣贤之经典。其论刑者千言万语，不出乎此。帝王之治法，其制刑者千条万贯，亦不外乎此，后世帝王所当准则而体法焉者也。此章真氏《衍义》，既已载于《审治体》篇，以见德刑轻重之分，而此又备详之者，益前编言其理，所以致其知，故宜略。此编载其事，所以见于行，故不得不详。盖互相备也，他仿此。"

[①] 本表结构与内容的对比，均选自《无刑录》卷一"刑本"与《大学衍义补·慎刑宪》之"总论制刑之义"，以此为例。

国士丘濬

续表

异同	《无刑录》	《大学衍义补·慎刑宪》
异	德林按：三皇五帝之记尚矣。轩黄以前刑名，不可得而稽，但制刑之本乃百圣一心，万古不可易者，虞书所载是已。孔子曰："后世虽有作者，虞帝不可及也。"今考虞书，舜摄位之初，先齐七政祀群神，举行朝觐巡守之礼，协时月。正日，同律度量衡，修五礼，如五器，然后申明刑法，以布告天下，则礼刑之分，自有次第，而不可乱也。盖礼者所以立德，刑者所以弼教，二者不可偏废，而为治之序，则以礼为先，以刑为后。后之欲详刑义者，宜先读是编，识其梗概，然后熟读全经，而求其归趣焉，则庶乎其有以得圣人之心矣。若喜简厌烦，谓圣人制刑之要，悉备于此而不究其本末，则非今日所以纂辑此书之意也，览者其思之。	《大学衍义补》无此部分内容。
同	帝曰："皋陶，蛮夷猾夏，寇贼奸宄。"	帝曰："皋陶，蛮夷猾夏，寇贼奸宄。"
同	朱熹曰："服，服其罪也，《吕刑》所谓上服下服是也……此因禹之让而申命之，又戒以必当致其明察，乃能使刑当罪，而人无不信服也。"	朱熹曰："服，服其罪也，《吕刑》所谓上服下服是也……此因禹之让而申命之，又戒以必当致其明察，乃能使刑当罪，而人无不信服也。"
同	丘氏濬按："惟明则情伪毕知，克允则轻重适当，非明不足以尽人情，不允不足以当人罪。帝舜告皋陶而戒之以惟明克允，谓之惟者，此外别无他术；谓之克者，如此然后能信。"	臣按：惟明则情伪毕知，克允则轻重适当，非明不足以尽人情，不允不足以当人罪。帝舜告皋陶而戒之以惟明克允，谓之惟者，此外别无他术；谓之克者，如此然后能信。

第七章　总有归去时

续表

异同	《无刑录》	《大学衍义补·慎刑宪》
异	德林按：舜先命弃播谷以养民之身，次命契敷教以善民之心，而后命皋陶理刑以荐民之彝，又申之以明允之戒，足以见帝王之治必有次序，而用刑之间深致钦恤之意矣。真氏以为，钦恤者，圣人用刑之心；明允者，圣人用刑之法。此说甚确。若论其极，则百圣传心之要，亦不外乎此。而"钦明"二字，最其要者也。盖一而不移谓之钦，精而不杂谓之明。钦则能存本心之德，而天下靡不归仁矣。明则能裁万事之宜，而天下靡不服义矣。是乃仁之至，义之尽，而无所偏倚，无过不及者，此谓允执厥中。由此观之，钦恤明允不可止以为用刑之戒而已也审矣。此又览兹，编者所当深留心焉。	《大学衍义补》无此部分内容。

由上表不难窥见，芦东山的《无刑录》沿袭了丘濬的《大学衍义补·慎刑宪》的体例结构，皆为先摘"英主显相，巨儒名臣"语录，后附作者按语。二书内容之差，仅为《无刑录》比《大学衍义补·慎刑宪》多出芦东山自作之按语而已。

至于两书所体现出的法律思想，从两书书名便可窥见。

丘濬在《大学衍义补·慎刑宪》中强调刑罚是弼教之具，是德教的辅助："刑者，所以辅政弼教，圣人不得已而用之，用以辅政之所不行，弼教之所不及耳，非专恃此以为治也。"[1]其所撰之"慎刑宪"的"慎"

---

[1] 《丘濬集》，海南出版社，2006，第1748页。

国士丘濬

包含"不嗜杀人""谨慎用狱",其主张以仁德为本。

芦东山《无刑录》之书名出自《尚书·大禹谟》之"刑期于无刑"。因此,他在书中强调了德、礼与法之间的关系,主张法的作用是惩罚犯罪,而礼的作用是预防犯罪,所以礼是根本,德是目的,而"法"(即刑罚)其实只是"辅德助教"的工具:"礼,治之经;而刑,辅治之具也。德,礼之本;而罚者,助礼之法也。"

可见,芦东山之《无刑录》在司法思想上也是完全继承了丘濬《大学衍义补·慎刑宪》中的"刑以辅教"的法治思想。

丘濬的思想在日本所产生的深远影响还远不止于此。日本尊经阁文库藏有他的史学著作《世史正纲》(明刻本),日本内阁文库又藏有这部史书江户间钞本及1568年隆庆版刊本。[①]如此等等,不胜枚举。

一位朝鲜的国王

丘濬的思想对海外所产生的影响,还不限于日本一国,明时身为中国藩属国的朝鲜也是主要的受益者之一,而尤以一位朝鲜国王对丘濬的痴迷最为传奇。

这位朝鲜国王,便是正祖李祘(1752—1800年)。他是朝鲜王朝第22任君主(1776—1800年在位)。李祘任内多有建树,其执政时期社会相对安定,文化空前繁荣,他所领导的"正祖时期"与其祖父统治的"英祖时期"合称"英正时代",被认为是朝鲜王朝的中兴时期。 同时,他还是一位学者型君主,他的个人文集《弘斋全书》共184卷,其作品数量居朝鲜半岛历代君主之冠。

在《弘斋全书》中,他不加掩饰地表露出对丘濬的痴迷与崇拜。

---

① 《丘濬评传》,南京大学出版社,2005,第285、309页。

他的《琼屑糕》便可为证。他在登御位之前，便常"钞览"《大学衍义补》，成为国王之后，又按《大学衍义补》的目录，从书中"撮其精英"编制成册，"常置座右，用作茶饭"，再后来又将择选出的"精英册"交由内阁待教校对后刊刻成《琼屑糕》一书。他说，《琼屑糕》中的"琼"指的便是丘琼山丘濬，"屑"则指精英，"糕"则是人所不能缺的茶饭。

琼屑糕一卷（写本）[①]

李祘

亲撰缘起曰：琼者，琼山之谓也。屑者，精英之谓也。糕者，茶饭之谓也。即又琼山说便考之意也。予酷好琼山《大学衍义补》，盖尝岁课一览，而其有得于为学措治之间者多矣。及夫临御以后，既无以汗漫肆力，则不废岁课之方，惟有钞览一事。于是依其门类，撮其精英，常置座右，用作茶饭。此是书之所以得名也。凡数昼数夜而书成，内阁待教徐龙辅对校。其目曰审几微，曰正朝廷，曰正百官，曰固邦本，曰制国用，曰明礼乐，曰秩祭祀，曰崇教化，曰备规制，曰慎刑宪，曰严武备，曰驭戎狄，曰成功化。末附以进表与原序。

如此，李祘尚觉不够，他又将真德秀的《大学衍义》和丘濬的《大学衍义补》中的精华部分分别择选出来合编为一本书，名曰《大学类义》。他在为这本书所写的《题〈大学类义〉》一文中，对丘濬的《大学衍义补》给予了极高的评价，认为丘濬此书在"诚意正心之要"一卷中补上"审几微"一章，在全文之末补以"成功化"一章，是对前人解《大学》成果的超越，是"足以有光于斯文"的圣举。他认为，丘濬的这两项"圣举"，使得后人理解学习《大学》之奥义变得容易，自此便不必

[①]《弘斋全书》，首尔大学奎章阁藏，卷七十九，第22页。

国士丘濬

再去读历朝历代一众孔子门徒们所写的数十种关于《大学》的解本了。他说，他所合编的这本《大学类义》，"为人君者读此书，可以基太平之化；为人臣者读此书，可以做参赞之功"。

这位国王，对丘濬《大学衍义补》的痴迷，在《朝鲜王朝实录》中则表现得更为炽热。在正祖二十二年（1798年，清嘉庆三年）四月十九日的一次朝会上，李祘对朝堂上的众臣说，《大学衍义补》是治国的大经大法，这本书在内容、形式等方面几乎都做到了完美。他还说，这本书是他的一生挚爱："《大学衍义补》，即治国之大经大法，其为书也诚为尽美，予之一生嗜好在此书。二十年前，手抄此书，近又更读更抄。"

1800年（清嘉庆五年），李祘逝世，享年四十九岁。他的史官尹行恁在为他所写的墓志铭中提到他的这本《大学类义》："圣作而贤述，真衍而丘补，纂次部分，垂经世之要范，曰《大学类义》也。"至此，这位朝鲜国王带着他治国有成的荣耀和对丘濬炽热的痴迷，长眠于"水原府之花山"东麓，其陵世称"健陵"。

作为一位国王，对他国学者及其著作的认可和痴迷到如此地步，其虚心自是令人敬佩，其影响自不可谓不大。不过，他的痴迷其实也很好理解，毕竟《大学衍义补》自弘治七年（1494年）被朝鲜王国大臣安琛带至朝鲜并敬呈至国王成宗李娎后，次年便成了这个王国"经筵进讲"的必讲书目。①关于此，《朝鲜王国实录》不厌其烦地记载了这些关于大臣们

---

① 《朝鲜王朝实录·成宗实录》记载："安琛献《大学衍义补》，仍启曰：'臣赴京所得也，命印颁。'"又《朝鲜王朝实录·运算军记》记载："（1495年，明弘治八年）时异势殊，既不免言国事，则读《礼》之余，《大学衍义》，所当先讲。近世，丘濬所补，亦当续讲。其中，正心、修、齐家、治国之要，莫不备载。以心会之、以身体之，天下，无难事矣。"

第七章　总有归去时

为朝鲜国王们进讲以及王臣之间讨论的实况：

中宗三年（1508年，明正德三年）三月十四日：○辛亥，御朝讲……希颜曰："谏官之言，臣实甘受，前日所启，以臣所见如是故也。台谏论启以为中外骇愕，臣以为太过。我国壤地虽小，岂能一日之内，中外遍知乎？夫风闻非古也。自唐武后而起，先儒多论其非。至大明，有丘濬者，识见甚高，撰《大学衍义补》，极言风闻之非。臣尝观之，以为甚是，故启之耳。"

中宗十九年（1524年，明嘉靖三年）七月二十二日：○乙酉，御朝讲。讲《大学衍义补》。上曰："此云：'公铨选之法。'我国铨选之法行矣，考课之法则似不如古。"

中宗十九年（1524年，明嘉靖三年）七月二十八日：○辛卯，御朝讲。讲《大学衍义补》。上临文曰："按此言，荐举为大，今山林遗逸之士，亦必有之，朝廷之间，亦岂无可用之人，沈于下位者乎？大臣，勉于荐人可也。"

中宗二十年（1525年，明嘉靖四年）八月二十日：○弘文馆以领经筵事意，启曰："昼讲《大学衍义》几毕，朝进《大学衍义补》，简帙甚多。请以《衍义补》兼进朝、昼，而夕讲、夜对，进讲《春秋》。"

中宗二十三年（1528年，明嘉靖七年）三月十二日○辛未，御朝讲。上因讲《大学衍义补》曰："此云：'天下之事，近之可忧，未若远之甚可忧也。'远方之民，愁苦必多，边方守令，尤宜择差。"

国士丘濬

中宗二十九年（1534年，明嘉靖十三年）九月二十九日：○壬辰，御朝讲。讲《大学衍义补》。

中宗三十七年（1542年，明嘉靖二十一年）九月二十八日：○乙亥，御夕讲。检讨官洪昙曰："近来昼讲、夕讲则数矣，朝讲则自上稀御，《大学衍义补》进讲，几三十年，尚未毕讲。且岁月易逝，圣学不可不及时为之也。《大学衍义补》未尽讲者，亦不多在，今方进讲一卷，其下只有一卷矣。自上数御朝讲，则一月之内，可得毕讲矣。大抵朝讲，则大臣、台谏皆入侍，时政得失、民间疾苦，亦得闻之矣。"上曰："大抵朝、夕讲，相间为之，《衍义补》余卷不多，则数御朝讲可也。"

英祖十六年（1740年，清乾隆五年）三月二十三日：○甲子，上行召对，讲《大学衍义》。上曰："丘濬《衍义》之补，甚细密矣。"检讨官徐命臣曰："真德秀《衍义》止于齐家，不及于治国平天下，故濬述此书以补之。而濬乃琼州人，去京师万余里，能倡绝学，以国子司业，制进此书，其经国治世之才，可见于此书，而其不能用于世可恨也。"

郑祖五年（1781年，清乾隆四十六年）二月二十七日：○召见承旨。上命同副承旨郑志俭，读奏《大学衍义补抄》。教曰："予尝偏好此书，随时披阅，不知倦意。今方抄出其紧要句语，以为常目之资。"志俭曰："此书，专在治国之谟，而其文亦有识矣。"

丘濬在朝鲜王国的影响当然不止在朝堂之上，乡野之间也不乏丘濬思想的追随者。

活跃于朝鲜正祖李祘时期的朝鲜学者黄德吉（1750—1827年），在给他的朋友郑希仁的信中便多次谈到丘濬的思想及著作，并给予了极高

第七章　总有归去时

的赞赏。

他在《答郑希仁》中的一封信中,对宋、元、明三朝的一众学者进行了点评。他所评之人中,便有丘濬曾批评过的许衡。他说:"概言之,许自是生长河内,则河内古豫州也,以宋乡贡进士(理宗宝祐甲寅)。忽必烈为秦王,召许拜京兆提举,姚拜劝农使。当是时,宋室未亡,而目睹神州陆沈,生灵左衽,先自甘心,屈膝房庭。其后虽有训迪经生之功,一杯水其能救一车薪之火乎?适足以自焚也已。使姚许不出苏门,穷经讲道,倡明春秋之义,以传诸后,则何不若国子縻衔、抗颜皋比,区区谈经于蒙古儿耶?此不但夏夷之分,而大节义关头系焉。文山所云读圣贤书,所成何事者?能无愧焉?"①他的观点与丘濬在《许文正公论》及《世史正纲》中对许衡的评价完全一致,都认为宋室未亡之时,以宋人身份屈身于元为官的许衡丢掉的是为人之堂堂气节。丘濬说许衡仕于元又以大儒自称,号称仕元而传儒业的做法是"其大者不能革之,则其功效之小者何补哉"。黄德吉则说许衡:"其后虽有训迪经生之功,一杯水其能救一车薪之火乎?"很显然,黄德吉认同丘濬的史学观,即以儒家义理为历史人物褒贬的标准。在这封信中,他称丘濬乃皇朝巨儒,充分肯定了《大学衍义补》《家礼仪节》《世史正纲》等丘濬的著作。

在另一封写给郑希仁的信中,黄德吉更是为丘濬的著作逐一下了评语:"琼山奋起南垂,专尚朱子之学。观其著述,则《朱子学的》下学基焉,《家礼仪节》仪文详焉,《大学衍义补》经纶具焉,《世史正纲》治乱褒贬之迹备焉,皇朝诸儒鲜有能及之者。"②黄德吉认为,在诸多领域都能取得如此成就的,明朝近三百年很少有人能比得上丘濬。不过,他也

---

① 《下庐先生文集》,景仁文化社,卷四,第8—9页。
② 同上书,第13页。

国士丘濬

指出了丘濬的著作中存在的一个问题:"孟子曰:'博学而详说之,将以反说约也。'但琼山于博与详也优,而反约一层似欠了。"他认为,丘濬的论著知识广博、论述详密,但在"归于简约"上似乎做得不够。这自然是仁者见仁,智者见智,不过,这倒不影响我们由此窥见丘濬的著作在当时的朝鲜的广泛流布。

与日本、朝鲜王朝研究丘濬及其思想的热情及深度相比,我们本国倒显得有些不足了。这或许是因为我们向来认为丘濬不过是我国众多大才之一吧。不过,如此虽显得自信,却也难免导致"米多烂于仓"。

第七章　总有归去时

附录一　题《大学类义》[1]

李祘

朱夫子章句《大学》，而与《中庸》《语》《孟》并列为四书。自兹以降，家诵而户习。宋明诸子，著作相望。宋有十六家，明有三十有二家，若熊禾《大学口义广义》，陈普《大学指要》，谢升贤、陈肤仲《大学解》，黄必昌《大学讲稿》，熊庆胄《大学绪言》，蔡模《大学衍论》，熊以宁《大学释义》，方禾、吴季子《大学讲义》，叶味道《大学儒行编》，吴中立《大学大旨》，苏烈《大学格物致知传》，赵建郁《大学说林》，希元《大学经传正本》，郑守道《大学讲章》，曾景修《大学讲说》等书，号称专门，溢宇充栋。而头出头没，汗漫冗长，茫然无津筏焉已矣。此岂非朱子所谓"人将十数日饭一齐吃"者欤。及见真文忠之《衍义》，丘文庄之《衍义补》，全体大用之具备，经史子集之咸萃，垂柯范于千古，替龟鉴于百王。而"诚正"之中补以"审几微"三字，"治平"之末补以"成功化"一段，此文庄之青蓝冰水，足以有光于斯文，而不待尼父之家奴，为圣人所诩，予亦可以知矣。然而乾坤立而后衣裳制，图书出而后卦范作，文忠之创意，尤卓然如此。予于此二书者，积费神精，膏晷则屡换而不辍，朱墨则既涂而又抹，百回看读，愈久愈佳，如得良朋焉，如逢故人然。于今三十年如一日耳，遂就《大学》原编，各于传下，系之二书。而章句则以"朱子曰"为例者，盖尝窃取乎易文言系辞。特书子曰之"义""大学"之别一行，所以尊经传也。"衍补"之低一字，所以寓书法也。谨按之，改以名姓，所以谨规模也。诸篇之略加钞删，所以取精英也。千条

---

[1]《弘斋全书》，首尔大学奎章阁藏，卷五十六，第19—21页。

国士丘濬

万绪，会于一统；千歧万路，归于一辙。天人性命之原，治乱失得之故，礼乐刑政之属，载籍则自典谟而傍及百家。历代则始轩羲而下逮两宋，以至皇朝宝训高揭中天。为人君者读此书，可以基太平之化；为人臣者读此书，可以做参赞之功。因命名曰《大学类义》，盖以类而为编也。熊禾以下诸书亦欲会稡成帙，以为表章之资，而近于佃猎。姑书此，以见吾志云。

丘濬年谱新编[1]

何杰华　杨中曦

丘濬，字仲深，号深庵，又号海山道人，曾号再世迂愚叟。学者称其琼台先生、丘琼台、丘琼山。丘濬官至少师兼太子太保、户部尚书、武英殿大学士，被誉为"一世巨儒""一代文宗""当代通儒""中兴贤辅""理学名臣""先明一代文臣之宗""中国史上之一第一流人物"等。

丘濬先世为福建晋江人。曾祖父丘均禄（1344—1383年），字朝章，号硕庵，曾为元朝都元帅府奏差，因乱落籍琼山，卒葬琼山"第一水"之原。祖父丘普（1369—1436年），字思诒（族谱称字得寅，号思贻），为临高医学训科，卒葬琼山"第一水"附近的金盘之原。父亲丘传（1395—1427年），字子芳，号官保，早亡，卒葬南政燕窝之原。母亲李氏（1400—1469年），明琼州府澄迈县王村李奕周（又作李易周）之四女。兄长丘源（1418—1476年），为临高医学训科，卒葬澄迈那蓬都墟场火烧坡之原。

丘濬共有三位夫人。第一位金夫人为崖州百户金桂之女，生年不详，卒于明代宗景泰二年（1451年）；第二位吴夫人系海南卫后所百户吴宁之女，生卒年不详，育有丘敦、丘昆、丘仑三子；第三位为侧室唐夫人，出自琼山攀丹唐氏，生卒年不详，育有一子——丘京。丘濬另有二女，长女嫁冯颙，幼女嫁岑英。

明成祖永乐十九年辛丑（1421年），一岁

十一月初十日，丘濬出生于明琼州府琼山县下田村（今海南省海口市金花村）。

---

[1] 本年谱参考王国宪《丘文庄公年谱》、王万福《明丘文庄公濬年谱》、李焯然《丘濬年谱》、周伟民与唐玲玲《丘濬年谱》等编纂。

国士丘濬

按：《天一阁藏明代科举录选刊·登科录（点校本）》："丘濬，贯广东琼州府琼山县，民籍。国子生。治《礼记》。字仲深，行二，年三十四，十一月初十日生。"

明成祖永乐二十年壬寅（1422年），二岁

祖父丘普教礼认字。

按：据王万福《明丘文庄公濬年谱》。

明成祖永乐二十一年癸卯（1423年），三岁

明成祖永乐二十二年甲辰（1424年），四岁

明仁宗洪熙元年乙巳（1425年），五岁

祖父丘普任临高医学训科一职期满，赴京师接受考核，并留在京师。

按：丘濬《可继堂记》："洪熙改元，公以临邑医官满考赴铨曹，留京师。"

明宣宗宣德元年丙午（1426年），六岁

作《琼台八景》诗。其中，《五指参天》诗云："五峰如指翠相连，撑起炎州半壁天。夜盥银河摘星斗，朝探碧落弄云烟。雨余玉笋空中现，月出明珠掌上悬。岂是巨灵伸一臂，遥从海外数中原。"乡人赞其为神童、天才。

按：焦映汉《丘文庄公传》："濬生有颖质，读书过目成诵。甫六岁，能作《五指山》诗，矢口成章，迥异绝伦，识者知其国器。"

明宣宗宣德二年丁未（1427年），七岁

丘濬入小学。

按：丘濬《愿丰轩记》："濬自七岁入小学。"

九月二十一日，父亲丘传逝世，其后家中藏书散失殆尽。

按：丘濬《藏书石室记》："予生七岁而孤，家有藏书数百卷，多为人取去，其存者盖无几。"丘传卒日乃据王国宪《丘文庄公年谱》引《丘氏家谱》。

祖父丘普抚养丘氏兄弟。

明宣宗宣德三年戊申（1428年），八岁

写诗如流，有"应与凤凰为近侍，敢同鹦鹉斗聪明"佳句。

按：蒋冕《琼台诗话》卷上："先生年七八岁时，从大父住乡间，过道旁学馆，适教者以鸲鹆为题，命学子作诗，因属先生作，先生即口占以答之，其中一联云：'应与凤凰为近侍，敢同鹦鹉斗聪明。'教者惊曰：'是儿年少如此，而能作此诗，他日所就，其可量乎！'遂加礼待之，且每向人称叹不已。"

明宣宗宣德四年己酉（1429年），九岁

入社学读书，作东坡祠诗，其中一联云："儿童到处知迁叟，草木犹堪敬醉翁。"

按：蒋冕《琼台诗话》卷上："尝闻琼人言，先生八九岁时入社学，师命作东坡祠诗，其中一联云：'儿童到处知迁叟，草木犹堪敬醉翁。'冕叩其全编，则曰：'岁久不复记忆，归家求得之，当书以寄子。'今已数年而不可得，可叹也已。"

明宣宗宣德五年庚戌（1430年）十岁

明宣宗宣德六年辛亥（1431年）十一岁

明宣宗宣德七年壬子（1432年），十二岁

作律诗一首以明志。

按：蒋冕《琼台诗话》卷上："先生生海南，少孤，无从得师。然天资绝人远甚，往往暗与道合。年甫十二，即偶成唐律一首云：'绝岛穷荒面面墙，偶从窗隙得余光。浮云尽敛天还碧，斗柄初昏夜未央。燕语莺啼春在在，鸢飞鱼跃景洋洋。收来一担都担着，肯厌人间岁月长。'其意盖谓其生也在绝岛穷荒之地，既无鲤庭之教，又无丽泽之益，犹面墙而立耳。偶从窗间之隙得余光之照，一旦人欲尽去，天理复明，于斯之时，心志初定，正犹斗柄初昏之际，日既落，星初明，于此推测天象，无不

国士丘濬

灼然有一定之见矣。见既有定,志既克立,此心此景,随其所在,流动充满,无少欠缺,于是尽收天壤间之物,而以一担担之。且不厌岁月之久,其任重道远之意,凛然于末句十四字之间矣。"

明宣宗宣德八年癸丑(1433年),十三岁

刻苦攻读经史,完成"五经"的学习。

明宣宗宣德九年甲寅(1434年),十四岁

琼州大饥荒,白骨遍野,祖父丘普舍地设义冢为亡者收葬,人称此地为"丘公埋骨冢",地在琼山"第一水桥旁"。

按:正德《琼台志》卷三十七:"宣德九年,郡中大饥,白骨遍野。普于第一水桥舍地若干亩为义冢以葬之,每一冢必求其全骸,躬亲安瘗。所葬不下百十冢。"何乔新《琼台丛冢记》:"至今乡人过其处者,辄指相语曰:'此丘公埋骨冢也。'"

明宣宗宣德十年乙卯(1435年),十五岁

五月,恩师程莹出任琼州知府。程莹曾将丘濬所作的诗歌《琼台八景》刊刻流传。

按:丘濬《五指参天·序》:"少时曾作《琼台八景》,郡侯程公已刻之梓。"

明英宗正统元年丙辰(1436年),十六岁

祖父丘普逝世,享年六十八岁。丘普生前赐丘源字"伯清",赐丘濬字"仲深",嘱咐二人牢记少时教诲。

按:丘濬《可继堂记》:"兄年十有九,濬少兄三岁,而先祖弃去,时正统丙辰岁也。""濬兄弟就外傅时,一日先祖坐堂上,兄与濬偕侍。公谓兄源曰:'尔主宗祀,承吾世业,隐而为良医,以济家乡可也。'谓濬曰:'尔立门户,拓吾祖业,达而为良相,以济天下可也。'"

明英宗正统二年丁巳(1437年),十七岁

开始习"举子业",落笔为文,数千言立就。

按:正德《琼台志》卷三十六:"年十七始习举业,落笔为文数千百言立就，优出伦辈。"

天资出众，好学不倦，苦于无宿儒老师，故借观他人藏书以广学识。

按：蒋冕《琼台诗话》卷上："先生生海南，少孤，无从得师。然天资绝人远甚，往往暗与道合。"丘濬《愿丰轩记》："予少有志用世，于凡天下户口、边塞、兵马、盐铁之事，无不究诸心意，谓一旦出而见售于时，随所任使，庶几有以借手致用。"此事年代未知，姑置于此年，俟考。

明英宗正统三年戊午（1438年），十八岁

明英宗正统四年己未（1439年），十九岁

参加琼州府学入学考试，知府程莹拔选为第一，成为琼州府学生员。

按：丘濬《琼州府太守程莹墓志铭》："予弱冠时，初识文理，汗颜入试，公以远大期予，拔第一，得补博士弟子员。且悉予贫，所以资给而玉成者靡弗至。"据《中国科举史（修订本）》（东方出版中心2021年版），明代学子获取秀才功名需经童试，而童试分县试、府试、院试三个阶段。县试由知县主持，府试由知府主持，院试由提学官（一般由按察副使或按察佥事兼任）主持。按明代惯例，府试第一名必定会被提学官在院试中录取，是以丘濬感激程莹"拔第一，得补博士弟子员"。王国宪《丘文庄公年谱》及李焯然《丘濬评传》均言"按察副使童贞拔取公文冠一郡"，指的是童贞在院试时拔取丘濬为冠。

明英宗正统五年庚申（1440年），二十岁

明英宗正统六年辛酉（1441年），二十一岁

好友邢宥中举。

按：戴缙《文昌湄邱邢公状》："正统辛酉以礼经领乡荐。"

明英宗正统七年壬戌（1442年），二十二岁

恩师王增祐拔选丘濬、郑崇德、林杰三人为琼州府学的廪生（即公费生）。

按：丘濬《郑德崇墓表》："德崇长予二岁，先予入学，既而丁外艰去，服阕回学，与予偕试于按察副使王公琼祐，时郡邑二学试者，毋虑数十人，惟三人中式，得预廪食之数。三人者，予与德崇及今林宪副廷宾也。"正德《琼台志》及嘉靖《广东通志初稿》等书均作"王增祐"，此处"琼祐"疑丘氏误记或刊刻之误。

八月，与好友符钟秀、陈允谐游琼州学宫，作《雁集琼庠记》，立"以文治天下"之大志。

按：丘濬《雁集琼庠记》："昔者地气自南而北，果有南人以文字乱天下。今也地气自北而南，安知无南人以文字治天下耶。"

好友薛远中进士。

按：徐溥《故南京兵部尚书致仕进阶荣禄大夫薛公神道碑铭》："宣德乙卯，中广东乡试；壬戌，登进士第，授户部云南司主事。"

作《许文正公论》，对许文正（许衡）以汉人之身屈身仕元的行为进行了严厉的批评。

明英宗正统八年癸亥（1443年），二十三岁

明英宗正统九年甲子（1444年），二十四岁

八月，参加广东乡试，位居第一，成为解元。应试所作的五篇策论轰动一时。

按：丘濬《可继堂记》："甲子领乡闱首荐。"正德《琼台志》卷三十四："正统甲子，擢乡闱，主司全录其五策。"

此次乡试主考官王来对丘濬大为赞赏，赋诗勉励他返乡后继续努力，以备来年赴京会试。

按：丘濬《送王侍御赴江西佥宪·序》："予昔在场屋时，感故大司空慈溪王公鉴识于众人中，屈指今三十三年矣。公既捐馆舍，幸与公冢子御史钥同朝。今有佥宪江西之命，于其行也，追和公旧所赐诗韵以送之。"

琼州府用在马鞍山发现的"登云石"为丘濬建解元坊，丘濬为此石作诗。

按：蒋冕《琼台诗话》："冕闻琼人言，先生初领乡荐归，有司为立石为坊以表异之，命工取石于山，有巨石植立于群石中，工师率群工拽倒之，忽见石上有'登云'二大字，细视之，其旁又有'天下太平'四小字。其山高峻，人迹罕至，而乃有此，岂贤人君子将用于世，而天先以示之耶？非偶然也。先生当时作律诗一首纪其异，冕惟闻其一联及结句。其联云：'云根前示登云兆，月窟新成步月梯。'其结句云：'行人不用频频羡，门外行看又筑堤。'冕以先生今日验之，信非偶然者矣。"

明英宗正统十年乙丑（1445年），二十五岁

未来同事商辂获会试第一、殿试第一。

按：《天一阁藏明代科举录选刊·登科录（点校本）》："第一甲三名，赐进士及第。商辂……会试第一名。"

明英宗正统十一年丙寅（1446年），二十六岁

迎娶崖州百户金桂之女为妻，妻弟名鼎。

周伟民、唐玲玲《丘濬年谱》："正统十一年丙寅（1446年）二十六岁，与崖州金百户桂公之女结婚。"需要指出的是，海南各方志中未见崖州百户或千户名金桂者。丘濬有《祭妻弟金鼎文》。

明英宗正统十二年丁卯（1447年），二十七岁

与邢宥、冯元吉北上参加会试，过梅关，作《初过梅关》《过梅关题张丞相庙》等诗。舟行鄱阳湖，远眺采石矶，连作《过采石吊李谪仙》《岁丁卯过采石吊李白》《丁卯舟中望鞋山因忆解学士吊李白诗戏作》以凭吊诗仙。

明英宗正统十三年戊辰（1448年），二十八岁

丘濬会试落榜，拒任校官，选择进入国子监专心进修备考，得遇恩师萧镃。

按：丘濬《〈尚约先生集〉序》："正统戊辰，濬试礼部下第，首见大司成萧先生于大学，先生西昌人也，濬时杂诸生中季试，先生得所作，特召以见，且加奖励。"

国士丘濬

好友邢宥中进士,冯元吉落榜。

按:戴缙《文昌湄邱邢公状》:"戊辰登二甲进士第。"

明英宗正统十四年己巳（1449年），二十九岁

在国子监与恩师萧镃论及土木之变,观点深得萧镃赏识。

按:丘濬《〈尚约先生集〉序》:"己巳之变,先生恒夜集诸生于燕居之堂,论及时事,辄忧形于色。濬时发一言,先生辄首肯。"

冬,作《捣衣曲》,忠君忧国之情表露无遗。

按:《捣衣曲》题注"乙巳冬寓北京作"。蒋冕《琼台诗话》卷下:"先生自少有大志,故虽未登仕版,而忠君忧国之情已略见于诗词间。正统己巳车驾北狩,先生作《捣衣曲》以寓意。"

萧镃广为传扬丘濬的佳名,丘濬名声大振。

按:何乔新《光禄大夫武英殿大学士文庄丘公神道碑文》:"卒业太学,祭酒萧镃深器重之,为之延誉,繇是名益重。"

作《莆田柯氏重修祠堂记》。

按:是记云:"莆田柯氏……时正统己巳岁冬十月,毕工则明年夏五月也……今其孙詹事府少詹事兼翰林院学士孟时,述其成之岁月,俾予记之。"（《琼台诗文会稿》卷十七）

与蒋冕父亲蒋良交往密切。

按:蒋冕《琼台诗话》卷上:"先生在太学时,先父亦以会试不偶卒业于其间。先生与先父同为两广人,且舍馆切近,故相与之情视诸人最厚。正统己巳先大父卒,先父援例将南归,先生作诗挽之。"

兄长丘源继承祖业,任临高医学训科。

按:丘濬《先兄临高县医学训科公圹志》:"己巳有司以通医荐,起继祖职,为临高县医学训科。"

明代宗景泰元年庚午（1450年），三十岁

丘濬从京师出发返乡,遇广东黄萧养起义,归乡路断,只得暂时寄居金陵。作《庚午岁客中重九》《金陵即事》。

按：《明英宗实录》卷一百九十二："（景泰元年五月癸丑）广东反贼黄萧养率其党分道攻广州城者数月。"

在金陵遇好友冯元吉，作《夜宿江馆》。

按：丘濬《夜宿江馆·序》："岁庚午，归至金陵寓新河客邸，乡友冯元吉诵宋人周明老龟山回文诗，命予两和其韵，以《夜宿江馆》为题。"

九月初十日，在金陵新河客邸完成"旷世之作"《五伦全备记》。

按：丘濬《五伦全备记·序》："岁在庚午，余倦游，归寓金陵新河之旅邸……客中病起，信笔书此。仿庄子寓言之意，循子虚乌有之例。一本彝伦之理，而文以浅近之言，协以今世所谓南北曲调者……其于风化，未必无少补云。是岁之菊节后一日，再世迂愚叟书于新河之寓言轩。"明中后期，《五伦全备记》传入朝鲜，不断得到改编，甚至出现了小说本，还被官方采用为译官们的汉语教科书。

明代宗景泰二年辛未（1451年），三十一岁

丘濬会试再度落榜，作《下第》诗三首。

告归省亲，时任翰林院编修岳正为众人所赠诗之合集《送丘仲深归岭南诗》作序。

按：是序云："仲深将南归琼山，省二亲于故里，所与厚者各为诗以宣其怀。"

过扬州、金陵，作《辛未岁过扬州怀古》《新河杂咏》（二首）及《辛未下第还至金陵寄友》《和李太白韵寄题金陵》等诗。

过广州石门，作《贪泉对》及《书贪泉对后》。

按：丘濬《贪泉对》："景泰辛未予归自金台，舟次羊城之石门。"

金夫人逝世，临终以弟金鼎为托。作《悼亡》诗（先后共十八首）。

按：丘濬《悼亡（其九）》："嗟汝止一弟，情义深以长。汝殁仅阅月，汝弟亦继亡。"

国士丘濬

居家，为好友陈允谐所建桐墩书院作《桐墩记》，为好友林宗敬作《林弁宗敬字说》。

按：丘濬《桐墩记》："岁辛未来归，仅五春秋，再踵君堂，则已崭然以高森然可把矣。"丘濬《林弁宗敬字说》："岁庚午阅乡书，见宗敬名，哀然于九十二人之间，意或偶然尔。明年归自京师，再晤焉，则已崭然出头角，容止端饬，言论英发，非复昔日阿蒙矣，为之悚息者移时。"

明代宗景泰三年壬申（1452年），三十二岁

明代宗景泰四年癸酉（1453年），三十三岁

续娶第二任妻子吴夫人。

按：关于吴夫人何时嫁入丘家，史无明文。《天一阁藏明代科举录选刊·登科录（点校本）》有"娶金氏，继娶吴氏"之言，可证在景泰二年金夫人去世至景泰四年丘濬启程赴京会试之间娶金夫人。另《岁癸酉赴京至羊城有感》有注"广人新娶者具钱相贺为渐老会"之言，表明此时丘濬乃"新娶"吴夫人，故将吴夫人嫁入丘家置于此年，俟考。

作《祭妻弟金鼎文》。

按：丘濬《祭妻弟金鼎文》："忆其临终之言，频嘱我以觑汝，今也汝亦继亡，我欲报之无所。兹者试期已逼，我欲北行，不能临圹，以尽我情，聊写斯文，以表我哀。"

丘濬与吴夫人离琼赴京，所乘之舟又到广州，作《舟中遇重九示同行友曾光启》《岁癸酉赴京至羊城有感》。

明代宗景泰五年甲戌（1454年），三十四岁

二月，参加会试，中第。

三月初一日，殿试考得二甲一名，被选为翰林院庶吉士。

按：《天一阁藏明代科举录选刊·登科录（点校本）》："第二甲一百二十九名，赐进士出身。"《明英宗实录》卷二百三十八："改进士丘濬……十八人为翰林院庶吉。"

三月初四日，赴礼部宴，赴鸿胪寺学习朝仪。

按：《天一阁藏明代科举录选刊·登科录（点校本）》："三月初四日，赐宴于礼部，宴毕，赴鸿胪寺习仪。"

三月初六日，入朝谢恩。

按：《天一阁藏明代科举录选刊·登科录（点校本）》："三月初六日，状元率进士上表谢恩。"

三月初七日，拜孔庙。

按：《天一阁藏明代科举录选刊·登科录（点校本）》："三月初七日，状元率进士诣先师孔子庙，行释菜礼。礼部奏请命工部于国子监立石题名。"

在京师苏州巷南之委巷（今北京南八宝胡同）购得一座槐阴书屋，作《槐阴书屋记》。

按：丘濬《槐阴书屋记》："岁甲戌，予僦居京师，得十数楹于禁城之东偏，可一亩许，因辟一室以为藏修之所，垩以楮，中设几案，左右列图书，外隙牖于墙面南，以迎阳明之光，牖侧有古槐一，其大盈尺，其高仅丈，望之童童，若车盖然，其阴半覆于阶，半盖于瓦，而牖户几案赖以庇焉……使不为炎歊所侵，以中辍之，则吾得于兹槐之助也多矣。因扁之曰'槐阴书屋'。"

七月，诏修《天下地理志》（即后来的《寰宇通志》）。

按：《明英宗实录》卷二百四十三："（景泰五年秋七月）庚申，命少保兼太子太傅、户部尚书陈循等率其属纂修《天下地理志》。"

参与编纂《寰宇通志》。

按：王国宪《丘文庄公年谱》将此列于景泰六年，不知何据。查《愿丰轩记》有"选读书中秘，即预修《寰宇通志》"之言，又据《初读书中秘预修天下志书柬陈宣之》诗，似在成为翰林院庶吉士后不久即参与编修。姑置于此年，俟考。

供职于翰林院，潜心经史。作《初入翰林》《南溟奇甸赋》《初读书中秘预修天下志书柬陈宣之》（四首）及《述怀》。

按：丘濬《愿丰轩记》："岁甲戌，始登进士第，入翰林。"

明代宗景泰六年乙亥（1455年），三十五岁

二月，琼州知府黄瓒为丘濬之母李氏请旌。

按：彭时《旌表琼山县李节妇碑铭》："景泰乙亥春二月丁丑，琼州府臣黄瓒言：'琼山县知县臣陈用已上所部士民丘传妻李氏，年二十有八，孀居守节，其事甚备……既卒，殡殓抚棺，哀号几绝者数……伏惟圣朝敷治，恒重纲常，若李氏者宜加旌褒，以励风俗。臣昧死上请。'"

作《延祥寺浮图记》。

按：丘濬《延祥寺浮图记》："兴工始景泰乙亥八月，毕工则明年某月也。"（《琼台诗文会稿》卷十七）

作《明故赠翰林院编修费公孺人朱氏墓志铭》。

按：丘濬《明故赠翰林院编修费公孺人朱氏墓志铭》："时景泰乙亥二月十五日也，距其生洪武己卯，得年五十有七。"（《琼台诗文会稿》卷二十三）

明代宗景泰七年丙子（1456年），三十六岁

五月初七日，《寰宇通志》修成进呈御览。

按：《明英宗实录》卷二百六十六："（景泰七年五月）乙亥，少保、太子太傅、户部尚书、文渊阁大学士陈循等官进《寰宇通志》。"

五月初九日，以参与编纂《寰宇通志》之功，与彭华、尹直三人由庶吉士晋升为编修。

按：《明英宗实录》卷二百六十六："（景泰七年五月）丁丑，以纂修《寰宇通志》成……丘濬、彭华、牛纶、尹直俱为编修。"

好友邢宥返乡省亲，作《送邢侍御克宽归省诗后序》。

按：戴缙《文昌湄邱邢公状》："丙子，告归省。"

作《赠乡友林廷宾南台御史序》。

按：丘濬《赠乡友林廷宾南台御史序》："岁甲戌，乃获与廷宾同登进士第……又明年有南台御史之命。"

明英宗天顺元年丁丑（1457年），三十七岁

正月，南宫事变，恩师萧镃被革职还乡。

按：《明英宗实录》卷二百七十四："罢萧镃、商辂、王伟、古镛、丁澄为民。"

朝廷同意旌表丘濬之母李氏。

按：彭时《旌表琼山县李节妇碑铭》："天顺丁丑，宪臣奏如瓒言，礼部请如故事，表其门曰'贞节'，彰示无穷。制曰'可'。"

乡友林宗敬会试不中欲买舟回琼，丘濬作《说舟赠林宗敬》。

按：丘濬《说舟赠林宗敬》："天顺元年，宗敬复就试礼部，又得校官不就，买舟将为归计。予适得告，与古冈蒋希舜，送之都门之外……予恐其自沮也，而以功、名、利、禄动其心，故说舟以赠，用以释其不平，且进之于道云。"

作《雨中有怀》。

按：是诗题注云"丁丑六月"。

作《考隶送张正夫》。

按：是文末注"天顺一年"。（《琼台诗文会稿》卷二十一）

又作《〈友菊诗卷〉序》。

按：是序末注"天顺元年"。（《琼台诗文会稿》卷十）。

明英宗天顺二年戊寅（1458年），三十八岁

八月，受命修《大明一统志》。

按：《明英宗实录》等虽未直接写明丘濬受命修《大明一统志》，但丘濬当时为翰林院编修，加之丘濬有《拟进〈大明一统志〉表》，可知丘濬参与编修。

作《送琼郡叶知府序》。

按：丘濬《送琼州叶知府序》："与皇上复正大位之明年，诏以台州同知叶侯为琼州府知府，命下之日，予往候之，一见之顷，即得其为人，大凡所谓有器有才有望者，侯真其人哉！"（《琼台诗文会稿》卷十二）。英宗（朱祁镇）于天顺元年（1457年）即位，"复正大位之明年"即天顺二年，故此文写于是年。

《送陈廷玉教桂平序》。

按：丘濬《送陈廷玉教桂平序》："岁甲子，予叨领广东乡书首荐，十郡之士同预选者五十人，而潮阳陈君廷玉于是时年最少，质最美，表然侪辈中，犹金之方出冶，光焰鲜艳可爱也。后三年，予随计上京师，又与君同就礼部试，予与君俱中乙科，君受校官，以去分教陆庠……君之官者六年，予始登进士第，又四年，君官满来京师，而予叨官禁近，久别而会，握手叙故旧，论契阔，相得欢甚。"（《琼台诗文会稿》卷十四）丘濬于景泰五年（1454年）中进士，又四年即天顺二年（1458年），故此文作于是年。

作《大司寇刘公哀辞》。

按：丘濬《大司冠刘公哀辞》："天顺二年十二月十五日，刑部尚书万安刘公毙于京师里第。"（《琼台诗文会稿》卷二十四）

明英宗天顺三年己卯（1459年），三十九岁

作《松轩记》。

按：是文末注"天顺三年"。（《琼台诗文会稿》卷十八）

作《筠庄记》。

按：丘濬《筠庄记》："公与先君子同生乙亥年，而先君弃不肖孤今三十二年矣。"（《琼台诗文会稿》卷十九）丘濬父于宣德二年（1427年）逝世，过了三十二年，则是天顺三年（1459年），故《筠庄记》应写于是年。

作《送云南傅参议序》。

按：丘濬《送云南傅参议序》："天顺三年夏四月，翰林检讨严陵傅先生，用内阁大臣荐，超拜云南布政司参议。"（《琼台诗文会稿》卷十一）

明英宗天顺四年庚辰（1460年），四十岁

二月，以翰林院编修、文林郎身份出任这一年的会试同考官，阅卷选得"古君子"陈选、未来的内阁首辅刘健。

按：《天一阁藏明代科举录选刊·会试录（点校本）》："同考试官……翰林院编修、文林郎丘濬仲深，广东琼山县人，甲戌进士。"

六月初六日，与吴夫人所生之长子丘敦出生于槐阴书屋。

按：蒋冕《太学生丘君行状》："君姓丘氏，讳敦，字一成，别号必学斋，大宗伯深庵先生之冢子也……母吴氏，累封夫人。先生生子多不育，年四十始生君于京师……其生天顺庚辰六月六日。"

作《李布政颙旌异卷》。

按：是诗序云："岁庚辰旌异天下朝觐官十人，赐宴及衣服。"（《琼台诗文会稿》卷四）

作《送景熙知萧山县序》。

按：是序云："皇帝复正大统之四年，因天下百司朝觐京师，首举更贤育民之典。"

作《南海亭岗黄氏祠堂记》。

按：是记云："盖自天顺己卯经始，明年庚辰成而祀之，至是岁己丑天运一周矣。"

作《偏凉汀亭记》。

按：是记云："乃天顺庚辰御马监韦公将命道。"

明英宗天顺五年辛巳（1461年），四十一岁

兄丘源之长子丘陶出生。

按：《中华丘氏大宗谱·海南省海口分谱》："源长子，陶，字再成，

国士丘濬

儋州岁贡太学生，生于天顺五年（1461年）辛巳年。"

《大明一统志》修成，作《拟进〈大明一统志〉表》。四月十六日，《大明一统志》进呈御览。

按：李贤《进〈大明一统志〉表》："天顺五年四月十六日，资政大夫、吏部尚书兼翰林院学士臣李贤等谨上表。"

作《送乡友冯元吉教谕序》。

按：是序云："正统戊辰，予与万全冯元吉偕计上春官，试俱不利，卒业太学。又三年，元吉中乙榜，得岑溪教谕，予亦辞官同舟南归。又三年，予叨甲第，官翰林者八年，元吉始考满，来京师，天官考称当升，而以举子不及数，仍旧职，改任巴县以去。嗟乎！海滨一别，倏尔十年，今兹复别，非阅十寒暑不相见也。"（《琼台诗文会稿》卷十四）

作《送陈推官序》。

按：是文末注"天顺五年。"

作《梦亡妻》。

按：丘濬原配金氏于景泰二年（1451年）逝世，十年后有《梦亡妻》诗。是诗云："越南冀北路纷纷，死别生离愁杀人。谁信十年泉下骨，分明犹有梦中身。"（《琼台诗文会稿》卷四）

明英宗天顺六年壬午（1462年），四十二岁

供职于翰林院。

作《赠广西江按察使诗序》。

按：是序云："天顺六年春正月，朝命以监察御史四明江君元勋为广西按察使，盖异数也。"（《琼台诗文会稿》卷十一）

作《赠新兴贺知州序》。

按：是序云："天顺壬午冬十月，天官卿群士子之需选者，而铨试之首，擢长沙贺恕近仁为云南新兴知州。"（《琼台诗文会稿》卷十三）

作《题蓝天图后》。

按：是文末注"天顺六年"。

作《别知己赋》。

按：是文末注"天顺六年"。

明英宗天顺七年癸未（1463年），四十三岁

正月，完成《朱子学的》。

按：丘濬《〈朱子学的〉后序》："《学的》曷为而作？拟《论语》也……天顺癸未春正月壬辰，后学琼台丘濬谨识。"

作《赠韩敬夫序》。

按：是序云："予友韩敬夫，世家河内之修武，以正统丁卯乡贡进士第，试礼部，不得意，其后屡试皆然，今十有六年矣，始以太学舍选，得为婺源县知县，滨行过予言别。"（《琼台诗文会稿》卷十三）正统丁卯为1447年，经过十六年，即1463年，故此文应写于天顺七年（1463年）。

作《〈心师轩诗〉序》。

按：是序末注"天顺七年"。（《琼台诗文会稿》卷十）

作《送广东夏廉宪》

按：是文题注"天顺癸未"。（《琼台诗文会稿》卷一）

作《闻人说海北事有感》。

按：是文题注云："天顺癸未。"

作《题谢氏先人手书》。

按：是文末注"天顺七年"。（《琼台诗文会稿》卷二十一）

作《赠吕郎中序》。

按：是文末注"天顺七年"。（《琼台诗文会稿》卷十一）

作《贺封礼部郎中俞公序》。

按：是文末注"天顺七年"。（《琼台诗文会稿》卷十四）

明英宗天顺八年甲申（1464年），四十四岁

正月，英宗命赵辅、和勇、韩雍赴两广平定大藤峡起义。

国士丘濬

按：《明宪宗实录》卷十三："（天顺八年正月）甲子……命中军都督同知赵辅佩征夷将军印充总兵官，右都督和勇充游击将军，浙江布政司左参政韩雍升都察院左佥都御史赞理军务往征两广蛮贼。"

五月，担任经筵展书。

按：《明宪宗实录》卷六："（天顺八年五月）丁酉……编修江朝宗、丘濬、杨守陈、彭华、陈秉中展书。"

八月二日，担任经筵讲官，成化帝称赞讲课"音吐洪畅"。作《经筵进讲》。

按：丘濬《经筵进讲·序》："天顺甲申八月二日，今上首开经筵时，知经筵官太保会昌侯孙继宗，少保、吏部尚书兼华盖殿大学士李贤。濬于是时叨充讲官。"何乔远《名山藏》卷六十八："濬在讲筵，虽貌不扬，而音吐洪畅，宪宗悦之。"

八月十七日，诏修《英宗实录》。丘濬担任纂修官，为于谦辩诬。

按：《明宪宗实录》卷八："（天顺八年八月）戊戌，上敕谕礼部曰：'朕惟古昔帝王功德之实，莫不载诸简册，以昭于后世。我皇考英宗睿皇帝以圣哲之资文武之德继承祖宗大业，先后二十余年，仁泽被于四海，功业昭于两间，宜有纪述垂示无穷。尔礼部宜遵祖宗故事，通行中外，采辑事实，送翰林院修纂《实录》。……'"《国朝列卿纪》卷十一："或谓少保于谦之死，当著其不轨之迹。濬曰：'己巳之变，微于公，天下不知何如。武臣挟私怨诬其不轨，是岂可信哉？'众以为然，功过皆从实书之。"丘濬何时担任纂修官，《明宪宗实录》并未记载。姑置于此年，俟考。

作《送郑司训序》。

按：是序云："天顺八年。"（《琼台诗文会稿》卷十四）

作《秋兴》七首

按：是诗题注"天顺甲申"。（《琼台诗文会稿》卷五）

明宪宗成化元年乙酉（1465年），四十五岁

作《两广用兵事宜》《广东备御瑶寇事宜》，为平定大藤峡起义献策。

按：王国宪《丘文庄公年谱》系此条于成化元年六月。查《明宪宗实录》卷十三李贤所称引丘濬之条陈，乃融合此二篇，故丘濬撰写此二篇当在李贤上疏之前。其具体时间未知，姑置于此年，俟考。

正月，吏部尚书李贤等人上疏认为丘濬平乱之策可行，皇帝要求前线军队借鉴施行。

按：《明宪宗实录》卷十三："（成化元年春正月）甲戌，少保、吏部尚书兼华盖殿大学士李贤等言：'翰林院编修丘濬见朝廷以两广贼势已极，遣总兵官调军讨之。濬广东人，深知彼处贼情，因条陈用兵事宜于臣……'上嘉纳之，命所司录之以示总兵巡抚等官，使见之施行。"

三月，丘濬由七品的翰林院编修升为六品侍讲。

按：《明宪宗实录》卷十五："（成化元年三月）癸丑，升翰林院修撰曹恩为尚宝司少卿，童缘为右春坊右谕德，编修丘濬为侍讲。"

七月十三日，命丘濬主试应天府，任考试官。

按：《明宪宗实录》卷十九："（成化元年七月）戊午，命翰林院侍讲丘濬、编修彭华为应天府乡试考试官。"

作《赠许寺丞序》。

按：是文末注"成化元年"。（《琼台诗文会稿》卷十一）

作《留耕亭记》。

按：是文末注"成化元年"。（《琼台诗文会稿》卷十八）

明宪宗成化二年丙戌（1466年），四十六岁

八月，谕祭于谦，翰林院奉命撰写祭文，并由行人前往祭墓。于谦之子于冕官复原职，为府军前卫副千户。至此，于谦之冤大白于天下。

按：《明宪宗实录》卷三十三："（成化二年八月）丁卯，命谕祭故少保、兵部尚书于谦，复其子冕为府军前卫副千户……上曰：'于谦有劳于国，与众不同，翰林院其撰文，遣行人往祭其墓。'……谦有功于国而死于非命，人久为之冤愤，至是少慰释云。"

作《赠琼郡林同知序》。

按：丘濬《赠琼郡林同知序》："羊城则林宗敬也……岁甲戌，初试南官，得乙科，不屑就。丁丑再试，又如之，以至于庚辰、甲申、丙戌，三试皆然。乃喟然叹曰：'吾之于学，未必不如人也。而进士卒不可得，岂非命耶！乃就选调，得琼州府同知。予琼人也，何幸得平生故人以佐吾郡乎！'"（《琼台诗文会稿》卷十二）

作《毛宗吉传》《学拙先生传》。

按：两传文末均注"成化二年"。（《琼台诗文会稿》卷二十）

作《独乐处士王公墓志铭》。

按：丘濬《独乐处士王公墓志铭》："处士生于洪武庚午闰某月九日，卒于成化丙戌七月二日，享年七十有七。"（《琼台诗文会稿》卷二十三）

明宪宗成化三年丁亥（1467年），四十七岁

八月二十四日，《英宗实录》成。

按：丘濬《史馆进书》序："成化三年八月二十四日，英庙实录成。随礼部尚书兼翰林院学士陈文等进呈。"

八月二十五日，升侍讲学士。

按：《明宪宗实录》卷四十五："（成化三年八月）戊午……侍讲丘濬升侍讲学士。"

大学士彭时为丘母作碑铭。

按：彭时《旌表琼山县李节妇碑铭》："成化丁亥，濬进官侍讲学士，请为之铭。"

与吴夫人所生次子丘昆生于槐阴书屋。

按：据李焯然《丘濬评传》，此时丘濬与吴夫人在京城，丘昆当生于槐阴书屋。

作《史馆进书》。

按：是序云："濬入翰林凡四预纂修。成化三年八月二十四日，英庙实录成。随礼部尚书兼翰林院学士陈文等进呈。夫翰林之事，莫重于此。而进实录恩礼尤为优渥，故以为四荣之首。"（《琼台诗文会稿》卷五《学士四荣》）

作《奉天侍宴》。

按：是序："成化三年八月二十五日升侍讲学士，继升学士，幸皆预焉。"（《琼台诗文会稿》卷五《学士四荣》）

作《寿夏太常八十岁诗序》。

按：是序云："岁丁亥八月二十三日，先生初度辰也。先期嗣子中书舍人文振乞告归省，预求缙绅诗为先生寿，而以序属濬。"（《琼台诗文会稿》卷十五）

明宪宗成化四年戊子（1468年），四十八岁

任顺天府乡试考官，作《拟〈顺天府乡试录〉序》。

按：序后小注"成化四年"。

作《〈觉非集〉序》。

按：序末注"成化四年"。（《琼台诗文会稿》卷九）

作《赠廉州邢知府序》。

按：是序云："岭海之民困极矣，而海以北三郡为甚。就三郡论，而廉尤甚。乃成化戊子秋七月，朝廷从巡抚大臣言，擢廉郡太守林君于臬司，俾巡海以北，而辑宁其人民。"（《琼台诗文会稿》卷十二）

作《东莞县儒学记》。

按：是记云："成化丙戌，予友范君彦理来知县事，既三年，振作斯文，大兴学校。"（《琼台诗文会稿》卷十六）

作《陈庄靖公哀辞》。

按：是辞云："而先生不幸以岁戊子四月丁巳薨于位，於乎惜哉！众

皆为辞哀之。"(《琼台诗文会稿》卷二十四)

作《石钟山赋》。

按：文末注"成化四年"。(《琼台诗文会稿》卷二十二)

作《霸州庙学记》。

按：是记云："成化四年，太原李君庭训来知州。"(《琼台诗文会稿》卷十六)

作《德馨堂铭》。

按：文末注"成化四年"。(《琼台诗文会稿》卷二十二)

明宪宗成化五年己丑（1469年），四十九岁

三月初七日，丘母卒于正寝。

按：商辂《太宜人李氏墓志铭》："太宜人李氏，故赠翰林编修丘公传之配，侍讲学士濬之母，成化己丑三月七日卒于正寝。"

三月十一日，担任殿试读卷官。

按：《明宪宗实录》卷六十五："翰林院侍讲学士丘浚为殿试读卷官。"

作《谨身读卷》。

按：丘濬《谨身读卷》："濬以成化己丑三月十五日叨充读卷官，是年得状元张升，第二名丁溥，第三名董越。"(《琼台诗文会稿》卷五《学士四荣》) 至此，丘濬集齐"学士四荣"（即"史馆进书""经筵进讲""奉天侍宴""谨身读卷"）。

在翰林院觅得张文献《曲江集》及余靖《武溪集》，亲自抄录成书。

按：丘濬《张文献公〈曲江集〉序》："岁己丑，始得公《曲江集》于馆阁群书中，手自抄录，仅成帙。"

八月初七日，丘濬收到母丧噩耗后，为母请铭。与吴夫人、丘敦、丘昆启程返乡丁忧。

按：商辂《太宜人李氏墓志铭》"濬闻讣，号恸几无以生，已而援例归守制，匍匐具事状造予请铭。"《明宪宗实录》卷七十："（成化五年八月）戊午……翰林院侍讲学士丘濬以母丧去任。"

路过韶州，应韶州知府苏铧、同知方新邀请，将所抄《曲江集》留下刊刻。

按：丘濬《张文献公〈曲江集〉序》："闻先妣太宜人丧，因携南归，期免丧后，自备梓刻之。道韶，适友人五羊涂君暲倅郡，偶语及之；太守昆陵苏君铧、同知莆田方君新谓公此集乃韶之文献，请留刻郡斋。"（《琼台诗文会稿》卷九，原文无"同知莆田方君新"七字，但万历十二年王氏重刊《曲江集》、康熙二十六年三闾书院《广东文选》及乾隆《南雄府志》均有此七字，故此补）

作《送徐庶子归省序》。

按：是序云："乃己丑之春，翰林臣僚请赐告归省者数人。"（《琼台诗文会稿》卷十四）

作《怀乡赋》。

按：是赋末注"成化五年"。（《琼台诗文会稿》卷二十二）

作《赠曲靖蔡知府序》。

按：是序云："成化五年春，王正月，万方会同，大明黜陟，乃去郡守之尤无良者，慎择其人以补其处，于是擢南宁府同知天台蔡君廷白知云南曲靖军民府事。"（《琼台诗文会稿》卷十二）

作《寿古藤两傅先生序》。

按：是序云："是岁己丑，肇本春秋七十，肇吉六十又一年，七十古人所稀，而六十则古所谓三寿之下者也。"（《琼台诗文会稿》卷十五）

作《都宪张公挽诗序》。

按：是序云："张公大振以成化五年夏五月二十日卒于其家。"（《琼台诗文会稿》卷十五）

作《南海亭岗黄氏祠堂记》。

按：是记云："是岁己丑，天运一周矣。处士子坪暨其从子瑾，以乡

国士丘濬

贡进士辞校官，卒业太学，援例宁觐，将南还，介友人封部大夫冯君宗辙来征予记。"（《琼台诗文会稿》卷十七）

作《贺曹主客序》。

按：是文末注"成化五年"。（《琼台诗文会稿》卷十一）

作《送傅推官序》。

按：是文末注"成化五年"。（《琼台诗文会稿》卷十二）

明宪宗成化六年庚寅（1470年），五十岁

母丧归琼，为母亲卜墓，葬母于澄迈那统村。朝廷赠丘母以"太宜人"封号，墓志铭由资善大夫兵部尚书兼翰林院学士知制诰经筵官商辂撰文，承德郎尚宝司丞程洛书丹，征仕郎中书舍人李应祯篆盖。

按：商辂《太宜人李氏墓志铭》："濬归，将卜以七年二月初六日，奉柩葬于那洪乡七星山之原。"（那洪乡七星山之原今属那统村）

八月，好友邢宥致仕。

按：《明宪宗实录》卷八十二："（丁卯）巡抚南直隶左佥都御史邢宥乞致仕，许之。宥先因衰病具疏辞免，上不许。至是复请……其言恳切，特允其归。"

拜谒学宫。

按：丘濬《藏书石室记》："岁庚寅，丁先妣忧，归故乡服阕，敬谒先圣于学宫。"（《琼台诗文会稿》卷十九）

作《后幽怀赋》。

按：是文末注"成化六年"。（《琼台诗文会稿》卷二十二）

明宪宗成化七年辛卯（1471年），五十一岁

居家守制。

二月，明宪宗遣琼州府谕祭丘母，并立碑以记其贞贤之德。

按：《丘母李太夫人谕祭文》："成化七年，岁次辛卯二月甲辰，越七日庚戌。皇帝遣琼州知府吴琛谕祭翰林院侍讲学士丘濬母太夫人李曰：

'守节教子，妇人所难；兼致旌褒，惟尔所独。生有足尚，死可悼伤。爰超常典，特赐以祭；尔灵不昧。尚克享之。'"

八月十五日，按察司副使涂棐筑"表贤亭"于城西，以丘濬、薛远、邢宥、林杰为"四贤"。

按：胡荣《表贤亭记》："于是出所贮公帑钱币，命工琢石购大木，即郡城西门外四达交会之衢树亭，四面亲书其扁。东向揭尚书坊，北为都宪坊，西曰学士坊，南曰绣衣坊。盖以今户部尚书薛公继远，左佥都御史邢公克宽，翰林侍讲学士丘公仲深，浙江按察佥宪、前监察御史林公廷宾所居里直焉，故表之也，而名其亭曰'表贤'。创始于成化七年八月望日，十旬而落成。"

作《琼山县学记》。

按：是记曰："成化乙酉，广东按察副使会稽唐君质夫，行部至琼，始发官赍畀知府清漳蔡君叔清，修复明伦堂暨崇礼、养正二斋，功未就绪。岁辛卯，宪副丰城涂君伯辅，奉玺书专镇海南，留心学校，乃市旁近地以广学基，兼助其费，以毕前功，又创会馔堂及号房十三间，知县事五羊梁昕预力其间，训导高凉周书董其事，既讫工以记见属。"（《琼台诗文会稿》卷十六）

明宪宗成化八年壬辰（1472年），五十二岁

居家守制。

正月，藏书石室开始动工。

按：丘濬《藏书石室记》："经始于壬辰年正月。"正德《琼台志》卷十五，另记有"八年，学士丘濬于堂后置藏书石室"句。

九月，岳正去世。

按：雷礼《国朝列卿纪》卷十一："壬辰九月十一日，卒年五十五。"《明史》卷一百七十六："（成化）五年入觐，遂致仕。又五年卒，年五十五。"二者不同，以《国朝列卿纪》成书在前，从之。

作《南海县儒学记》。

国士丘濬

按：是记末注"成化八年"。（《琼台诗文会稿》卷十六）

明宪宗成化九年癸巳（1473年），五十三岁

七月，藏书石室落成，作《藏书石室记》。

按：丘濬《藏书石室记》："落成于癸巳年七月。"

十一月，诏纂《续资治通鉴纲目》。

按：《明宪宗实录》卷一百二十二："戊申，上谕大学士彭时等曰：'朱文公《通鉴纲目》，可以辅经而行，顾宋元二代，至今未备。卿等宜遵朱子凡例，编纂宋元二史，上接《通鉴》，共为一书。'时等因奏太常寺卿兼侍读学士刘珝、学士王献，侍读学士彭华，侍讲学杨守陈、尹直，左春坊左庶子黎淳、左谕德谢一夔，翰林院修撰郑环、刘健、汪谐、罗璟，编修程敏政、陆简、林瀚，分为七馆编纂。"

始免丧。

按：丘濬《〈武溪集〉序》："予既免丧，乃书此以引其前。"（《琼台诗文会稿》卷九，序末注"成化九年"）

学士庄落成，作《学士庄记》《野花亭记》。

按：丘濬《学士庄记》："学士庄，在琼城之西北二里，而近翰林学士丘濬仲深之别墅也……会免太夫人丧，家居无事，思欲成夙志，而谋之吾兄伯清先生。先生曰：'何用远求。盍即丹阳田为之。'即日具图，厘其田而三之，用其一为村，而田其二如故，乃儳工起其二之土而畚之，筑实其一以为村基，周围若干丈，为亩者若干，余田遂皆深洼，可再耕，岁会其所获，登常数焉。"《野花亭记》："岁己丑，闻先妣丧，归自禁林，明年抵家，又明年始免丧。"（《琼台诗文会稿》卷十九）

作《送张方伯入觐序》。

按：是序云："予家琼海，去会府二千里，而近适免丧，闻邦人言而释其意，且笔之简。"（《琼台诗文会稿》卷十一）

作《水龙吟·癸巳初度》。

按：是词云："今朝五十三，年年岁岁平安过，如斯而已，不须更问

如何。"（《琼台诗文会稿》卷六）

作《风入松·学士庄》。

按：是词云："琼城西畔小瀛洲，景致十分优。玉堂天上仙凡隔，人归也，带得风流。占断丹山碧水，移来玉宇琼楼。冬檐暑簟趣休休，暂乐此林丘。虽云绝岛穷荒地，清高处、不减中州。不日承恩归老，那时任意优游。"（《琼台诗文会稿》卷六）

作《张文献公〈曲江集〉序》。

按：是序云："予生公六百余年之后，慕公之为人。童稚时，尝得韶郡所刻《金鉴录》读之，灼知其伪，有志求公全集，刻梓以行世。自来京师游太学，入官翰林，每遇藏书家，辄访求之，竟不可得，盖余二十年矣。岁己丑，始得公《曲江集》于馆阁群书中，手自抄录，仅成帙。闻先妣太宜人丧，因携南归，期免丧后，自备梓刻之。道韶，适友人五羊涂君暲倅郡，偶语及之；太守昆陵苏君铧，谓公此集乃韶之文献，请留刻郡斋。"（《琼台诗文会稿》卷九，文末有注"成化九年"）

作《〈武溪集〉序》。

按：是序云："初得公集，手自抄录，仅成帙。闻先太夫人丧，解官还家，携以过韶，韶郡太守苏君铧，通判涂君暲，请留此刻郡斋中，且求为序。予既免丧，乃书此以引其前。"（《琼台诗文会稿》卷九，文末注"成化九年"）

作《崖州学记》。

按：是记云："成化六年，丰城涂君伯辅以广台副使之节，专镇兹郡，按部至崖，慨学宫之庳陋，悯学教之废弛，乃命知州事诸暨徐君琦，拓其址而前之，视旧少西，凡学宫规制所当有者，咸一新之。其费一出于公，民弗与知。规模宏敞，藻绘绚耀，州人父老过者，惊叹以为昔所未有。徐守谓崖学创于宋，历元至今，未有文学之士为之记者，以书来征予文，记其事。"（《琼台诗文会稿》卷十六，文末注"成化癸巳冬"）

作《琼州府学祭器记》。

国士丘濬

按：是记云："成化辛卯，广东按察副使丰城涂君伯辅，奉玺书来饬兵备，下车之始，未遑他务，首市铜鸠工、博考古图像，按其制制之。其为器爵百四十而奇一，笾七十有二，豆如笾之数，簠簋各四十有四，铏十又二，登五尊三，总其凡三百九十有三，事费一出于官，而民弗与知。以明年春二月，上丁将释奠于先师，先期舍菜以告其成衅而藏之库，春秋有事出而用之，时相其成者，掌海南卫事都指挥王君璲，府学教授陈君颙辈也。会予以忧制家居，免丧，行有日矣。王君谓予出自斯学，且以文字为职业，请记其数，使后之人有所稽而守焉。"（《琼台诗文会稿》卷十六）

明宪宗成化十年甲午（1474年），五十四岁

二月，完成《家礼仪节》。

按：是序云："成化甲午春二月，琼山丘濬序。"

撰《群书钞方》。

按：是文之序云："自是读诸家书，遇有成方，辄手钞之，积久成帙，名曰《群书钞方》。庶借众方以行此一方，俾广传于久远耳。仆非知医者，其他方良否，用者自择焉。岁甲午，琼山丘濬书于玉堂之署。"

六月，丘濬还任。此去，丘濬正式与故土永别。

按：《明宪宗实录》卷一百二十九："癸未，翰林院侍讲学士丘濬起复还任。"

大学士彭时奏请丘濬一同参与编修《续资治通鉴纲目》。

按：《明宪宗实录》卷一百二十二："侍讲学士丘濬丁忧起复，时等请令濬同编纂，再加一馆为八馆云。"

年末，与次子丘昆、三子丘仑抵达京师，丘敦与吴夫人留守琼山。

按：丘仑出生年份无可考，李焯然《丘濬年谱》等记其卒年为明成化十一年（1475年）。成化六年（1470年）丘濬回到琼山守孝，丘母墓志铭中所记四孙并无丘仑，则可知此时丘仑尚未出生。因此，丘仑的出生时间应在成化六年后。成化十年（1474年）丘濬由琼山回京，成化十一年（1475年）丘仑夭折，丘仑的生年有可能是守丧期满后的成化十年。依此，则其出生地有在京城和琼山两种可能。

作《〈广州府志〉书序》。

按：是文末注"成化十年"。（《琼台诗文会稿》卷九）

作《〈程子全书〉序》。

按：是文末注"成化十年"。（《琼台诗文会稿》卷九）

作《甲午岁舟中偶书》四首。

按：其四云："地角天涯最远乡，我家住在海中央。他年乞得身归去，追忆经游梦一场。"（《琼台诗文会稿》卷四）

作《甲午岁重过新河有感》。

按：见《琼台诗文会稿》卷五。

作《甲午除夕》诗五首。

按：见《琼台诗文会稿》卷三。

作《题古康三洲岩》。

按：是诗末注云："岁甲午，予游三洲岩，询其所以名，或曰郡志，谓以蓬莱山之第三洲得名。语殊不经。此岩天造地设，瑰奇不可名状，因与郡守黄廷美议易其名曰古仙，作诗赋之。"（《琼台诗文会稿》卷三）

作《梧州府县庙学记》。

按：是文末注"成化十年"。（《琼台诗文会稿》卷十六）

明宪宗成化十一年乙未（1475年），五十五岁

二月，春闱，丘濬与当年同科榜眼徐溥同为考试官。得会试第一王鏊、第二金楷、第三谢迁。

按：《明宪宗实录》卷一百三十八："乙酉，命詹事府少詹事兼翰林院侍讲学士徐溥、翰林院侍读学士彭华为会试考试官。华以疾且有从子入场，上疏辞免，遂改命侍讲学士丘濬。赐宴于礼部。"

兄长丘源致仕。

国士丘濬

按：丘濬《先兄临高县医学训科公圹志》："成化乙未，始莅其事。"（《琼台诗文会稿》卷二十三）

是年，幼子丘仑夭折。

按：丘仑出生年份无可考，李焯然《丘濬年谱》等记其卒年为明成化十一年（1475年）。

充会试副总裁，作《〈会试录〉序》。

按：是序云："今兹又当会试天下士，礼部臣以考试官请陛下以命臣溥臣濬，且锡以内帑之币。臣等受命，且感且惧。即日趋陛辞往，莅事惟谨。故事登载贡士之氏名，及简其文之尤异者为录以传，臣濬当叙其后。"文末注"成化十一年"。（《琼台诗文会稿》卷九）

作《左右箴铭序》。

按：此序不见于《琼台诗文会稿》，见于蒋冕《琼台诗话》卷下。其原文云：先生尝作左右箴铭，其序曰："人若不安分，汲汲然恒有不足之念，迨其老也，犹不息心。予今年五十有五矣，忝以文字为职业，然往往用于空言，平生所觉，竟不得一施为者。"

明宪宗成化十二年丙申（1476年），五十六岁

四月，王来之子王钥由监察御史调任江西按察司佥事，丘濬为其送行，作《送王侍御赴江西佥宪》。

按：《明宪宗实录》卷一百五十二："（成化十二年夏四月）乙未……升监察御史王钥为江西按察司佥事。"

五月十六日，兄丘源卒。丘濬未闻噩耗，似有感应，作《闲中怀伯兄》。

按：丘濬《先兄临高县医学训科公圹志》："丙申五月十六日终于家。享年五十有九……卜以某年某月某日葬于澄邑那蓬山之原，坐某向。"另，丘濬在《闲中怀伯兄》的序中称，丘源死于"五月十七日夜"，与上述相差一日。

九月，闻丘源死讯，作《先兄临高县医学训科公圹志》《兄伯清先生像赞》等文，托乡人将丘源葬于澄迈那蓬都墟场火烧坡之原。

按：丘濬《闲中怀伯兄》之序云："闲中有怀伯兄，岁丙申五月十七日夜枕上口占此诗，是年九月得讣音，伯兄是日捐馆舍哀哉。"

十一月十五日，纂修《续资治通鉴纲目》成，明宪宗亲自撰序。

按：《明宪宗实录》卷一百五十九："（成化十二年十一月）乙卯，《续资治通鉴纲目》成，上制序文以冠其首。"

作《岁丙申六月伏中雨中待朝偶成》。

按：见《琼台诗文会稿》卷五。

作《〈宦途履历图诗〉序》。

按：是文末注"成化十二年"。（《琼台诗文会稿》卷十）

作《茅山复古堂记》。

按：是记云："成化丙戌不戒于火，遂成灰烬，与庆深以负师遗言，是惕是惧，罄资节费，鸠工聚财，即于明年春三月，按其旧址而重构之……是冬十有二月，既已告成矣。又历九年，是为成化丙申，与庆虑其久而后之继承者莫克知所自也。爰来京师，介其乡进士凌君传，求予文记其岁月。"（《琼台诗文会稿》卷十七）

作《都察院左佥都御史恭惠杨公神道碑铭》。

按：是文末注"成化十二年"。（《琼台诗文会稿》卷二十四）

明宪宗成化十三年丁酉（1477年），五十七岁

四月，升任学士。

按：《明宪宗实录》卷一百六十五："（成化十三年夏四月）复命纂修官翰林院学士王献升詹事府少詹事，仍兼学士，左春坊左庶子黎淳、少詹事兼侍读，侍读学士彭华、侍讲学士丘濬、左谕德谢一夔俱学士。"

八月，升国子监祭酒。不久，为经筵侍班。

按：《明宪宗实录》卷一百六十九："（成化十三年八月）己未，升翰林院学士丘濬为国子监祭酒……癸亥，命国子监祭酒丘濬经筵侍班。"

主持国子监内试，以《太学私试策》纠当时不正之学风、文风。

按：据王国宪《丘文庄公年谱》。

未来的得意门生蒋冕中广西乡试解元。

按：雷礼《国朝列卿纪》卷十二："蒋冕，字敬之，广西桂林府全州人，成化丁酉乡试第一。"

作《丁酉春偶书》。

按：是诗云："五十年来加七岁，古稀相去十三年。饱谙世味只如此，痛绝尘缘任自然。举世不为齐客瑟，后人或取蜀儒玄。人生但得平平过，不用操辞更问天。"（《琼台诗文会稿》卷五）

作《都城东北有枯树庙，予初到京时，犹见其长过庙檐，今三十年矣，仅余三四尺，马上见之有感，因口占此》。

按：见《琼台诗文会稿》卷四。

作《送侍读学士徐先生掌南京翰林院序》。

按：是文末注"成化十三年"。（《琼台诗文会稿》卷十一）

作《赠王郎中往辽东序》。

按：是文末注"成化十三年"。（《琼台诗文会稿》卷十一）

作《会通河土桥石闸记》

按：是记云："岁丁酉，陈君乃以书来，俾予记之。"（《琼台诗文会稿》卷十七）

作《文公九代孙五经博士朱公墓表》。

按：是文云："公生于永乐乙酉（1405年），年五十始受朝命，又十八年是为成化壬辰，享年六十八卒于家。孺人杨氏，太师文敏公荣之再从侄，年若干归朱氏，公殁后，又两阅月亦卒，寿加公二年俱以卒。之后次三年八月，合葬城南陂头之阳，丈夫子二人，长燧，次燿。燧既免丧，有司起以赴阙袭其世职，间持乡人所状公暨孺人事行及志铭来谒予，求文以合表其墓。"（《琼台诗文会稿》卷二十三）。朱氏卒于成化壬辰

（1472年），两年后，孺人卒，又三年合葬。子燉在免丧后向丘濬求文，故计为成化十三年（1477年），即此表写于是年。

明宪宗成化十四年戊戌（1478年），五十八岁

次子丘昆丧，丘濬作《哭子昆》二首。

按：丘濬《哭子昆（其二）》："暮年失却慰心儿，合眼时时似见之。"按：关于丘昆卒年，王万福《明丘文庄公濬年谱》误记为"成化四年"。

是年，蒋冕会试不中，和兄长蒋昇来到槐阴书屋，奉其父蒋良之命拜入丘濬门下。

按：丘濬《〈送蒋生归省诗〉序》："乃岁戊戌，予年五十有八矣。距《礼》老而传之岁，仅十有二春秋焉耳。适有丧子之戚，而清湘蒋生以故人子来见，悯予戚戚也，而慰解焉，跽而言曰：'先生幸与先人有一面雅，冕愿执弟子礼以终身。'予意其止欲习举子业尔，拒之。生曰：'冕之志，不专在进取，先生进教之，幸甚。'时生年未及冠，发西广解，未利春官，循例当归家，乃毅然留居京师逆旅中，从乃兄昇，历仕督府，朝夕来予馆下，考德问业者三年。"（《琼台诗文会稿》卷十五）

作《牧庵记》。

按：是记云："牧庵因以自称，振明幼有用世志，既而事多不如意，仅得掌蔡驸马都尉家教，予尝延振明教幼子昆，不幸殇亡，振明因从予游，暇日以庵记为请。"（《琼台诗文会稿》卷十九）

作《除夜》。

按：见《琼台诗文会稿》卷四。

作《故都御史姑苏韩公挽诗序》。

按：是序云："成化十四年十月望日，右都御史致仕韩公卒于姑苏之里第。"（《琼台诗文会稿》卷十五）

作《送刘端本知兴化府序》。

按：是序云："古端刘君端本，登天顺庚辰进士第，擢尚书户部主事，升员外郎进郎中，历官十有九年，始拜兴化府知府。"（《琼台诗文会稿》卷十二）由此往上推算，此篇系是年所作。

明宪宗成化十五年己亥（1479年），五十九岁

正月十日，大祀郊，奉旨分献中镇。

按：此事，丘濬作《岁己亥正月吉祀南郊礼成奉旨分献中镇》（《琼台诗文会稿》卷五）以记。

在槐阴书屋为蒋冕主持冠礼，赐字"敬之"，作《蒋冕敬之字辞》。

按：其文之序言"清湘蒋冕，予故人河西县令希玉之子也。年十五，领广右解首，明年试春官，卒业太学，与其兄昇，以故人子来见。未几，又介其父执陈郡博先生，执赞求从予学为古文辞。又明年，昇为之加布于其首，旅邸草草，虽弗能戒宾备礼，然名必有字，字必有辞，不可缺也。既冠，来拜予求字，乃命之曰敬之，又为之补其祝辞。"

开始创作巨作《大学衍义补》。

按：丘濬《〈大学衍义补〉序》："既而出教太学，暇日因采六经、诸子百氏之言，汇辑十年，仅成此书，用以补真氏之阙也。"

作《鹧鸪天·己亥初度》。

按：是词云："老子明年六十齐，百年光景日光西。幸无热病兼寒病。免得花迷更酒迷。知痛痒，知高低，平生作事不蹊蹊。从今好闭雌黄口。再莫人前浪品题。"（《琼台诗文会稿》卷六）

作《杂诗》四首。

按：是诗题注"成化己亥"。（《琼台诗文会稿》卷一）

作《敕封翰林院编修文林郎丁公孺人蔡氏墓表》。

按：是表云："又六年，为成化己亥七月十三日，孺人卒，距其生永乐丁亥享年七十又三。"（《琼台诗文会稿》卷二十三）

作《明故乐游处士陆公墓表》。

按：是表云："处士生洪武丁卯，卒正统甲子，得年五十有八。孺人

生洪武辛未，卒成化己亥，得年八十有九……今孺人卒，愈将启处士之藏以合葬焉。"（《琼台诗文会稿》卷二十三）

作《寿封尚书刘公九十诗序》。

按：是序云："公生洪武壬申，至是八十有八矣。距九十曰耄，仅再期焉。"（《琼台诗文会稿》卷十五）刘公洪武壬申（1392年）生，八十八岁应为即成化己亥（1479年），故此序为是年作。

明宪宗成化十六年庚子（1480年），六十岁

八月初三日，升礼部右侍郎，仍掌国子监事。

按：《明宪宗实录》卷二百六："（成化十六年八月）壬子，升国子监祭酒丘濬为礼部右侍郎，仍掌监事。"

长子丘敦来京省亲，丘濬纳侧室唐氏。

按：据李焯然《丘濬评传·丘濬年谱》。

作《〈文昌邢氏谱系〉序》。

按：是序云："予友苏郡太守宥也。宥字克宽，登正统戊辰进士第，擢四川道监察御史，升知台州府事，寻改苏郡……邢氏旧有族谱，久毁于火，至克宽之先大父某府君，咨访故老，搜罗散失，粗录成帙，晚年以授克宽，俾终厥志。克宽承命，惟谨寝息不忘者，垂二十年，始克承先志命之曰《邢氏谱系》。间携来京师，以予同乡相厚也，属予序。"（《琼台诗文会稿》卷十）王国宪《邢湄邱公年谱》："（成化）十六年庚子……是年，有《修谱定例》。"故，丘濬《〈文昌邢氏谱系〉序》应写于是年。

作《天妃宫碑记》。

按：是文云："天妃，京师旧有庙在都城之巽隅，大通桥之西，景泰辛未，住持道士丘然源，援南京例，请升为宫，然规制尚存其旧，弗称宫之名也。成化庚子，然源用募财鸠工，拓大而一新之，既成，砻石为碑，介天官副郎云间张天骏征予以记。"（《琼台诗文会稿》卷十七）

作《瀛洲桥记》。

按：是记云："经始于岁丁酉春三月，告成则庚子岁秋八月也……今兹桥在文公之乡，而予为之记。"（《琼台诗文会稿》卷十七）

明宪宗成化十七年辛丑（1481年），六十一岁

二月，撰成《世史正纲》。

按：其序云："《世史正纲》曷为而作也？著世变也，纪事始也；其事则记乎其大者，其义则明夫统之正而已……成化辛丑春二月丁未，琼山丘濬序。"费訚《〈世史正纲〉后序》："先生在翰林时已属笔，及来太学，始脱稿。"

三月，蒋昇中进士，蒋冕再次落榜，丘濬作诗慰之。

按：丘濬《敬之下第书此慰之》："何事情中苦不堪，怜君失意我怀惭。阿房杜牧曾居五，礼部韩公也到三。自叹白头难再黑，极知青色过于蓝。老予不久归休去，遥听佳音播海南。"（《琼台诗文会稿》卷五）

五月二十日，好友邢宥去世。

按：戴缙《文昌湄邱邢公状》："是岁成化十七年夏前疾作，药弗瘳……言讫而终于正寝，时五月二十日也，享寿六十有六。"

五月初五日，蒋冕辑《琼台诗话》二卷。

按：蒋冕《琼台先生诗话序》："辛丑，会试不利，将南归省母，因虑平日之所闻，久则不能无遗忘也，著为《诗话》二卷，总若干则。凡先生之乡人暨当世之士大夫谈论有于此者，冕或闻，亦谨录于其间。……是岁端阳日，学生蒋冕自序。"

六月四日，蒋冕和蒋昇返乡省母，丘濬作《送蒋生归省诗》以赠。

按：蒋冕《亡弟质之墓志》："予自成化丁酉领乡荐，上春官，卒业太学，辛丑始获归省先母夫人。"

秋，闻知邢宥死讯。

按：丘濬《祭邢都御史文》："岂意去秋，讣音忽至。"

作《明故中顺大夫都察院左金都御史邢公墓志铭》及《哭邢克宽都

宪》诗。

按：丘濬《明故中顺大夫都察院左佥都御史邢公墓志铭》："都察院左佥都御史致仕邢公，以成化十七年五月甲午，卒于家。有司以闻，皇上命礼部备牲仪，翰林撰文，遣官谕祭之。其子顼，以予与公交莫逆，求予文志其墓。先是公无恙时，以书畀乡人林徽抵予，豫以铭文为托，得书未几，而公遽捐馆舍。公长予五岁，予幸而后死，安敢负公托耶。乃抆泪，序而铭之。"（《琼台诗文会稿》卷二十三）

作《辛丑初度日》。

按：是诗云："前生自是白牛翁，再见苍龙岁舍同。身世悠悠还是客，颠毛短短返成童。两间俯仰期无愧，百事修为贵有终。此去古稀年不远，桑榆晚景好收功。"（《琼台诗文会稿》卷五）。

作《送林黄门使满剌加国序》。

按：是序云："成化辛丑，其国王卒，子当嗣位，遣使臣备方物来请封，上命礼科给事中林荣仲仁为正使。"（《琼台诗文会稿》卷十一）

作《赠琼州府知府彭公赴任序》。

按：是序云："岁辛丑，安成彭公彦积，以辰州守起复改知吾府事，琼人氏寓京者，闻命下走相报。"（《琼台诗文会稿》卷十二）

作《〈送陈秉和南归诗〉序》。

按：是序云："余自二十有七岁，即离家居京师，今年六十有一矣。"（《琼台诗文会稿》卷十五）

作《余姚县学进士题名记》。

按：是记云："余姚为两浙壮邑，入皇朝百有余年，浙以东，士以文魁天下者，仅五人，而二人者出吾邑中，而辛丑一榜，天下三魁，而吾邑又得其二。某待罪邑中，适逢其会，所以纪其盛，而昭之远者。"（《琼台诗文会稿》卷十六）

明宪宗成化十八年壬寅（1482年），六十二岁

作《岁暮偶书》。

按：是诗云："屈指明年六十三，人情世态饱经谙。几多黑发不曾白，无数青衿出自蓝。大半交游登鬼录，一生功业付空谈。不堪老去思归切，清梦时时到海南。"（《琼台诗文会稿》卷五）

作《太庙斋居》三首及《首尾吟》诗。

按：丘濬《首尾吟》之序云："邵尧夫作《首尾吟》一百三十六首，性理书摘取其中六首。予在学校时，每闻乡先达冯本清教谕者去其首尾，而次第其中联句以为排律，时寓斋舍闭目讽诵。予卧听之，心窃感焉。当欲效其体作之未果也。岁壬寅孟冬，享太庙，斋居不成寐，偶忆往事，因缀辑成百韵，而贯以首尾云。时予年六十二，距闻诗时四十余年矣。"（《琼台诗文会稿》卷六）

作《送国子司业费先生归荣序》。

按：丘濬《送国子司业费先生归荣诗序》云："自岁己丑（1469年），蒙恩赐进士第……首尾十有三春秋。"（《琼台诗文会稿》卷十四）1469年加上13年，即1482年，故为丘濬六十二岁时作。

明宪宗成化十九年癸卯（1483年），六十三岁

朝廷赠丘普为通议大夫礼部右侍郎。

按：丘濬《可继堂记》："岁癸卯，蒙天子推恩赠先祖为通议大夫礼部右侍郎。自先祖捐馆舍至是四十有七年。"

作《可继堂记》。

按：是记云："濬于官次，尝求能书者，书'可继堂'三大字，寓归以遗吾兄，俾刻而置诸堂之楣，兄尝命濬以记。濬领之而未果。岁丙申，不幸先兄亦弃濬，而从先祖于九泉，不及见天恩之降矣。呜呼！痛哉！濬鬓发亦种种矣，久官于朝，而乞骸之情，尚未得如所愿，因述所以名堂之意，以贻子敦及从子陶、融，俾买石刻之，而立于堂隅，使后之子孙，知今所以名堂之意，而思所以继继于无穷。"（《琼台诗文会稿》卷十九）

丘濬多次催促长子丘敦来京城，于是丘敦于本年自琼山县出发。

按：正德《琼台志》卷四十："成化癸卯，韩年二十四，敦赴京入国学。"

作《书潘克宽十八学士图》。

按：文末注"成化十九年"。(《琼台诗文会稿》卷二十一)

作《寿严陵先生七十岁诗序》。

按：是序云："严陵先生，以少保吏部尚书兼谨身殿太学士，致政家居之七年也，岁在癸卯，距其始降之年，苍龙舍甲午天运历五纪而过之，又将齐焉者也。"(《琼台诗文会稿》卷十五)

作《金侍郎传》。

按：文末注"成化十九年"。(《琼台诗文会稿》卷二十)

作《郑德崇墓表》。

按：是表云："予友郑德崇，年三十有五，以正统癸酉年月日卒于其家，至今成化癸卯三十有一年矣。予始为表其墓。"(《琼台诗文会稿》卷二十三)正统没有"癸酉"年，丘濬此处写"正统癸酉"有误，应为"景泰癸酉"。景泰癸酉是1453年，至成化癸卯，恰好三十一年。

作《义泉阡韩氏先茔表》。

按：是表云："凤翔府学教授韩彦夫，致仕居家，乃成化癸卯春二月，自其家河内之修武来谒予于太学，彦夫予故人，婺源知县敬夫之弟也。坐定，出敬夫手书，示予曰：'先兄临终时，出此以授俊曰："此吾平生之情志也，汝持此以干琼台先生。"先兄之藏，既蒙先生赐之铭，又为文以祭之，其平生行实固已昭于世矣。'"(《琼台诗文会稿》卷二十三)

明宪宗成化二十年甲辰（1484年），六十四岁

夏，丘敦到京城。

按：蒋冕《太学生丘君行状》："成化甲辰夏，始至自琼山。"

国士丘濬

丘敦入国子监学习。

按：蒋冕《太学生丘君行状》："居亡何，朝廷以先生官三品，录君为太学生。"

作《甲辰初度》。

按：是诗云："百年光景易消磨，三分中间二分过。事到久来天自定，人于老后日无多。一天风月催归思，万古乾坤入浩歌。心上自如无所愧，闲将十指细摩挲。"（《琼台诗文会稿》卷五）

作《〈明堂经络前图〉序》及《〈明堂经络后图〉序》。

按：文末注"成化甲辰年"。（《琼台诗文会稿》卷九）

明宪宗成化二十一年乙巳（1485年），六十五岁

作《乙巳初度》。

按：是诗首两句云："明年六十五，年来志气昏。"（《琼台诗文会稿》卷五）乙巳年丘濬应为六十五岁，不知其为何于此处写"明年六十五"。

作《都察院右副都御史鲁公神道碑铭》。

按：是碑铭云："至归会府而卒，时岁乙巳八月七日也。距其生宣德戊申，得年五十有八。"（《琼台诗文会稿》卷二十四）

明宪宗成化二十二年丙午（1486年），六十六岁

重睹已故恩师萧镃遗像，感慨悲怆，作《萧阁老先生像赞》。

按：是赞之序云："岁丙午，先生孙僎以画像见示，盖先生在翰林时所写者。濬老门生也，瞻仰遗容，不胜感怆。"

作《定兴忠烈王平定交南录》。

按：是录云："王以正统己巳没于王事。至是三十有七年矣。"（《琼台诗文会稿》卷二十）

明宪宗成化二十三年丁未（1487年），六十七岁

九月，乞致仕。

按：《明孝宗实录》卷三："（成化二十三年九月）癸丑……礼部侍郎丘濬……乞致仕，上俱答曰：'朕初嗣位，方用人分理庶务，不允所辞。'"

十月，被弹劾，皇帝不予接受。

按：《明孝宗实录》卷五："（成化二十三年十月）癸巳……六科十三道交章劾奏……掌国子监事礼部右侍郎丘濬……俱昏庸误事，奔兢无耻，乞明正其罪，或罢归田里，以为人臣不忠之戒。诏：'直等皆先帝简任，朕初正位，须用人理办庶务，尔等何为劾之？不允。仍令直等各尽心供职，勿生嫌疑。'"

十一月十八日，巨作《大学衍义补》一书告成，有《进〈大学衍义补〉表》。

按：丘濬《进〈大学衍义补〉表》："成化二十三年十一月十八日，国子监掌监、礼部右侍郎臣濬谨上表。"

十一月二十一日，升礼部尚书，并掌詹事府事。

按：《明孝宗实录》卷七："（成化二十三年十一月）丙辰……升国子监掌监事、礼部右侍郎丘濬为本部尚书，掌詹事府事。"

十一月二十三日，请辞免职。皇帝不允。

按：《明孝宗实录》卷七："（成化二十三年十一月）戊午……掌詹事府事、礼部尚书丘濬辞免新命。不允。"

蒋冕中进士，入翰林院为庶吉士。

按：雷礼《国朝列卿纪》卷十二："丁未，举进士，选庶吉士，授编修。"

上《漕运议》。

按：据王国宪《丘文庄公年谱》。

作《梁父吟》。

按：是诗题注"丁未岁十月"。（《琼台诗文会稿》卷二）

作《丁未秋偶书》。

国士丘濬

按：是诗曰："万事皆天岂自由，何须屑屑咎孙刘。黄金不博五更睡，白首空怀千岁忧。事到难为休犯手，人当知止急收头。故山猿鹤休嘲怨，早晚乘桴海上浮。"（《琼台诗文会稿》卷五）。

作《拟致仕后请立奇甸书院奏》。

按：见国家图书馆藏《琼台会稿》第四十五卷。

明孝宗弘治元年戊申（1488年），六十八岁

闰正月，诏修《宪宗实录》，为副总裁。

按：丘濬《进呈宪宗纯皇帝实录表》："乃于弘治元年闰正月初三日敕臣懋监修、臣吉等总裁、臣濬等副总裁、臣敏政等纂修。"（《琼台诗文会稿》卷八）

二月丁未，帝耕藉田。有《拟贺耕藉田表》《皇上躬耕藉田》诗。

按：《明孝宗实录》卷十一："（弘治元年二月）丁未，上祭先农之神，遂躬耕糟田，命……掌詹事府事、礼部尚书丘濬、工部尚书贾俊、都察院左副都御史马文升等行五推九推礼，悉如仪。"

二月，通书讲章。

按：《明孝宗实录》卷十一："詹事府掌府事、礼部尚书丘濬……通书讲章。"

秋，丘濬门人费訚为《世史正纲》作后序，《世史正纲》刊行。

按：是后序云："訚因请于先生曰：'先生在太学逾十年，多所著述，其所著《大学衍义补》圣天子已诏书坊板行天下矣，请留《世史正纲》于太学，为板本以传天下后世。'先生曰：'诺哉。'遂请其稿刻之梓，藏之载道所，付典籍掌焉。"

第四子丘京出生，侧室唐夫人所出。

按：王国宪《丘文庄公年谱》："公次子京生，侧室唐夫人所出，荫中书舍人。（京，字峻成。性仁爱，重义乐施。琼州经二大征后，白骨遍野，尽收而瘗之。时疫大行，施良剂以救活者甚众。）"

作《即事》诗。

按：是诗题注"戊申"。

作《戊申岁次韵》二首。

按：见《琼台诗文会稿》卷五。

作《送董尚矩庶子颁诏朝鲜》。

按：是诗题注"戊申年"。（《琼台诗文会稿》卷五）

作《明故进阶荣禄大夫兵部尚书致仕王公神道碑铭》。

按：是碑铭云："以弘治元年十二月初二日卒于家，讣闻，有司循故事为请葬祭，皆予之。"（《琼台诗文会稿》卷二十四）

明孝宗弘治二年己酉（1489年），六十九岁

冬，蒋冕及丘敦编辑《琼台类稿》五十二卷、《琼台吟稿》十二卷成。有程敏政序、蒋冕序、何乔新序。

按：程敏政《琼台丘先生文集序》云："先生门人内翰蒋君冕及其嗣子太学生敦，辑先生平日诗文为若干卷，间奉以示走，请序其首简。走读之累日，得其大端而叹曰：'何其养之深而出之需然一至此哉！'……故因冕与敦之请，序先生之集，而极论文之所以为文者如此。大明弘治己酉仲冬谷旦。"

作《己酉秋思》。

按：是诗云："客里非秋亦自悲，可堪临老苦思归。厌行西月闻鸡叫，愁看南风见雁飞。伉俪人稀心事切，囊书无补宦情微。哀迟自合抽身退，况复明年届古稀。"（《琼台诗文会稿》卷五）

作《余肃公传》。

按：是传云："卒时己酉二月二十二日也，享年六十有一。"（《琼台诗文会稿》卷二十）

作《〈尚约先生集〉序》。

按：是序云："天顺改元，先生南归家居，岁甲申捐馆舍，今二十又五年矣。仲子昉以膺贡来京师，得祁门司训，将之任，以先生遗稿见属为序。"(《琼台诗文会稿》卷九)"岁甲申"(即1464年)加上二十五年即弘治二年己酉(1489年)。

作《寿致仕廉宪张公年七十诗序》。

按：是序云："张公良甫今年七十，其同邑广西参政胡公希仁为之求朝中公卿、大夫、士为之寿诗，而以序见属予。予与二公皆同年进士，岁甲戌登第，张公时年三十六，希仁年三十，予年三十四，转眼之间，三十有五年。"(《琼台诗文会稿》卷十五)"岁甲戌"(即1454年)至写序时为三十五年，即写序时为弘治二年己酉(1489年)。

作《孔侍郎传》。

按：是传云："卒于富阳舟中，弘治己酉九月三日也，享年六十有三。"(《琼台诗文会稿》卷二十)

作《海航处士赵君墓表》。

按：是表云："卒时弘治己酉正月二十八日也。距其生正统丙辰，得年五十有四。"(《琼台诗文会稿》卷二十三)

明孝宗弘治三年庚戌（1490年），七十岁

三月，孝宗亲出制策试礼部，廷试时丘濬充读卷官，作《赐进士题名记》。

按：丘濬《赐进士题名记》："太岁上章阉茂，是为大明弘治三年。是年开科，皇上奉天承运，贤俊登庸之第一榜也。故事既赐进士第，必立石太学以示久远，礼部臣以题名记请，皇上以命臣濬，臣于是时叨居读卷之列，而文武群臣合辞上贺之际实与焉。"

五月十三日，长子丘敦卒，遗有两子，一名丘礏，一名丘甸。

按：蒋冕《太学生丘君行状》："卒时弘治庚戌五月十三日也。"

七月，数次上疏陈情，乞恩休致，未蒙允许。令朔望朝参，以终史事。

按：《明孝宗实录》四十："（弘治三年七月）己巳……詹事府掌府

事、礼部尚书丘濬再陈疾，乞致仕。上曰：'卿修《实录》未完，未可求去。既称老疾，可朔望朝参，专职史事。其奏于所司。'"

侄丘陶（字再成）赴京城考试，卒业南雍。不久归琼，在京士人以《金台别意图》及诗歌为其送行。

按：蒋冕《〈金台别意图〉序》："应贡上京师，既廷试，援例卒业南雍。不久将归觐其亲。"蒋冕于成化十四年拜丘濬门下，十二年后"再成始来"，故此序写于是年。

作《闲中偶书》。

按：是诗云："二品高官七十年，一生常在帝王边。职居散地偏承宠，文卖明时颇值钱。天上神仙仍有禄，朝中宰相却无权。圣恩早晚容归老，敢为区区五福全。"（《琼台诗文会稿》卷五）

作《送太子少保礼部尚书涪陵刘公致仕序》。

按：是序云："予与公同年登第，今三十有六春秋矣。"（《琼台诗文会稿》卷十四）丘濬登进士第为三十四岁，即景泰甲戌（1454年），加上三十六年，则为弘治三年庚戌（1490年），故是序为其七十岁所作。

作《凤阳府重修儒学记》。

按：是记云："经始于弘治庚戌之十一日，落成则明年七月也。甫成，适邵武宁坚永贞来同知府事，章君以永贞尝及予门，属其书介推官广南李渭长源求予记。"

明孝宗弘治四年辛亥（1491年），七十一岁

八月二十四日，进呈《宪宗实录》，上《进呈宪宗纯皇帝实录表》。

按：是表题注"弘治辛亥八月二十四日上"。（《琼台诗文会稿》卷八）

八月二十五日，以修《宪宗实录》成，加封太子太保。

按：《明孝宗实录》卷五十四："（弘治四年八月）戊辰，敕吏部：'皇考《实录》修完，念各官勤劳……副总裁丘濬升太子太保，仍兼礼部尚书。'"

九月初一日，上书乞休致。皇帝不允。

按：《明孝宗实录》卷五十五："弘治四年九月甲戌朔，掌詹事府事、太子太保兼礼部尚书丘濬上疏乞休致。上曰：'卿年德老成，已升重职，当勉就任，不允所辞。'既而濬复两申前请，俱优诏勉留之。"

十月二十四日，升文渊阁大学士，入内阁司制诰、典机务。

按：《明孝宗实录》卷五十六："（弘治四年十月）甲子……敕吏部太子太保、礼部尚书丘濬兼文渊阁大学士，入内阁参顶机务。"

十月二十五日，作《入阁辞任第一奏》请辞。皇帝不允。

按：丘濬《入阁辞任第二奏》："臣已于二十五日具本控辞。钦奉圣旨：'卿历任年深，特兹擢用，不允所辞。'"（《琼台诗文会稿》卷七）

十月二十七日，作《入阁辞任第二奏》再次请辞。皇帝不允。

按：丘濬《入阁辞任第三奏》："二十七日，又具本辞，钦奉圣旨，朝廷以'卿学行老成，特加任用，所辞不允。'"

十一月初三日，作《入阁辞任第三奏》第三次请辞。皇帝不允。

按：《明孝宗实录》卷五十七："（弘治四年十一月）乙亥，太子太保、礼部尚书丘濬复具疏辞……上曰：'朝廷用人，已有敕旨，卿当勉图报称，毋得固辞。'"

十二月，上疏《欲择〈大学衍义补〉中要务上献奏》。

按：丘濬《请访求遗书奏》："臣先于弘治四年十二月内具题，欲将臣所进《大学衍义补》书中所载切要之务，陆续陈献。"（《琼台诗文会稿》卷七）

作《入阁谢恩表》。

按：是表云："所虑臣年已老，臣病日加，志欲为而气力不克，机可乘而岁月不待，有如伏枥老骥，虽存乎千里而力已难驰，铩羽倦禽，胫徒奋乎一鸣而飞不能远，终致困踬之失，有孤豢养之恩，与其姑试之于衰朽之余，曷若保全之于宽闲之野，谨因陈谢，更冀慈怜。臣感戴天恩，无任激切屏营之至。谨具表陈谢以闻。"（《琼台诗文会稿》卷八）

作《初入阁》。

按：是诗云："平生性僻耽书籍，正好观时不得观。坐对水天长叹息，眼花撩乱涕汍澜。"（《琼台诗文会稿》卷四）

作《辛亥除夕》。

按：是诗云："一年将尽夜，好似我残生。短晷无多刻，通宵欲煞更。心期应已毕，身事亦垂成。岁去毋庸守，从他天自明。"（《琼台诗文会稿》卷三）

作《辛亥思归偶书》。

按：是诗云："六疏求归未得归，可堪临老履危机。云龙际合真难遇，海燕孤单慢自飞。黄吻读书初志遂，白头归隐素心违。此身已属皇家有，空向秋风叹式微。"（《琼台诗文会稿》卷五）

作《唐丞相张文献公开凿大庾岭碑阴记》。

按：是记云："今上即位之三年，岭北袁君庆祥，由秋官属擢广东按察司佥事，奉敕提督雄韶等府兵备，临行别予，予复申前语，君曰'诺哉'。又明年以书抵予，谓近得碑石于英山，磨砻已就，将求善书者，录公序文及苏氏之铭，刻诸其阳，属予一言识其阴。"（《琼台诗文会稿》卷十七）

明孝宗弘治五年壬子（1492年），七十二岁

上《壬子再乞休致奏》，上不允。

按：是奏云："臣先以右目丧明，左目又将昏暗，具奏，陈情休致。钦奉圣旨：'朕以卿文学老成，方隆委任，既有疾，宜善调理，不允休致。'"

四月十日，上《论厘革时政奏》，畅论时弊二十二事。皇帝认为其议切中时弊。

国士丘濬

按：是奏题后注"弘治壬子四月十日上"（《琼台诗文会稿》卷七）

五月十二日，上《请访求遗书奏》。皇帝要求翰林院、礼部等参考实施。

按：是奏题后注"弘治壬子五月十二"。（《琼台诗文会稿》卷七）

七月，以疾病乞致仕。皇帝不允。

按：《明孝宗实录》卷六十五："（弘治五年七月）癸巳，内阁大学（士）丘濬复以疾乞致仕。上曰：'朕以卿文学老成，方隆委任，有疾宜善调理，不允休致。'"

八月初三日，两次上书乞致仕。皇帝不允。

按：《明孝宗实录》卷六十六："（弘治五年八月）辛丑……内阁大学士丘濬复两疏乞致仕。上曰：'朕擢卿重任，当勉图尽职，岂可累以目疾求退？今后凡大风并雨雪日，俱免早朝。'"

上《请建储表》《请建储表二》《请建储表三》。

按：题均注"弘治壬子"。（《琼台诗文会稿》卷七）

作《壬子岁庆成宴偶成》《内阁晚归口号》《壬子二月偶成》《壬子四月有感》《壬子九月偶书》《壬子十月望雪》《闲中书怀壬子冬作》《颁历日有感》《壬子除夕偶书》等诗。

按：丘濬《壬子除夕偶书》："人生七十死为期，何事犹因利禄迷。万里空劳传信雁，五更频听报晨鸡。狐丘正首心徒切，燕冀贻谋话莫题。又是一冬归不去，宦情乡思苦凄凄。"（《琼台诗文会稿》卷五）。

明孝宗弘治六年癸丑（1493年），七十三岁

三月，任殿试读卷官。

按：《明孝宗实录》卷七十三："（弘治六年三月）庚辰……太子太保、礼部尚书兼文渊阁大学士丘濬……充殿试读卷官。"

五月，以目疾免朝参。

按：《明孝宗实录》卷七十五："（弘治六年五月）丙戌，命大学士丘濬暂免朝参，仍日赴内阁供事。以濬自陈有目疾故也。"

五月底，吏部考核毕，尚书王恕请罢黜两千五百三十五人，遭丘濬反对而未能如愿。太医院院判刘文泰上奏弹劾王恕，奏中有"沽直谤君"之言，王恕认为丘濬为弹劾的幕后主使。弘治帝责成锦衣卫调查真相，丘濬上奏否认王恕指摘并请辞。皇帝不允。

按：《明孝宗实录》卷七十五："（弘治六年五月）癸巳……内阁大学士丘濬奏：'臣与王恕素无间隙……臣受重任，不能慎言避嫌，比之匪人，不得无罪，况以荒疏之学，当衰老之年，皇上拔之于闲散之中，留之于当退之后，不能分寸补益，乃致人言，罪当万死，亟加诛谴，良所甘心。伏望革去冠带，放归山林，以为大臣不谨之戒。'上曰：'此事已发落矣，卿宜安心办事，岂可辞归山林？不允。'"

闰五月，王恕致仕。

按：《明孝宗实录》卷七十六："（弘治六年闰五月）乙卯，太子太保、吏部尚书王恕致仕。"

七月，因弹劾王恕，刘文泰下狱。刘文泰词连丘濬，南京工科给事中毛珵、南京监察御史朱德等人故弹劾丘濬。皇帝不允所奏。

按：《明孝宗实录》卷七十八："（弘治六年七月）丁未……太医院判刘文泰以奏吏部尚书王恕下狱，词连大学士丘濬，至是南京工科给事中毛珵等言：'丘濬入自内阁以来，所为多不满人意，而其近日之事又可窥见其微。使久居要地，尽用其术，则所以为后日祸者岂浅哉？况今内阁府部大臣多矣，而文泰独攀及濬，是必有故。如其不然，是文泰一举而倾两大臣。若不重加之罚，则奸邪谗谤之徒后将何惩？乞敕锦衣卫仍将文泰鞫问明白，果出濬主使，则密勿之地不可一日使居，宜听其去，以防将来之祸；如或文泰所奏涉虚，则宜置之重法，以释天下疑濬之心。则朝廷之上，是非大明，公道昭著矣。'南京监察御史朱德等亦以为言。疏入，皆不允。"

七月，因刘文泰事件被弹劾，两次上书乞致仕。皇帝不允。

按：《明孝宗实录》卷七十八："（弘治六年七月）甲寅，大学士丘濬乞休致。上曰：'卿宜尽心职务，毋以人言辄自求退，所辞不允。'……壬戌大学士丘濬再乞致仕。上曰：'卿文学老成，近已有旨勉留。有疾宜善调理，不允休致。'"

八月，第三次上书乞致仕。

按：《明孝宗实录》卷七十九："（弘治六年八月）庚辰……大学士丘濬复以老疾乞致仕。上曰：'卿年虽老，筋力未衰，宜勉供职，不允所辞。'"

作《癸丑首夏偶书》。

按：是诗云："残年短景急骎骎，一刻清阴直万金。生在世间能几久，莫将闲事苦操心。"（《琼台诗文会稿》卷四）

作《癸丑传胪侍班口占》。

按：是诗云："圣朝取士礼为罗，亲听传胪十四科。一代治平深有赖，几人功业保难磨。惭予老岁名虚得，视众同年幸独多。白首尚沾恩泽在，以身殉国待如何。"（《琼台诗文会稿》卷五）

作《癸丑内阁晚回口号》。

按，是诗云："玉殿东头第一班，朝朝屏息奉龙颜。百年已自七旬过，一日都无数刻闲。恋土每怀生处乐，乞身惟愿死前还。文渊阁下归来处，愁看残阳薄暮山。"（《琼台诗文会稿》卷五）

作《道南书院记》。

按：是记云："始于弘治壬子春，其落成则是岁八月也。"文末注"弘治癸丑"。（《琼台诗文会稿》卷十六）

作《景娄处士钱君墓表》。

按：是表云："以癸丑岁四月丙午葬君于邑之开化乡……求予表其墓。"（《琼台诗文 会稿》卷二十三）

明孝宗弘治七年甲寅（1494年），七十四岁

二月，为益王妃行纳徵发册等礼。

按：《明孝宗实录》卷八十五："（弘治七年二月）壬戌，上御奉天殿传制，遣保国公朱永为正使，太子太保、礼部尚书兼文渊阁大学士丘濬为副使，持捧节册，为益王妃行纳徵、发册等礼。"

二月，两次乞致仕。皇帝不允。

按：《明孝宗实录》卷八十五："（弘治七年二月）辛未……大学士丘濬再乞致仕……庚辰，大学士丘濬再乞致仕。上曰：'卿老成谙练，已有旨勉留供职，不允所辞。'"

八月，加少保兼太子太保、户部尚书、武英殿大学士。

按：《明孝宗实录》卷九十一："（弘治七年八月）乙丑，内阁大学士徐溥、丘濬、刘健三年秩满，上降手敕：'溥加少傅兼太子太傅、吏部尚书、谨身殿大学士，濬加少保兼太子太保、户部尚书、武英殿大学士，健升太子太保兼礼部尚书、武英殿大学士。'溥等同具疏辞。上曰：'卿等辅导有年，特加升秩，宜尽心供职，所辞不允。'"

上《请昧爽视朝奏》。

按：是奏云："臣等仰惟皇上自即位以来，一应朝仪悉遵先朝故事，每日临御有常时，臣下趋见有常候，七年于兹，有如一日。"

三上疏，乞致仕，不允。

焦映汉《丘文庄公传》："七年，复三疏，固辞不允。秋八月，以升少保兼武英殿大学士、户部尚书。"

作《甲寅初度》。

案：是诗云："人生七十古来稀，我度稀年又四期。窃比梦楹加一岁，如方易簀活多时。平和切切怀三戒，此日休休有万宜。所欠是归兼是死，四分百岁过三之。"（《琼台诗文会稿》卷五）

作《甲寅进帙偶书》。

国士丘濬

按：是诗云："御笔亲升三学士，宠光滥及一衰翁。天心独眷恩难报，目力无多技已穷。老我羞为阿世学，昔人曾决背城功。除书未捧先垂泪，可惜虚闲半世中。"（《琼台诗文会稿》卷五）

作《感怀》。

按：是诗云："忆昔堂前别母慈，号天哭地泪淋漓。想应慈母肝肠裂，亦似当时育我时。"题注"甲寅九月作"。（《琼台诗文会稿》卷四）

作《受一品封》四首。

按：是诗其四云："如此恩封岭海无，家居况在海南隅。乡人问我缘何得，世积阴功子读书。"题注"甲寅十月作"。（《琼台诗文会稿》卷四）

明孝宗弘治八年乙卯（1495年），七十五岁

正月，以疾乞致仕。皇帝不允。又请停俸，亦不允。

按：《明孝宗实录》卷九十六："（弘治八年正月）壬寅，大学士丘濬乞致仕。上曰：'卿有疾，已尝命医调治，今未愈，宜再加调理，不允休致。痊可之日，免朝参赴阁办事。'……癸丑，大学士丘濬以病满三月请停俸。上曰：'丘濬既病未痊，令在任调理，俸不必住。'"

作《京师元夕月圆》。

按：是诗云："三五元宵月正圆，半空星斗下人间。楼台处处春初晏，闾阖重重夜不开。万象昭回天上景，六鳌耸出海中山。君王有诏同民乐，特与臣僚十日闲。"（《琼台诗文会稿》卷五）

二月初四日，卒于京师槐阴书屋。闻丘濬丧，弘治帝宣布辍朝一日，赐赠宝钞一万贯。

按：《明孝宗实录》卷九十七："（弘治八年二月）戊午……少保兼太子太保、户部尚书、武英殿大学士丘濬卒。"何乔新《光禄大夫武英殿大学士文庄丘公神道碑文》："是岁二月戊午，薨于城东私第。讣闻，天子嗟悼，辍朝一日。"

二月二十四日，丘濬"三七"之日，皇帝遣礼部左侍郎徐琼前往槐阴书屋谕祭。

按：《又谕祭碑》："弘治八年春三月十四日，皇帝遣礼部左侍郎徐琼谕祭光禄大夫、柱国、少保兼太子太保、户部尚书、武英殿大学士、赠太傅、特进、左柱国、谥文庄丘濬曰：'卿以文学擢居重任，方切倚毗，遽云长逝。中心悼伤，其何能已？兹临三七，特用遣祭，卿灵不昧，庶其歆享。'"（民国《琼山县志》卷十四）文中称"兹临三七"，则应当是二月二十四日，非三月，应为此书误录。

三月二日，遣礼部尚书倪岳谕祭。

按：见《大学士丘文庄公谕祭文》。

三月十二日，赠官赐谥。

按：《特赐谥策文》："奉天承运皇帝制曰：朕惟赞斡化机，必资考寿，讦谋治道，须借博闻。故既优其请老之期，而复厚以恤终之典。故光禄大夫、柱国少保兼太子太保、户部尚书、武英殿大学士丘濬，海邦间气，翰苑名流，绩学群经，留心庶务，久居清秘，晚佐钧衡，官八转而至三孤，于今为重，寿七旬而加五岁，在古尤稀。方深倚任之怀，弗听归休之请，逾年赐告，一旦云亡，天不憖遗，朕殊伤悼。兹特赠太傅，进左柱国，谥文庄。於戏！朝以爵，乡以年，并系一时之望；官有赠，行有谥，永贻百世之荣。不朽者存，尚其祗服。"

三月二十七日，录孙丘嶅为尚宝司司丞。

按：《明孝宗实录》卷九十八："（弘治八年三月）庚戌……录故大学士丘濬之孙嶅为尚宝司司丞。"

皇帝命行人司行人宋恺择吉日护送丘濬回归海南。

按：何乔新《光禄大夫武英殿大学士文庄丘公神道碑文》："仍命行人宋恺护其丧归。"

国士丘濬

明孝宗弘治九年丙辰（1496年）

十二月，丘濬归葬于琼州府琼山县五原都五龙池之原。

按：何乔新《光禄大夫武英殿大学士文庄丘公神道碑文》："将以丙辰年十二月乙酉日葬于五龙池之原。"

明武宗正德九年甲戌（1514年）

荫孙丘郊为尚宝司司丞。

按：《明武宗实录》卷一百十九："（正德九年十二月）甲寅，荫故内阁大学士丘濬孙郊为尚宝司司丞。"

明武宗正德十年乙亥（1515年）

以丘濬附祀苏轼于琼州奇甸书院。

按：《明武宗实录》卷一百二十一："庚寅……时部议因及大学士丘濬历官四十余年，惓惓以经世宰物忠君报国为心，观所著《学的》《世史正纲》《大学衍义补》诸书，既于世教有补，晚事孝宗，所志亦略见于行。若不崇祀表扬，何以风示天下？今琼州以宋学士苏轼祀于奇甸书院，濬宜附祀。亦从之。"

参考文献

1. 正德《琼台志》，[明]唐胄纂，明正德十六年刻本。

2. 《正德琼台志》，[明]唐胄纂修，海南出版社，2021年。

3. 万历《琼州府志》，[明]戴熺、[明]欧阳璨等修，[明]蔡光前、[明]陈于宸等纂，明万历刻本。

4. 道光《琼州府志》，[清]明谊修，[清]张岳崧纂，清道光修、光绪补刊本。

5. 《中华丘氏大宗谱·海南省海口分谱》，中华丘氏大宗谱海南海口分谱编委会编，2009年。

6. 《明代琼崖名贤年谱五种》，王国宪辑，海南出版社，2020年。

7. 《椒丘集》，[明]何乔新撰，明嘉靖元年余鼒刻本。

8. 《琼台会稿》，[明]丘濬纂，明万历四十一年丘尔穀刻本。

9. 《丘海二公文集合编》，[明]丘濬、[明]海瑞撰，[清]焦映汉、[清]贾棠、[清]王贽编，乾隆癸酉刻本。

10. 《丘濬集》，[明]丘濬，海南出版社，2006年。

11. 《明史》，[清]万斯同撰，清钞本。

12. 《明史》，[清]张廷玉等撰，中华书局，2000年。

13. 《明史》，[清]张廷玉等撰，清乾隆四年武英殿刻本。

14. 《中国历代神童：元明清卷》，张素芹编著，李玲九改编，中国书籍出版社，1999年。

15. 《明实录（附校勘记）》，黄彰健校勘，中华书局，2016年。

16. 《丘濬评传》，李焯然，南京大学出版社，2005年。

17. 光绪《罗田县志》，[清]管贻葵修，[清]陈锦纂，清光绪二年刻本。

18. 《万历儋州志》，[明]曾邦泰等纂修，海南出版社，2004年。

19. 康熙《江西通志》，[清]于成龙等修，[清]杜果等纂，清康熙二十二年刻本。

20. 《皇朝编年备要》，[宋]陈均撰，清钞本。

国士丘濬

21．《大明会典》［明］李东阳等撰，江苏广陵古籍刻印社，1989年。

22．《解文毅公集》，［明］解缙撰，清乾隆三十二年吉水解氏敦仁堂刻本。

23．《天一阁藏明代科举录选刊·会试录（点校本）》，龚延明主编，宁波出版社，2016年。

24．《殿阁词林记》，廖道南撰，民国十二年沔阳卢氏慎始基斋影印《湖北先正遗书》本。

25．《皇明太学志》，［明］郭鎜、［明］王材、［明］高仪纂修，明嘉靖三十六年国子监刻隆庆万历递修本。

26．《明史纪事本末》，谷应泰撰，中华书局，1977年。

27．《琼台类稿》，［明］丘濬著，明闵珪刊本。

28．《皇明通纪法传全录》，［明］陈建撰，［明］高汝栻订，［明］吴桢增删，明崇祯九年刻本。

29．《皇明大政纪》，［明］雷礼辑，［明］范守己、［明］谭希思续辑，明万历三十年秣陵周时泰博古堂刻本。

30．《广东新语》，［清］屈大均撰，清康熙水天阁刻本。

31．《回文类聚》，［宋］桑世昌撰，明万历四十四年刻本。

32．《东坡编年诗补注》，［清］查慎行补注，清乾隆二十六年广陵查开校刊香雨斋刻本。

33．《海内外中国戏剧史家自选集·吴秀卿卷》，［韩］吴秀卿著，大象出版社，2018年。

34．《能改斋漫录》，［宋］吴曾撰，清道光二十四年金山钱氏刻《守山阁丛书》本。

35．《謇斋琐缀录》，［明］尹直撰，明钞《国朝典故》本。

36．《邑以文名——文昌传》，何杰华著，海南出版社，2024年。

37．《类博稿》，［明］岳正撰，明嘉靖八年刻本。

38．《历代诗话八十卷》，［清］吴景旭撰，民国吴兴刘氏嘉业堂刻《吴兴丛书》本。

39．《梁溪集》，［宋］李纲撰，清钞本。

40．《春明梦余录》，［清］孙承泽撰，清同治光绪间孔氏三十有三万卷堂重刻古香齐袖珍十种本。

参考文献

41．《名山藏》，［明］何乔远撰，明崇祯刻本。

42．《景印文渊阁四库全书》，中医古籍出版社，1986年。

43．《家藏集》，［明］吴宽撰，上海古籍出版社，1991年。

44．嘉靖《广东通志初稿》，［明］戴璟修，［明］张岳纂，明嘉靖刻本。

45．《国朝列卿纪》，［明］雷礼辑，明万历四十六年徐鉴刻本。

46．《海南历代进士研究》，朱东根著，海南出版社、南方出版社，2008年。

47．《寰宇通志》，［明］陈循撰，明景泰内府刻本。

48．《双槐岁钞》，［明］黄瑜撰，清道光十一年至同治二年南海伍氏粤雅堂文字欢娱室刻《岭南遗书》本。

49．《尚约文钞》，［明］萧镃撰，清光绪三十一年萧氏趣园刻本。

50．《湄丘集等六种》，［明］邢宥等著，海南出版社，2006年。

51．《大明一统志》，［明］李贤撰，明天顺五年内府刻本。

52．《明文海》，［清］黄宗羲辑，清涵芬楼钞本。

53．《国朝献征录》，［明］焦竑编撰，明万历四十四年徐象橒曼山馆刻本。

54．《丘文庄公年谱》，［清］王国宪编，清光绪二十四年琼山研经书院刻本。

55．《湘皋集》，［明］蒋冕著，广西人民出版社，2001年。

56．《湘皋集》，［明］蒋冕撰，明嘉靖三十三年刻本。

57．《朱子学的》，［明］丘濬辑，明正德刻本。

58．同治《浔州府志》，［清］魏笃修，清同治十三年刻本。

59．《琼台先生诗话》，［明］蒋冕，万历二十六年许自昌校刻本。

60．《明清〈实录〉中的海南》，唐启翠辑录点校，海南出版社，2006年。

61．《于忠肃公祠墓录》，［清］丁丙辑，清光绪三至二十六年钱塘丁氏嘉惠堂刻《武林掌故丛编》本。

62．《翰林记》，［明］黄佐撰，清道光十一年至同治二年南海伍氏粤雅堂文字欢娱室刻《岭南遗书》本。

63．《曲江集》，［唐］张九龄撰，明万历十二年王氏重刊丘文庄公刻本。

64．《武溪集》，［宋］余靖撰，民国三十五年上海商务印书馆影印《广东丛书》本。

65．《史记》，［汉］司马迁著，清乾隆四年武英殿校刻本。

国士丘濬

66．《三辅黄图》，［西汉］佚名撰，民国二十四至二十五年上海商务印书馆《四部丛刊》三编景元刻本。

67．咸丰《琼山县志》，［清］李文烜修，［清］郑文彩纂，清咸丰七年刊本。

68．民国《琼山县志》，［清］朱为潮、［清］徐淦等主修，李熙、王国宪总纂，民国六年刻本。

69．《彭文思公文集》，［明］彭华撰，清康熙五年彭志桢刻彭氏二文合集本。

70．乾隆《琼州府志》，［清］萧应植修，［清］陈景埙纂，清乾隆刻本。

71．《四库全书存目丛书》经部第114册，四库全书存目丛书编纂委员会编，齐鲁书社，1997。

72．《文公家礼仪节》，嘉靖十八年刻，哈佛大学汉和图书馆藏，弘治三年顺德知县吴廷举刊本。

73．《丘濬〈家礼仪节〉及其礼学贡献》，赵克生著，《人文论丛》2020年第1期。

74．嘉靖《南安府志》，［明］刘节纂修，明嘉靖十五年刻本。

75．嘉靖《惠州府志》，［明］姚良弼等修，［明］杨宗甫纂，明嘉靖三十五年刻蓝印本。

76．《皇明贡举考》，［明］张朝瑞撰，明万历六年刻本。

77．《明书》，［清］傅维鳞撰，清光绪五至十八年定州王氏谦德堂刻《畿辅丛书》汇印本。

78．《阳明先生文录》，［明］王守仁撰，明嘉靖十四年闻人诠刻本。

79．《典论》，［魏］曹丕撰，［清］孙冯翼辑，清嘉庆承德孙氏刻《问经堂丛书》本。

80．《通书注》，［宋］朱熹撰，元至正刻《朱子成书》本。

81．《海瑞传》，何杰华著，海南出版社，2024年。

82．《明名臣言行录》，［清］徐开任辑，清康熙刻本。

83．《白沙先生至言》，［明］陈献章撰，明嘉靖二十六年陈大伦刻本。

84．《白沙先生全集》，［明］陈献章撰，明嘉靖三十年萧世延刻本。

85．《明诗综》，［清］朱彝尊辑，清康熙四十四年六峰阁刻本。

86．《尔雅》，［东晋］郭璞注，民国二十一年故宫博物院景印《天禄琳琅丛书》

参考文献

景南宋监本。

87. 《世史正纲校注本》，朱逸辉主编，海南出版社，2005年。

88. 《大学衍义补》，[明] 丘濬撰，明弘治元年建宁府刊本。

89. 万历《兖州府志》，[明] 朱泰修，[明] 包大爌纂，明万历刻本。

90. 《万历野获编》，[明] 沈德符撰，清道光七年姚氏刻同治八年补修本。

91. 《明臣奏议》，[清] 蔡新辑，清乾隆武英殿木活字印武英殿聚珍版书本。

92. 《近现代琼崖旅行记续编》，张兴吉、杨中曦编，海南出版社，2020年。

93. 《海南丘濬故居修缮工程报告》，吴锐、王亦平、黄培平编著，文物出版社，2003年。

94. 《天池草》，[明] 王弘诲著，海南出版社，2004年。

95. 《海忠介公全集》，[明] 海瑞撰，明天启五年梁子璠刻本。

96. 《雍正上谕内阁》，[清] 胤禛撰，清雍正九年内府刻乾隆六年增刻本。

97. 《广东文选》，[清] 屈大均辑，清康熙二十六年三间书院刻本。

98. 《国史经籍志》，[明] 焦竑辑，清道光二十九年至光绪十一年南海伍氏刻《粤雅堂丛书》汇印本。

99. 《鸡肋集》，[明] 王佐著，海南出版社，2004年。

100. 《明名臣言行录》，[明] 徐咸辑，明嘉靖二十八年施渐刻本。

101. 《四库全书总目》，[清] 纪昀纂，清乾隆五十四年武英殿刻本。

102. 《国朝内阁名臣事略》，[明] 吴伯与撰，明崇祯五年宣城李尚仁刻本。

103. 《国朝名世类苑》，[明] 凌迪知编，明万历刻本。

104. 康熙《琼山县志》，[清] 必登修，清康熙四十七年刻本。

105. 《素书楼余沈》，钱穆著，九州出版社，2011年。

106. 《明通鉴》，[清] 夏燮编，清同治十二年宜黄官廨刻本。

107. 《震泽纪闻》，[明] 王鏊撰，清嘉庆十一至十七年虞山张氏刻《借月山房汇钞》增修本。

108. 《震泽集》，[明] 王鏊撰，明万历震泽王氏三愧堂刻清印本。

109. 嘉靖《湖广图经志书》，[明] 薛纲纂修，[明] 吴廷举续修，明嘉靖元年刻本。

110. 《明实录》，广方言馆旧藏钞本。

111. 《明实录》，抱经楼藏本。

112. 《大明仁宗昭皇帝实录》，中央图书馆藏旧钞本誊录影印北平图书馆本。

113. 《大明宣宗章皇帝实录》，礼王府本。

114. 《大清世宗宪皇帝实录》，大红绫本。

115. 万历《青阳县志》[明]蔡立身纂修，明万历二十二年刻本。

116. 万历《太平府志》，[明]蔡迎恩修，[明]甘东阳纂，明万历五年刻本。

117. 万历《高州府志》，[明]曹志遇纂，明万历刻本。

118. 成化《杭州府志》，[明]陈让等修，[明]夏时正等纂，明成化十一年刻本。

119. 弘治《休宁志》，[明]程敏政纂修，[明]欧阳旦增修，明弘治四年刻本。

120. 弘治《易州志》，[明]戴敏修，[明]戴铣纂，明弘治十五年刻本。

121. 嘉靖《南宁府志》，[明]方瑜纂修，明嘉靖四十三年刻本。

122. 嘉靖《建阳县志》，[明]冯继科纂修，明嘉靖刻本。

123. 《江户时代日中秘话》，[日]大庭脩著，[中]徐世虹译，中华书局，1997年。

124. 《德川幕府と中国法》，[日]奥野彦六著，创文社刊行。

125. 《无刑录》，[日]芦野德林撰，明治十年四月新刊。

126. 《弘斋全书》，[朝鲜]李祘著，首尔大学奎章阁藏。

127. 《朝鲜王朝实录》，鼎足山本，首尔大学奎章阁藏。

128. 《下庐先生文集》，黄德吉著，景仁文化社，1999年。

129. 《舶载书目》，日本宫内厅书陵部藏，关西大学东西学术研究所。

130. 《〈寰宇通志〉与〈大明一统志〉比较研究》，严佳乐著，福建师范大学硕士学位论文，2020年。

131. 《明中期学者丘濬〈世史正纲〉的史学思想及其影响》，吴玘著，华中科技大学硕士学位论文，2021年。

132. 《〈大学衍义补〉与明中期社会变迁》，吕东波著，东北师范大学硕士学位论文，2007年。

133. 《经世思想的传承与转折——以明代〈大学衍义补〉与德川〈无刑录〉的关系为中心》，解扬著，《安徽史学》2019年第6期。

后　记

朝鲜王朝的第二十二任君主正祖李祘是丘濬的忠实读者，用今天流行的话来说，他算得上是丘濬的"粉丝"。他把丘濬所著的《大学衍义补》的精华部分摘出来，编成册子，随时揣在身上，吃饭时都得靠读它来下饭；朝堂上讨论政事，或是大臣为他授课时，他只要逮到机会便称赞丘濬，认为丘濬的这本书无论是形式还是内容都堪称完美，他逢人便夸这本书是他一生的挚爱。

当我在《朝鲜王朝实录》中找到上述材料时，我瞬间理解了钱穆先生评价丘濬的那句话——"中国史上之一第一流人物也"。

何为第一流人物？我认为，当有第一流的学问、第一流的德行、第一流的功业。在中国古代史上，我所知道的被称作"第一流人物"的还有范仲淹。朱熹称他为"天地间气，第一流人物"。

在今日看来，被称作"第一流人物"的这两位，确有很多相似之处。

二人均年幼丧父，也都是尽人皆知的书虫。范仲淹刻苦读书，有了"划粥断齑"这个成语；丘濬求知若渴，有了"百里借《汉书》"的典故。二人均是敢言事的"硬汉"。范仲淹上《乞太后还政疏》直接喊话垂帘听政的太后还政于宋仁宗，他对太后说："皇上年轻有为，您却恋权不放，这样下去会招来不吉祥之事。"丘濬则拒绝皇帝要他为道教经书代写序言的谕旨，上《乞免撰〈玉枢〉〈北斗〉二经序文奏》，言明："皇上圣明，理应阐明正道，像这样邪妄的东西应该禁止，让天下后世的人都清楚地知道什么才是真正的'大中至正'之道。如果皇上下诏'御制序文'放在这些经文的前面，让它们流传后世，那将对圣明的治理造成极大的损害。"

国士丘濬

二人不仅敢言，而且均能言又极富远见。范仲淹守孝期间上万言书《上执政书》，他非常敏锐地察觉到了北宋的危机，认为"朝廷久无忧矣，天下久太平矣，兵久弗用矣，士曾未教矣，中外方奢侈矣，百姓反困穷矣"。因此，他提出以"择郡守，举县令，斥游惰，去冗僭，遴选举，敦教育，养将材，保直臣，斥佞臣"为改革内容，以"固邦本，厚民力，重名器，备戎狄，杜奸雄，明国听"为改革方针的改革大策。同时，他主持庆历新政，以澄清吏治、富国强兵、厉行法治；发起庆历兴学，从此天下州县皆有官学。丘濬同样意识到了他所处时代的危机，他用一部一百四十余万字的《大学衍义补》提出了十二个方面的"治国平天下之要"，即正朝廷、正百官、固邦本、制国用、明礼乐、秩祭祀、崇教化、备规制、慎刑宪、严武备、驭夷狄、成功化。借此，他规划出一个"理想国"。他还上《漕运议》改革弊政，上《弭灾疏》防灾救灾，上《论厘革时政奏》把矛头对准宦官乱政。

范仲淹的《岳阳楼记》自然是千古名篇，其中"先天下之忧而忧，后天下之乐而乐"的政治抱负与高尚情操，更是对后世产生了深远影响。丘濬亦是民本思想的捍卫者，他提出国家在经济治理上要"听民自为之"，朝廷应减少对经济的干预，杜绝国家垄断。他还指出朝廷与民争利的丑陋，强调民富才能国强。

此外，二人均位极人臣，又都卒于任上。范仲淹谥号"文正"，丘濬谥号"文庄"，此二谥号也因二人而荣光倍增。

这便是中国第一流人物的样子。他们确实都有着第一流的学问、第一流的德行、第一流的功业。

丘濬的"第一流"则又有更进一步的解读空间，那便是他有第一流的影响。

除去开头提到的他对朝鲜王朝产生的极大影响外，日本也是丘濬思

后 记

想的重要受益者。关于这一点，要追溯到我最初接触到的日本的一部书——《舶载书目》。这是一部记载日本江户时代流传至东瀛的珍贵的中国典籍的目录文献。依此书记载，丘濬的《大学衍义补》在1711年由一艘从南京开往日本长崎港的商船"舶载"至日本。进入日本后，这部书很快就被日本皇室专门负责挑选书的吏员纳入了御书目录之中。自此，日本对这部书及对丘濬思想的研究便掀起了高潮。一百多年后，这一研究在日本结了果：一部完全脱胎于《大学衍义补》、由活跃在德川时代的日本学者完成的《无刑录》被刊印，并随后成为日本明治时期法治制度建立的重要参考。

在国内，丘濬的影响同样深远。他的著作自问世，历朝历代都有过多次的官方或私家的刊印。朝堂上，他的治国方略被广泛讨论；思想界推崇他体用结合的哲学思想；史学界热议他在《世史正纲》中对秦始皇、秦桧等历史人物的独到见解；医学界则苦寻他的《本草格式》，以资借鉴；百姓遵行他的《家礼仪节》，以规范日常生活；孩子们在私塾用他的《成语考》作为启蒙读物；戏台上也都在上演他写的戏本，如《五伦全备记》《罗囊记》《投笔记》《举鼎记》等。据《琼剧志》记载，在明末清初，《投笔记》还被改编为海南方言唱本在青楼唱演，琼州木偶班也曾用土戏腔调演出此剧。

写到这里，一时竟不知该如何定义丘濬的身份。政治家？很贴切，他是礼部尚书，是文渊阁大学士，有治国方略《大学衍义补》传世，被誉为"中兴贤辅"。文学家？那自然是，他六岁便写就那首著名的《五指参天》，一生著作无数，单诗歌便有近万首，被誉为"一代文宗"。思想家？很准确，他是朱子理学的卫道士，著有《朱子学的》《家礼仪节》，曾以一己之力挽救明朝中期理学的颓势，被誉为"一世巨儒""当代通儒""理学名臣"。教育家？那是当然，他是明朝最高学府的校长，是储

国士丘濬

相之地翰林院的最高长官；他不留后路地整顿好浮夸、喜绮丽的文风学风；他教出过内阁首辅蒋冕，选出过内阁首辅谢迁，对另一位内阁首辅李东阳也影响至深。他被称为"先明一代文臣之宗"。

只不过，以上这些，似乎都只是恰当，但并不全面。他，应当算是一位社会学家。虽然"社会学"这个词直到1838年才由法国哲学家孔德在《实证哲学教程》中创用，但若我们对它诞生的过程和它的基本定义有所了解的话，就会发现用"社会学家"来定义丘濬的身份，似乎是恰当的。

1789年7月14日，法国人民攻占巴士底狱，法国大革命爆发。这给当时的社会带来了巨大的冲击，政治秩序支离破碎，社会秩序混乱失调，亟须重建。与此同时，欧洲工业革命悄然兴起，并于19世纪达到高潮。这一次，包括法国在内的整个欧洲社会的经济结构被彻底改变，工厂、银行及各种服务业的诞生让人们的生活及工作都发生了颠覆性的变化。哲学家们在思考社会秩序的重构之时，人们则在思考如何应对这如狂风骤雨般袭来的新生活。为此，启蒙运动推行者们强调自然法则、理性认知，以及使用科学的经验研究来分析社会秩序及其变迁。反启蒙运动的代表天主教会则要求复古，主张在神的指引下将法国带回中古时期的安宁。在两强相争的背景下，一种新的思想悄然萌芽，这便是社会学的诞生。

孔德认为，社会现象受自然规律的制约，因此只有掌握了这些现象的规律，才能够预见未来，进而使人们能够为自身利益而有针对性地改变这些现象。他认为"科学产生预见，预见产生行动"，而要找到并掌握现象的规律、拥有预见的能力，就需要具备包括数学、天文学、机械工程学、物理学、生物学等学科的综合能力，而综合这些复杂学科的能力的学科便被称为"社会学"。因此，孔德称社会学为"皇后之学"。

如果您读到本书的第六章"他的理想国"，将会看到与法国大革命后

后 记

社会失序相似的成化危机，将会看到"一朵中国棉的觉醒"与欧洲工业革命的跨时空的牵连，将会看到"自六经诸史九流笺疏之书，古今词人之诗文，下至医卜老释之说，靡不探究"的丘濬是如何扮演一位社会改造者和秩序重建者的。您还会看到在其"理想国"的搭建过程中，各门学科、各种能力的共同作用。

社会学家，不应当只是社会的冷静旁观者。虽然我们强调在社会调查和社会观察中不能干预社会现象的发生，但这并不意味着社会学家只调查不过问。如果说哲学家是解释世界的，那么社会学家应当是改造世界的。丘濬，便是这样一位冷静但充满热情的社会观察者和改造家。关于这一点，在本书中，您将找到证据。

所以，虽然"社会学"一词在1838年才被提出，但这并不妨碍丘濬这样一位社会学家开展他的工作，当然，也不妨碍我将其称为社会学家。

如果说本书还有其他价值的话，那么我认为那便是我用了较长的篇幅来详细还原这位社会学家的诞生过程。不论是他和兄长跟随爷爷一起在战乱、灾荒后收拣无名尸骨，抑或是他的母亲和他的爷爷为将来计倾家荡产购置义田，又或是他的恩师萧镃在谈论"土木之变"时表现出的义愤填膺和羞愧不已，还是他在与"贪泉神"神交时所领悟的"贪"的本质与危害……我所关注的这些，正是为了思考在景泰年间（1450—1457年）翰林院的那场针对丘濬的诘问的答案：那历来被视为海外蛮荒之地的琼州，怎么会有你这等人物？

以上，便是我想在这篇序里跟您聊的全部。

写这样一位中国史上的第一流人物，自然不是一件轻松的事，这也绝不是凭一己之力能完成的事。在书末的年谱的编订过程中，李传奇先生、杨中曦先生给予我极大的帮助；"另一面的海南"工作室的两位同事

国士丘濬

邢小楠、陈燕则在资料检索、文稿整理、插图拍摄、调研访问中付出了巨大的努力；一如既往支持我的海南省典籍整理与研究基地及其主任周泉根先生则是我的"鼓风机"，在我需要鼓励和支持的时候，从不曾缺席。在此，我一并谢过。

同时，感谢负责本书出版发行工作的海南省出版发行集团。这是我在这个集团出版的第四本书，他们的策划与设计、编辑与校对、宣传与发行，让我拙朴的文字和浅薄的思想沾了不少光。

最后，感谢诸位的阅读。

何杰华
2024 年 12 月